现代成人教育研究丛书

中国成人教育协会成人高等教育理论研究会组编

现代成人教育学原理

叶忠海　主编

中国人民大学出版社

·北京·

《现代成人教育研究丛书》编委会

总　序

　　"四个全面"——全面建成小康社会、全面深化改革、全面依法治国、全面从严治党，这是以习近平同志为首的党中央提出治国理政的总体框架，也是党中央绘就实现中华民族伟大复兴中国梦的路线图，这将坚实而强有力地托起中国梦的实现。其中，全面建成小康社会，是中国梦的首要目标；全面深化改革，是实现中国梦的根本路径；全面依法治国，是实现中国梦的法治保障；全面从严治党，是实现中国梦的坚强保证。

　　要贯彻落实"四个全面"，关键在人。群众是落实"四个全面"的主体和根本力量，是实现"四个全面"的力量源泉。"四个全面"协调推进，必然对全体民众和党员素质的全面提高提出了新要求。显然，这就给成人继续教育赋予了新的历史使命，要求其担当起提高全民素质的重任。为此，迫切需要加强新形势背景下以终身学习理念为指导的对成人教育的深入研究。

　　科学史表明，一部科学史，即是一部源于实践的理论创新史。实践发展永无止境，认识真理永无止境，理论创新永无止境。同理，尽管我国成人教育研究取得了前所未有的历史性成就，然而在新形势下对其的研究还需不断地实现理论创新。何况，现代成人教育学科乃是一门正在发展壮大的年轻学科，其分支学科发展水平很不平衡，学科体系还需在发展中不断加以完善。

　　从成人教育学专业研究生教育现状来看，全国 30 多家成人教育学专业研究生教育学位点，普遍缺乏本专业核心课程的教学用书，这直接影响到研究生专业素养的培养和提升。各学位点导师呼吁中国成人教育协会成人高等教育理论研究会整合全国专业力量，编写一套适合本专业教学的基本用书。

基于上述的背景和情况，经中国成人教育协会成人高等教育理论研究委员会本届常务理事会讨论决定，编写出版《现代成人教育研究丛书》，该丛书包括《现代成人教育学原理》、《成人学习概论》、《现代成人教育管理》、《国际成人教育比较》，分别由叶忠海、黄健、柳士彬与朱涛、赵红亚担任上述四本著作的主编。

本套丛书的编著原则：一是方向性原则。丛书的编著以马克思主义关于人的全面发展思想、党和国家关于以人为本思想为指导。二是科学性原则。丛书的编著强调学科的体系和内在逻辑关系，强调论点正确和论据充分。三是创新性原则。丛书的编著坚持创新，力求体现新的时代要求，反映国内外新的观念理论以及新的研究方法。四是特色性原则。丛书的编著强调中国特色，体现成人及其学习与教育的特性，展示本土的成人学习与教育的研究成果。五是实践性原则。丛书的内容坚持来源于实践，又高于实践和指导实践。丛书特别吸纳了近10余年来我国终身教育以及学习型社会建设方面的实践和探索研究成果，努力展示未来成人继续教育的改革方向和发展趋势，以利服务于成人继续教育的可持续发展和成人学习者的成长。

为了保证丛书达到预期目标，本研究会成立了丛书编委会，由成人高等教育理论研究会名誉理事长叶忠海和理事长黄健共同担任丛书编委会总主编，各校学位点学科带头人或行政负责人、部分高校继续教育学院领导担任编委。编委会主要负责丛书的策划设计、力量组建、统筹协调、联系出版和使用反馈等事项。

在丛书出版过程中，得到了各作者所在单位的领导和同仁们的大力支持，得到了中国人民大学出版社及其李丽虹老师和各位责编的鼎力相助，在此一并表示诚挚的谢意！

成人继续教育是一项万古长青的事业，随着终身学习理念的日益深入人心，其发展速度和发展轨迹呈现出新的变化，其发展规律有待不断揭示。由于作者工作经历和研究积累的局限性，对有关问题的研究还需要进一步实践和深化，丛书难免存在不足之处，恳请专家、学者和领导，以及成人教育工作者和广大读者批评指正。

叶忠海　黄健

前　言

　　人类社会发展表明，实践发展永无止境，认识真理永无止境，理论创新永无止境。同理，尽管我国成人教育学研究取得了前所未有的历史性成就，然而对其研究还需不断地进行理论创新；更何况，现代成人教育学科仍是一门正在走向成熟的学科，其学科成熟度有待提升。

　　基于上述思考，本人在2008年发表的《中国成人教育研究30年：历程、评价和展望》一文中就提出"成人教育学需进一步理论创新和专业化"，并认为"在科学发展观指导下，成人教育学内在的结构框架和基本内容需重新加以审视，如成人教育学研究的逻辑起点和落足点如何体现'成人学习'和'成人发展'，研究重心如何转移到'以成人为本'这个主题上来，成人学习主体性如何贯穿于成人教育实践活动的全过程，等等，以此来进一步建构成人教育学的专业化'话语生产体系'"。

　　这次，本人接受中国成人教育协会成人高等教育理论研究委员会的委托，主编《现代成人教育学原理》。我与我的写作团队商定，借此机会大胆尝试对成人教育学的框架结构和基本内容进行变革创新。我们扬弃了原有的以普通教育学学科体系为依据所构建的成人教育学学科结构体系，而将"以成人为本"理念作为指导，以成人的终生发展为最终价值取向，沿着"成人的成长和发展"的主线展开研究，在此基础上构筑现代成人教育学理论体系。不仅如此，我们还从教育社会学视角对成人教育类型作了新的划分，分为学校形态的成人教育、组织形态的成人教育、社会形态的成人教育。

　　本书共分十四章，由四大部分组成：（1）成人教育学研究发展史（发展历程和展望），篇幅为2章；（2）成人教育的理论基础，篇幅为5章；（3）成人发展与教育，篇幅为4章；（4）成人教育的形态，篇幅为3章。

　　本书由叶忠海教授（华东师范大学）担任主编。各章执笔人为：第一、十四章：乐传永教授（宁波大学）；第二至四章：聂琴教授（云南大学）；第五章：乐传永教授、崔铭香老师（江西师范大学）；第六至十章：叶忠海教授；第十一至十三章：桑宁霞教授（山西大学）。最后由叶忠海对全书逐章加以修改、统稿和定稿。

　　基于本书的结构体系和基本内容作了较大幅度的变革和创新，又由于我们的生活、工作和学识水平的局限性，本书必定存在不够成熟之处，甚至有不妥之点，我们恳切地希望得到专家、学者、成人教育实际工作者和广大读者的批评指正。

叶忠海

目　录

第一章

成人教育学的发展历程

导言

中国成人教育学研究，是中国历史上成人教育研究的延续和发展，既不能割断中国成人教育学研究的历史，也不能割裂外国成人教育学研究的历程，这在全球化背景下尤为如此。本章就成人教育学研究的源流——中国和外国成人教育学的产生和发展，分别作了简要的阐述。

第一节　国外成人教育学的产生和发展①

各国成人教育实践历史的长短和范围大小的差异，以及各国政治经济条件、社会文化背景、国民教育结构、哲学和各种学术思潮的不同影响，导致各国成人教育学研究的差异。而要对各国成人教育学发展历程做详细的考察实属困难。为此，我们对国外成人教育学的考察以美国、英国为主，兼顾其他国家。为叙述方便，我们把国外成人教育学的发展历程大致分为三个时期。

一、国外成人教育学的孕育和起步阶段（20 世纪 20 年代以前）

毋庸置疑，成人教育学的产生和发展是建立在成人教育实践的基础之上的。论及国外成人教育实践活动的起源，可以追溯到远古先哲和近代大师的教育思想。从柏拉图（Plato）的"学园"（Academy）开始，成人教育思想就有了萌芽的土壤。"学园"除了传道、授业、解惑之外，还开设了为成年人提供政治咨询与管理训练的学习项目。柏拉图的教育思想表明，人们不仅关注 18 岁以前的学习内容和学习方

---

① 参见乐传永、沈金荣：《国外成人教育学科发展的历史与现状》，摘自杜以德、韩钟文、何爱霞等著：《中国成人教育学科体系结构及其分类研究》，北京，高等教育出版社，2006。有修改。

式，而且还确认了 30～35 岁的成年阶段是学习最高辩证方法、把握哲学理念、实现心灵转向的最佳时间。时至近现代，更见一批哲学大师、教育大师青睐成人教育、实践成人教育，从他们的经典著作中都可以看到成人教育的影子。如捷克夸美纽斯（Johann Amos Comenius）的《大教学论》（*Magna Didactica*）及其所阐明的"把一切事物教给一切人的全部的艺术"；法国卢梭（Jean-Jacques Rousseau）的《爱弥儿》及其所倡导的"要通过教育使所有民众真正熟悉真理、抵制错误"；瑞士裴斯泰洛齐（Johan Heinrich Pestalozzi）的《林哈德和葛笃德》（*Lienhard and Gertrud*）及其创办的"涅伊果夫"（Neuhof）农场学校；德国第斯多惠（F. A. W. Diester-weg）的《德国教师培养指南》及其提出的"全人教育"的思想；美国约翰·杜威（John Dewey）的《民主主义与教育》及其所主张的"教育即生活"、"教育即生长"、教育即为"经验改造"等。大师们对人以及教育的诠释充分表达了一种教育和学习理念：教育对象的全体性——教育要面向所有民众；教育时空的整体性——教育要延续生命全过程，渗透生活全领域；教育人格的主体性——教育要以人为本，使人发现自我、完善自我、超越自我，为成人教育和终身教育留下了弥足珍贵的思想财富与实践积淀。

现代意义的成人教育是随着英国工业革命的兴起与扩展逐步走进人们的视野的，而成人教育也最先在英国获得了孕育和萌芽的土壤。在"成人教育"这一概念出现之前，人们更多使用的称谓是"夜校（教育）"、"主日学校（教育）"、"工人讲习所（教育）"等。到 1789 年，世界第一所成人学校在英国诺丁汉诞生。1815 年，托马斯·波尔（T. Pole）在其《成人学校的起源与发展》（*History of the Origin and Progress of Adult Schools*）一书中最早正式使用"成人教育"（Adult Education）这一术语，用来描述与普通学校不同的成人学校教育的活动。但是，波尔当时并没有对"成人教育"作出明确的解释和说明。1833 年，亚历山大·卡普（A. Kapp）在其《柏拉图教育理念》（*Plato'Educational Ideas*）一书中第一次使用"成人教育学"（Andragogik）一词。卡普认为，柏拉图使用"Padagogik"的目的是通过科学教化年轻人，而"Andragogik"则意在说明成人最关注自我认知与性格的培养，这主要通过理性方法和辩术进行。今天我们普遍使用的"Andragogy"或"Andro-gogy"（成人教育学）是由希腊语"andros"（人或成年人）和"agein"（引导或教育）合成而来的，意思是"引导或教育成人"。1851 年，英国学者哈德逊（J. W. Hudson）在伦敦出版了《成人教育史》（*The History of Adult Education*）。虽然该书也没有定义成人教育，但扩展了成人教育的内容和范围，在比较成人学习和儿童学习异同的基础上，提出了成人学习的策略，包括课堂之外的非正规形式的成人学习问题。1873 年，英国剑桥大学开始倡导大学要扩展课程体系。1903 年，英国工人教育协会成立，该协会与大学结成联盟，进行工人教育运动。工人教育协会的成立和大学成人教育课程的开设有力地促进了英国成人教育思想的传播和成人教育研究的开展。1919 年，英国政府所属的成人教育委员会发表了《史密斯报告书》（也称 1919 年报告），建议大学建立培训中心，为成人教育人员提供培训。该报告指出："成人教育是国家永久需要，是公民权利不可分割的一部分，因此，它必须是永久性的和开放性的。"[1]

在美国，独立战争后，资本主义得以迅速发展，特别是科学革命、工业革命大大推动了美国社会生产力的进步，遂为成人教育的产生提供了契机。"讨论会"、"演讲会"等形式的成人教育活动不断兴起，这些活动奠定了美国现代成人教育的基础。随后，美国的大学开始了对成人教育的广泛参与，以满足成人不断增长的学习需求。1869 年，哈佛大学率先开设了"夏季学校"。以后，许多美国大学纷纷仿效。在英国大学推广活动的影响下，1891 年，威斯康星和堪萨斯大学成立了"推广部"。"大学推广部"逐渐普及并形成制度，其教育活动的内容逐渐由农业方面推广到其他方面，如系统演讲、夜间班级制度、函授课程、讨论会，后又扩展到短期课程、活动图书馆、咨询服务、巡回教学等。[2]

进入 20 世纪后，大学参与成人教育变得更加积极、活跃。大学对于社会的教育需求很敏感，而大学的赞助者更是迫不及待地建议大学积极响应社会的需求。1917 年，哥伦比亚大学的师范学院开设了一门"移民问题研究"（Educational Problems of the Immigrant）的课程。特别是 1918 年《史密斯—赫夫法案》（Smith-Hughes Act）通过后，许多大学相继开设了一些有关农业、家政、加工、劳工等方面的职业课程，协助那些在夜间授课的教师及行政人员获得所需要的知识和能力。随后，美国大学里有关成人教育的课程逐渐蓬勃发展。

此外，苏联教育家麦丁斯于 1918 年出版了《校外教育和它的作用、组织与技术》一书。在该书中，他高度评价了成人教育对苏联建设的巨大社会作用，并提出创建研究成人学习的专门机构。

二、国外成人教育学的形成阶段（20 世纪 20—60 年代）

20 世纪 20 年代后，国外成人教育学进入了一个全新发展的阶段。这一时期，成人教育开始由民间的自发性活动逐渐成为国家教育活动的一个重要组成部分。成人教育实践的不断发展，直接推动了成人教育学理论研究的逐渐深入，成人教育学开始从教育中分离出来，逐渐成为一门独立学科。这主要体现在：在研究对象上，成人教育问题成为一个专门的研究领域，形成了专门的反映成人教育本质和规律的成人教育概念与知识体系；在研究方法上，具有科学性与多样性；在研究内容上，具有广泛性和现代性；在研究人员或机构上，产生了著名的成人教育学家，出现了专门的成人教育学著作和成人教育研究机构。这些标志着现代意义上的成人教育学的正式创立。

从成人教育学创立的进程来看，1921 年，世界第一个成人教育系在英国的诺丁汉大学成立，不久就开设了英国第一个"成人教育文凭"和"成人教育证书"课程。这两种课程结构大致相同，主要包括社会心理学、成人教育历史、成人教育组织与结构、成人教育教学方法等内容以及一系列相关的强化课程。这两种课程开设的主要目的在于为不断发展壮大的大学和工人教育协会的成人教育项目培养教师。新成立的成人教育系除了培养成人教育师资外，还进行成人教育理论研究，从而使得成

① 张维主编：《世界成人教育概论》，40 页，北京，北京出版社，1990。
② 参见羊凯江：《北美成人教育学专业研究生教育发展研究》，2 页，上海，华东师范大学学位论文，1998。

人教育学在大学教学和科研活动中的地位得以确定。① 1922 年，哥伦比亚大学首先出现了以"成人教育"命名的课程。大学参与成人教育研究和大批成人教育研究机构的诞生，为成人教育学的创立作出了巨大贡献。1924 年，德国著名成人教育家罗森斯托克（E. Rosenstock）提出，要让成人教育理论成为成人教育实践的向导。在罗森斯托克看来，成人教育学更是一种指导实践的方法，而非一门科学。之后，美国教育界对成人教育进行了规划性的研究工作。1926 年，美国成人教育协会（American Association of Adult Education，AAAE）成立，这大大促进了成人教育理论研究的开展，也标志着"成人教育"作为一个领域的形成。同年，被誉为"美国第一位系统论述成人教育的专家、成人教育精神之父"的美国著名社会学家、成人教育学家林德曼（E. C. Lindeman）出版了世界上最早以"成人教育"命名的专著《成人教育的意义》（*The Meaning of Adult Education*）。该书从进步主义哲学的角度，比较系统地对成人教育的目的和意义进行了积极探索，主张成人教育的目的是双重性的，既强调成人教育在发展成人的智力水平及促进个人成长中的作用，同时也倡导成人教育是变革社会的重要手段。林德曼对成人教育的特性进行了归纳，指出成人教育的本质是终身的、生活化的和非职业的，"整个生活就是学习，因而教育是没有止境的"，"成人教育应更准确地确定在职业教育停止的地方，它的目的是使人们的整个生活具有意义"。林德曼重视经验，认为成人教育应以学习者的经验作为学习的主要资源，成人教育学则是以情景为主而不是以课程为主。② 林德曼不仅从哲学的角度积极探讨成人教育的目的和意义，而且始终强调研究成人教育和健全其理论的重要性。《成人教育的意义》为成人教育研究奠定了理论基础。林德曼还撰文《成人教育学：一种成人教学的方法》（*Andragogik：The method of teaching adults*），指出成人教育是社会活动家手中最可靠的工具，成人教育体现一种基本权利的实现，体现一种正常期望的满足，而不是对经济、知识水平低下人群的一种施舍。1928 年，著名的心理学家爱德华·桑代克（E. L. Thorndike）发表了《成人的学习》一书，首次通过科学实验提出成人学习能力随年龄增长新的曲线，证明"学习之能量，永不停止，成人的可塑性和可教性仍大，25 岁后仍可能继续学习"。桑代克有关"年长者未必智衰"、成人能够学习的结论是向传统教育提出的挑战，而他对成人学习的科学实验，开启了成人学习的实验性研究。他的研究成果虽然很快被修改，但他的科学发现和理论建树是不可磨灭的，他有关成人仍具有学习能力的结论及研究成人学习的方法，为实施成人教育和终身教育提供了科学依据。《美国教育社会学》杂志称，"桑代克在教育心理学及成人教育方面有最大的贡献"。他的实验被西方誉为成人教育学研究的"奠基石"。1935 年，桑代克又发表了《成人的兴趣》一书，集中讨论了成人学习研究中一些更为具体的问题，这些研究成果为成人教育学发展提供了心理学依据。

20 世纪 40 年代，德国人库尔特·勒温（Kurt Lewin）从社会心理学的角度，

---

① 参见沈金荣：《外国成人教育概论》，215 页，上海，上海科技教育出版社，1997。
② 参见巨瑛梅：《试析美国进步主义成人教育家林德曼和诺尔斯的成人教育思想》，载《比较教育研究》，1999（3）。

进行了群体动力学的研究，指出社会成员之间的对话和讨论有助于在个体和主体之间消除偏见，达成理解和认可，进而改变人们的行为。"小组学习"成为成人学习的一种重要方法，改变了传统"以教师为中心"的成人教育模式，在成人教育实践中产生了重要的影响。

随后，美国一些著名的高等院校开始成立成人教育系，开设成人教育学课程，设置成人教育学专业学位（从学士学位直到博士学位），这是美国教育界努力创建成人教育学科体系的一个重要标志。借着美国成人教育协会（AAAE）成立的东风，哥伦比亚大学在1930年夏天创建了成人教育系，1935年授予了世界上最早的2个成人教育学博士学位。差不多在同一时期，俄亥俄州立大学、芝加哥大学和密歇根大学也分别开设了成人教育学博士研究生课程。在以后的数年中，美国越来越多的大学纷纷将成人教育学纳入到自身的学科体系建设中。如1945年，佛罗里达州立大学开设了成人教育学研究生课程。截至1949年，全美国授予的成人教育学博士学位累计达500人左右。20世纪60年代初，美国有15所大学设立了成人教育学博士学位课程，几十所学校开设了成人教育学专业方向的课程。另外有767人是非学位学生或只选修一门或多门成人教育学课程的其他专业学生。

1934年，美国成人教育协会出版了第一本《成人教育手册》，之后每隔十年出一本，记录了不同阶段的研究重点和人们关心的问题。1936年，欧文·洛奇（I. Lorge）开展了对成人学习速度和学习能力的研究并出版了《进行中的成人教育》。20世纪50年代后，伯尼斯·诺加顿（Bernice Neugarten）和罗伯特·哈维格斯特（Robert Havighurst）以及其他几位心理学家开展了成人社会心理学的开拓性研究工作。

20世纪50年代，美国成人教育教授委员会（CPAE）成立，它是美国成人教育协会的一个分会，是推动美国成人教育基础理论研究和学科建设的核心。60年代，美国、加拿大又共同组建了北美成人教育研究联合会，极大地推动了北美成人教育学科建设的发展，同时也影响了世界其他国家的成人教育学研究。加拿大不列颠哥伦比亚大学于1957年开设了成人教育概论课，并于1960年开始授予成人教育学硕士学位，1962年又开始授予成人教育学博士学位。

在成人教育学学科形成时期，除北美以外的其他地区，如西欧、东欧、北欧、苏联和日本，成人教育学研究也在不断发展。1951年，瑞士精神病医生海恩奇·汉塞尔曼（Heinich Hanselman）出版了《成人教育的本质、可能性和界限》（*Nature, Possibilities, and Boundaries of Adult Education*）一书，他用"成人教育"论述非医疗治法和成人再教育。1957年，弗兰茨·玻戈尔（Franz Poggeler）的著作《成人教育学导论：成人教育的基本问题》（*Introduction to Andragogy：Basic Issues on Adult Education*）出版，推动了成人教育在瑞士的社会实践。1959年，南斯拉夫学者奥格瑞佐维奇（M. Orgrizovic）的著作《成人教育学的问题》（*Problems of Andragogy*）出版。不久，南斯拉夫其他学者纷纷围绕"成人教育学"发表看法。南斯拉夫的扎格兰布大学、贝尔格莱德大学以及匈牙利的布达佩斯大学和德布莱森大学的成人教育学系设立成人教育学博士学位。荷兰的哈维（T. T. Ten

Have）教授在 1954 年的一次讲演中首次使用"Andragogy"一词，1959 年他出版了《成人教育学纲要》（*The Outline of Andragogy*）一书。随后，成人教育学在荷兰迅速兴起。1966 年，阿姆斯特丹大学设立成人教育学博士学位。1970 年，在社会科学研究机构设立"普通教育与成人教育处"（Pedagogical and Andragogical Department）。

到 20 世纪 60 年代末，许多国家开始构建各具特色的成人教育学学科体系。英国成人教育学研究生课程的设置与美国有所不同，它是以实践为取向。大学设立成人教育系及聘任教授的主要目的在于推动大学校外课程，以及响应成人教师培训需要，开设"成人教育文凭"和"成人教育证书"课程。在英国，设立成人教育课程的学校超过 20 所，其中不少由教育系或与此相关的单位提供。①

在这一时期，开展成人教育学研究的人员除了成人教育工作者以外，还有许多是关心成人教育的各个社会学科领域里面的研究工作者。他们协同成人教育研究人员从不同的视角、不同的方面对成人教育的实践领域进行深入的探讨，并涌现出一批有影响力的学者和成人教育学术成果。《成人教育：一个正在形成的大学研究领域的概况》是一部有影响力的成人教育学著作。此书由美国成人教育教授委员会（CPAE）组织编辑出版，作者均为当时成人教育界著名的专家和学者，包括哈伦伯克（W. C. Hallenbeck）、俄诺（C. Verner）、马尔科姆·诺尔斯（Malcoli Knowles）、霍尔（G. O. Houle）、雷弗莱特（A. Liveright）、詹森（G. Jensen）、麦克拉斯基（H. Y. Meclusky）、萨马斯（A. M. Thonas）、伯奇文（Bergevin）、狄特曼（Dickerman）等人，他们分别从不同的层面来探讨成人教育学科领域的发展。该书分为四大部分十六章，由于封面为黑色，俗称黑皮书，与 1970 年由史密斯、奥克及基德所编的《成人教育手册》（俗称黄皮书）并称于世，被誉为成人教育学科领域的两本经典之作。两者对成人教育学术领域的建立居功至伟。

这一时期成人教育学科发展的重要标志之一，体现为成人教育学的总体框架逐渐完成，集大成者就是美国成人教育家马尔科姆·诺尔斯。他是西方第一位试图构建完整的成人教育理论的教育家，深受林德曼、霍尔、罗杰斯（Carl Rogers）等人的学术思想影响。诺尔斯构建成人教育学理论框架的逻辑起点是"以成人学习为中心，以成人需求为范畴，以学习过程为教学重点"。他在分析成人和未成年人学习特征差异的基础上，建构成人教育学模型。1950 年，他的第一本代表作《非正规的成人教育》问世，1970 年出版了《现代成人教育实践：成人教育学与儿童教育学的对照》（1980 年再版时书名改为《现代成人教育的实践：从儿童教育学到成人教育学》）一书，提出了"成人教育学"的理论模型，以及形成该模型的四个假设。由此，就全球范围而言，是诺尔斯首个高擎"成人教育学"旗帜，完成了一次对于成人教育学理论奠基与实际运用的系统思考。也由此，"成人教育学"告别了漫长的蛰伏时代，开始以一种更加自觉的姿态，从一个空气稀薄的学术角落，迈进了一个可供其亦期待其进行"大运动量"学术呼吸的巨大空间。诺尔斯的这些研究成果不但

6

———————————

① 参见台湾成人教育学会主编：《成人教育专业化》，272 页，台北，正中书局，1995。

为美国也为世界成人教育学理论的发展和完善奠定了坚实的基础，使成人教育学逐步走向成熟。

在国际社会的推动下，自 20 世纪 50 年代特别是 60 年代以来，国外成人教育学科建设有了很大进展。这不仅体现为成人教育学的总体框架构筑成功，而且体现在成人教育学的分支学科得到不同程度的发展，如基础成人教育学研究、比较成人教育学研究、成人教育学法研究等，分支学科如工业成人教育学、社会成人教育学、家庭成人教育学、老年成人教育学等也得以产生与发展。

三、国外成人教育学的发展、成熟阶段（20 世纪 70 年代至今）

国外成人教育学的发展经过了长期的"学科萌芽期"和"学科形成期"。从 20 世纪 70 年代起开始进入"学科大发展时期"。这一时期，国外成人教育实践活动进入一个蓬勃发展的阶段。在成人教育实践的推动下，成人教育学理论研究向纵深推进，取得了巨大的进步。这个时期成人教育学的发展主要表现为三个方面。

（一）成人教育学学位点和研究生课程设置明显增加

在美国，1966—1977 年的 12 年间，授予成人教育学博士学位的人约有 1 500 人，是 20 年前培养总数的 3 倍。20 世纪 80 年代，美国有近 50 所大学开设了成人教育学硕士学位课程，有约 25 所大学开设成人教育学博士学位课程，9 个证书课程。1993 年出版的 *Peterson's Guides*（1992）记录了 105 个大学成人教育研究所开设成人教育学的学位课程。[①] 到 1989 年底，北美已经有 4 000 人获得成人教育学博士学位；1991 年，北美至少有 66 个博士学位课程、124 个硕士学位、18 个教育专业学位课程、9 个证书课程。[②] 在随后的十余年时间里，成人教育研究所课程得到了迅速的发展。

波兰、匈牙利等都是较早开设成人教育专业的国家，到了 20 世纪 80 年代中期，东欧除了阿尔巴尼亚，都开设有成人教育专业的课程。在波兰，20 世纪 60 年代就有 5 所大学、6 所高等学校提供成人教师的专业培训。到了 20 世纪 80 年代，波兰全国共有 9 所大学和 11 所教师培训学院提供成人教育专业的四年制成人教育学硕士课程。南斯拉夫从 20 世纪 60 年代起开始大力发展成人教育专业课程。除本科、研究生课程以外，20 世纪 70 年代开设了成人教育学博士课程。[③] 英国有 15 所大学开设了成人教育专业的学位课程，西欧国家的主要大学也开设了一定数量的成人教育基础课程。20 世纪 80 年代起，北欧国家除芬兰外，成人教育已经成为大学里的一门学科。如今，北美、欧洲的一些主要的大学都设立了成人教育系和成人教育学位课程。

（二）国家级、国际性成人教育学术研究机构和协会组织不断发展壮大

成人教育的蓬勃发展引起各国政府的重视，不少国家成立了国家级成人教育研

① *Peterson's Guides to graduate and professional programs: An overview 1993*. Princeton, N. J.: Peterson's Guides, 1992.

② 参见沈金荣：《外国成人教育概论》，217 页，上海，上海科技教育出版社，1997。

③ 同上书，217～218 页。

究机构，如美国 1967 年成立了教育情报研究中心，全面收集有关成人教育的研究报告和文献资料，对促进成人教育研究起到重要作用。在北欧国家，政府用于成人教育研究及其发展的投入急剧增加，成人教育研究的地位有了改善。挪威 1976 年建立成人教育研究和发展专门机构。在瑞典，国家教育局研究和发展基金中用于成人教育研究的份额从 1969 年的 1％增加到 1980—1981 年度的 20％。法国成立了国立大众教育研究所，德国成立了民众中等学校教育中心。这些研究机构都重视成人教育学科体系的基础理论研究。各国成人教育学者在借鉴和吸收各类新兴学科用以发展和丰富成人教育学科的同时，加速创建相对独立的、体系完整的成人教育学及其各分支学科，如成人教育心理学、成人学习理论、成人教育经济学、成人教育管理学、成人教育哲学、成人教育社会学等。

此外，一些国际成人教育组织也相继成立并在成人教育学科理论研究方面发挥重要作用，如欧洲成人教育局、亚洲及南太平洋成人教育局等。

（三）终身教育、学习社会思想和国际成人教育会议召开对成人教育学的发展产生了巨大的影响

终身教育思想的提倡者保尔·朗格朗（Paul Lengrand）认为，数百年来，把人的一生机械地分为学习期和工作其实是毫无根据的。教育应该是贯穿于人的一生的连续不断的过程。他主张建立一个新的一体化的教育体系，为每个人在需要的时候、以最好的方式提供知识和技能学习的机会。保尔·朗格朗对"终身教育"概念的诠释、对"终身教育"理念和实践的提倡，在世界各国广为流传，引起了强烈的反响。随后相继出版的朗格朗的《终身教育引论》，埃德加·福尔的《学会生存——教育世界的今天和明天》，克罗普利和戴夫合著的《终身教育与教师培训》以及戴维的《终身教育基础》等标志着终身教育思想的形成，"终身教育学"或"现代教育学"的提出为成人教育的独立性和自主性发展拓开了新思路。

终身教育观念的提出和理论的形成，给成人教育学科的发展带来了重大的和深远的影响。成人教育在各国终身教育新体制中正在发挥越来越重要的作用，成人教育学科体系也在接受终身教育论思潮后不断改造和更新。这时的成人教育学研究呈现出两个明显的特征：一是成人教育学研究将更多地关注成人教育学与教育学其他领域的相似性和联系。以前，成人教育学的研究主要表现在对其自身特殊性质进行研究，强调它和教育学的差异性。二是成人教育学研究的重点将着眼于成人的终身学习。特别是 1994 年 11 月在意大利罗马召开了"首届全球终身学习大会"后，这一趋势更加明显。

这一时期，成人教育学科研究在关注终身教育的同时，对成人教育与社会结构变革的关系的研究也成为成人教育学科研究领域的一个热点。其突出的代表人物是巴西成人教育专家保罗·弗莱雷（Paulo Freire）。他于 1970 年起相继发表了《被压迫者教育学》、《为了自由的文化行动》等著作，大大丰富了成人教育和终身教育的研究视域。

此外，自 20 世纪 80 年代以来，国际成人教育比较研究也引人注目，其发展反映在两个方面：一是国际范围内成人教育比较研究的广泛开展。成人教育在大多数国家普遍受到重视和广泛深入的开展，增强了全球各国相互交流、取长补短、进行比较的需要，促使有关国家的成人教育会议、合作研究、资料交流空前活跃。比较

成人教育研究在多领域取得了相当丰富的成果，如扫盲教育的比较研究、继续工程教育与大学成人教育的比较研究。《世界成人教育比较》（1981）、《成人教育和政治制度》（1984）、《肯尼亚、尼日利亚、坦桑尼亚和英国的扫盲后教育与继续教育的学习策略》（1985）、《英国和美国的大学成人教育》（1985）、《日本的学习民主：日本成人的社会教育》（1986）、《开展扫盲运动：20 世纪 8 个国家的经验》（1986）、《工程师继续教育的进展》（1986）和《各国扫盲运动的历史和比较分析》（1987）等著作，是这一时期成人教育比较研究具有代表性的研究成果。二是高等学府和教育机构正式设立"比较成人教育"课程。1967 年，加拿大多伦多的安大略教育研究所创立了世界上第一个比较成人教育研究课程，其后陆续有 8 所大学开设此课程。这说明比较成人教育学作为成人教育学科体系中的一个分支学科开始形成了自身的理论体系并以一个独立学科的形象登上学术讲坛。

20 世纪 70 年代以来，联合国教科文组织主持召开的国际成人教育会议为成人教育学的发展发挥了积极的作用。1972 年，联合国教科文组织在日本东京召开了第三次国际成人教育会议，共有 85 个国家派员出席。会议讨论了终身教育的概念和成人教育的重要性，在国家经济、社会发展中的地位，以及正规教育和非正规教育之间的关系。第四次会议于 1985 年在法国巴黎召开，有 103 个国家的代表、122 个非政府组织代表出席大会。会议研究了成人教育在促进成人积极参与经济、社会、文化生活和解决当代世界某些重大问题方面的作用，世界成人教育的演变及其发展前景，成人教育的方法、手段、新技术、人员和机构，加强国际的合作等论题。会议还通过了"学习是人的基本权利宣言"。第五次会议于 1997 年在德国汉堡召开，有 143 个政府组织的代表、428 个非政府组织的代表、223 个基金机构团体成员，总计 1 500 人参加，盛况空前。此次会议进一步落实联合国教科文组织早已提倡的终身教育、学习化社会等理念，讨论和通过了《汉堡宣言》、《成人学习未来议题》和《后续行动计划》三个重要文件。《汉堡宣言》指出："成人教育已向深度和广度发展，它已经成为工作单位、家庭、社区乃至国家之必需，因为每一个人都努力在人生的每一个阶段创造新的现实。成人教育在帮助人积极迎接不断变化的世界和提供承认成年人与社区的权利与责任的教育方面起着重要而独特的作用。""成人教育不仅仅是一种权利，更是通往 21 世纪的关键。"2009 年，联合国教科文组织在巴西帕拉州首府贝伦召开了第六次国际成人教育会议，有 156 个联合国教科文组织会员国、其他联合国组织、双边和多边组织、民间组织和私营部门组织代表以及世界各地的学者超过 1 500 人参加。大会以"走向美好未来的生活与学习——成人学习的力量"为主题。此次会议的主要目的在于强调成人学习与教育在国际教育和发展计划，尤其是在关于可持续发展计划中所发挥的核心作用。会议通过的《贝伦行动框架》，为进一步推动世界各国成人学习和教育工作的发展勾勒出新的行动框架，提出了新的愿景。

上述这些国际成人教育会议的召开无疑大大地推动了各国成人教育实践和成人教育学理论的发展，为成人教育学科建设创设了良好的氛围。

第二节　我国成人教育学的产生和发展①

从孔子在《论语·卫灵公》中提出"有教无类"，到庄子在《养生主》感叹"吾生也有涯，而知也无涯"，再到荀子在《劝学》中倡导"吾尝终日而思矣，不如须臾之所学也"，成人教育的思想在中国几千年的历史文化中到处可见。但作为教育科学理论的一门新兴学科，成人教育学研究的真正肇始却是 20 世纪 80 年代以来的事情。本章节务求尊重历史的本来面貌，尽可能从中国成人教育演变和发展的真实足迹中探寻我国成人教育学发展的逻辑。

一、我国成人教育学创建前的孕育阶段（20 世纪初—1949 年）

20 世纪初到新中国成立的半个世纪，是我国成人教育学创建前的孕育阶段。1902—1903 年，清政府先后颁布了《钦定学堂章程》和《奏定学堂章程》，正式确立了中国的近代学制。《奏定学堂章程》又称为《癸卯学制》，诞生于半殖民地半封建时代，体现了"中体西用"的特点，反映了近代教育的基本精神（国民基础教育和各学科人才教育）。从《癸卯学制》中的《实业补习普通学堂章程》及《艺徒学堂章程》所确定的招生对象、教育目的、修业年限以及教学内容、形式和方法可以看出，成人教育已经被作为正式的学制列入当时的国家正式法规中。因此，《癸卯学制》的颁布与实施，是中国成人教育产生的重要标志，在我国成人教育史上具有特殊的地位。此后，各地的实业补习学堂不断增设，至 1909 年达到 254 所。此外，"为救济长年失学成人"而开设的半日学堂、简易识字学塾、简易学堂、耕读补习班、恤农半夜学堂、补习夜馆等也在全国各地兴办起来。辛亥革命以后，我国成人教育有了新的发展。1912 年，民主革命家、教育家蔡元培出任中华民国第一任教育总长，发表了《对于教育方针之意见》，竭力主张推行义务教育制度和社会教育制度，并主张设社会教育司专管以成人教育为主的社会教育事业。他说："我为提倡成人教育、补习教育起见，主张增设社会教育司。"② 1915 年，在蔡元培的直接领导下，中华民国教育部成立了全国通俗教育研究会，这是我国成人教育史上第一个现代意义上的成人教育研究团体。1919 年，北京高等师范学校的部分师生编辑发行了《平民教育》周刊，这是我国成人教育史上第一个成人教育研究刊物。新文化运动在教育领域中推动了各种新教育运动的勃兴，平民教育运动、通俗教育运动、民众教育运动、乡村教育运动、职业教育运动、生活教育运动，都含有现代意义的成人教育成分。这一时期，我国著名学者都表达了发展成人教育的希望，如陶行知主张"教育是整个寿命的教育，活到老，干到老，学到老，用到老，教到老。大众的教育

① 本节第二、三、四部分主要参见叶忠海：《中国成人教育研究三十年：历程、评价和展望》，摘自《中国成人教育改革发展三十年·理论研究篇》，北京，高等教育出版社，2008。
② 蔡元培：《对于教育方针之意见》，1 页，摘自《蔡元培教育文选》，北京，人民教育出版社，1980。

寿命可以延续到和个人身体寿命一样长"。

20世纪30年代，我国兴起了乡村教育运动，包括晏阳初的"平民教育"实验、梁漱溟的"乡村建设"实验、陶行知的"生活教育"实验，以及黄炎培的农村"职业教育"实验等，展开了以教育与社会改造相结合为特征的农村成人教育。

随着成人教育实践活动的不断发展，成人教育理论研究也得到开展，梁漱溟、马宗荣、孟宪承、俞庆棠、陈礼江等教育家和教育学家对成人教育问题都有专题或专门研究，其中有不少研究成人教育的论丛或论著出世，如雷沛鸿的《成人教育丛论》（1931）、梁漱溟的《社会教育与乡村建设之合流》（1934）、高阳的《民众教育》（1934）、陈礼江的《民众教育》（1935）等。其中，被称为"民众教育的保姆"的俞庆棠在其出版的《民众教育》等著作中写道："因为教育在年龄上的限制，便形成了儿童是专门生活在非社会化的教育制度中，而成人则生活在非教育化的社会制度中，于是教育与社会划了界，教育与生活分了家。"民众教育就是"失学的儿童、青年、成人的基础教育……就是全民在集体生活中道德学术思想的前进和向上的教育"。这些成果说明当时我国的成人教育学理论正在孕育。

我国20世纪20年代后期与30年代兴起的民众教育实际包括学校教育、社会教育和成人教育三种教育活动。民众教育的对象是广大民众，特别是处于社会底层的文盲或半文盲的贫苦大众，"民众教育应贯穿于人的整个一生"，所以"民众教育"不仅主体是成人教育，而且将中国式的终身教育理念蕴涵其中。既然民众教育以"成人"为主要对象，时间又是终身的，那么，梁漱溟、高阳、俞庆棠等教育家的民众教育观与现代终身教育理念统整下的成人教育观念是相符合的。在这一现代教育理念指导下或以这一现代教育学思想为内核撰成的《民众教育》论著，以及为各地民众教育馆或民众教育学院开设的理论课程，可以说是该阶段我国成人教育学理论孕育阶段颇有特色的学术成果。

二、我国成人教育学创建前的准备阶段（1949—1985）

中华人民共和国成立以后，我国的职工教育、干部教育、工农业余教育发展迅速，成人高等教育也有一定程度发展，从扫盲教育到成人高等教育等多形式、多类别、多层次的成人教育实践为成人教育学研究提供了前提条件。一些省市纷纷建立了工农教育研究室，针对扫盲教育、工农教育、职工教育、干部教育等成人教育类型的学习内容、教学方法等开展理论研究，但多为经验性、总结性的文章，研究的原则和方法主要借用普通教育学，真正的成人教育理论与学科建设性质的研究则很少。

1978年底，党的十一届三中全会召开，党的工作重心转向社会主义现代化建设，这为我国成人教育及其研究注入了强劲的动力。由此，我国进入了正式以"成人教育"术语命名的真正意义上的"现代成人教育研究"的初始起步阶段，以1979年5月人民教育出版社《外国教育丛书》编辑组推出的《业余教育的制度和措施》一书为开端。该阶段，现代成人教育研究具有"初始起步"特色，并为下阶段成人教育学科初创作准备。

（一）建立机构，组织队伍，为现代成人教育研究做好组织准备

就研究机构而言，1978年，重建后的中央教育科学研究所成立了教育制度研究室

（成人教育研究中心的前身），有了专职成人教育理论工作者。1981 年，华东师范大学组建了成人高等教育研究室，是我国高校最早的成人教育研究机构。此后，京、沪、津、黑、辽、豫等省、市、自治区教育研究机构中建立了成人教育研究机构；华中师范大学、中央电视大学、上海第二工业大学等高校或独立设置的成人高校先后成立了成人教育所（中心、室）。就成人教育群众学术团体而言，1982 年中国成人教育协会成立后，又相继成立了中国职工教育研究会、中国继续工程教育协会、中国老年教育协会等；各系统和各省区先后相应成立了成人教育研究的分支团体或地方学术团体。于是，在全国范围内开始以少数专职研究人员为骨干、兼职研究人员为数量主体、专兼职相结合的成人教育研究队伍逐步形成，为开拓成人教育研究做好组织准备。

（二）成人教育研究纳入全国教育规划，为当代成人教育研究做好规划准备

自 20 世纪 80 年代始，国家实施了以 5 年为周期的教育科学规划。1982 年召开第二次全国教育科学规划会议，确定的"六五"全国教育科学规划重点项目有 36 项，其中成人教育就有 2 项。以后，各省、市、自治区教育科学规划中，成人教育项目也占了一席之地。这为日后有目的、有计划、有组织、有资助地开展现代成人教育研究提供了规划准备。

（三）涌现了初始的研究成果，为日后当代成人教育研究做了研究积累

（1）以引进、翻译、介绍大陆以外的成人教育研究成果为主。据不完全统计，1979—1985 年，上述性质的公开出版著作约 14 部，占该阶段公开出版的成教著作 34 部的 41.18%。其中，我国台港著作 8 部；翻译国外著作 3 部，包括朗格朗的《终身教育引论》。还有内地学者编著的《外国成人教育》（孙世路，1982）、《国外企业职工教育》（杨连红、蒙定明，1983）等。

（2）以协会、研究会的"论文集"形式出版的著作居多。包括调查报告选、经验选编等。据不完全统计，该阶段公开出版的论文集 10 部，约占成教著作出版总数的 1/3。然而，内地学者的成人教育理论研究专著未见公开问世。

（3）发表的成人教育文章，大多系立足工作岗位的经验性总结。即使有发表的理论文章，也往往是零散、粗浅的研究成果。

（4）职工教育研究早于其他类型成人教育研究。不仅在职工教育研究上起步较早，而且研究成果出得也较早。据不完全统计，该阶段出版职工教育研究著作 13 部，占成教著作出版总数 38.24%。其代表作有：《职工教育经济概论》（王守安、王显润，1981）、《职工教育与人才培养》（中央教科所制度研究室，1981）、《职工教育管理》（曾辉、王显润，1984）、《中国职工教育史稿》（臧永昌，1985）等。

三、我国成人教育学初创形成阶段（1986—2001）

（一）中国成人教育学科初创阶段（1986—1991）

1986 年 12 月，国家召开了首次全国成人教育工作会议。会后，国务院于 1987 年 6 月批转了国家教育委员会《关于改革和发展成人教育的决定》。该决定是指导我国成人教育发展带有纲领性质的文件，对我国成人教育及其研究发展具有里程碑意

义。在此期间，现代成人教育研究掀起了第一次高潮，公开出版的成人教育著作共有 200 部，年均出产成人教育著作 33.3 部，是前阶段年均出产著作 4.86 部的 6.85 倍。在该阶段，一方面，成人教育研究具有"积极开拓"的特色；另一方面，成人教育学科建设进入初创阶段。

1. 开始了对成人教育基础理论较为系统的研究

在此期间，有一批成人教育工作者和成人教育理论工作者重点对成人教育基本理论问题进行了较为系统的研究，为成人教育学科创建作了初步尝试，涌现了一批带有"总论"、"概论"性质的成人教育基础理论的早期研究著作。据不完全统计，该阶段公开出版的该方面理论著作就有 10 部，代表性的有：关世雄的《成人教育理论与实践》（1986）、王文林、余博等的《成人教育概论》（1988）、王茂荣、朱仙顺等的《成人教育基础研究——理论与实践》（1988）等。这标志着中国特色的成人教育学创建有了一个基础性的开端。

2. 多向开拓成人教育研究

该阶段，在对成人教育基本理论开始作较为系统研究的同时，又对成人教育作了多视角、多层次的开拓研究。其涉及诸多领域：高中后教育研究、成人高等教育研究、继续教育研究、成人学习心理研究、成人教育教学论研究、自学考试研究、成人教育史研究、干部教育研究等。代表作有：崔振凤等的《继续教育学概论》（1987）、叶忠海等的《成人高等教育学》（1989）、董明传的《中国高中后教育研究文集》（第一集）（1990）、毕田增等的《成人学习心理与教学》（1990）、张有声的《成人教学论》（1990）、于忠正的《自学考试概论》（1990）、董纯朴的《中国成人教育史纲》（1990）、史遵衡的《干部教育概论》等。上述成果为成人教育分支学科建立起到了积极的促进作用。

3. 出现成人教育工具书

成人教育工具书，是成人教育的实践总结和研究结晶。它的出现，是成人教育及其研究发展的必然，是成人教育及研究发展到一定阶段的产物。当时，出版的主要工具书有：徐学榘的《英汉成人教育词汇》（1988）、关世雄的《成人教育辞典》（1990）等。

4. 继续引进国际成人教育名著

据不完全统计，当时引进的国外成人教育名著有 13 部，其中有：〔美〕达肯沃尔德和梅里安的《成人教育——实践基础》（1986）、〔美〕马尔科姆·诺尔斯的《现代成人教育实践》（1989）、〔英〕彼得·贾维斯的《成人教育和继续教育社会学》（1989）、〔英〕C. J. 泰特缪斯的《培格曼国际终身教育百科全书》（1990）等。

（二）中国成人教育学科初步形成阶段（1992—2001）

在我国现代成人教育研究史上，特别令成人教育界关注和兴奋的是，国家标准《学科分类与代码》于 1992 年 11 月颁布。"成人教育学"作为二级学科被列入该国家标准，代码为 880.57。国家标准的颁布，一方面，标志着成人教育学作为一门独立的现代科学被国家认可；另一方面，大大激发了成人教育研究工作者的学科意识，构建成人教育学科体系的内在积极性得到了充分调动。于是，我国现代成人教育研究得以"快速发展"，成人教育学科建设进入初步形成阶段。

1. 当代成人教育研究迅速发展

在此期间，现代成人教育研究出现了第二次高潮，出版的成人教育著作达459本，年均出版著作近46本，比第二阶段年均出版著作数多出13本；更为重要的是，成人教育学科建设得以发展，成人教育学科正在形成。

2. 开始注重成人教育学科建设

为了创建具有中国特色的成人教育学科，以我国高校成人教育研究机构为主体，研究人员致力于成人教育学科构建。最有代表性的是，以华东师范大学成人高等教育研究所为主体，组织上海、浙江、重庆等地的成人教育研究、教学和管理人员，共同撰写并出版了《成人教育理论丛书》（1997）。这套丛书包括《成人教育心理学》、《成人教育学通论》、《成人教育管理》、《国外成人教育概论》、《大学后继续教育论》。以后，河南大学成人教育研究机构又组织山东、湖北等地成人教育学者撰写并出版了由《成人教育概论》、《成人教育教学论》、《成人教育管理概论》、《河南成人教育史》4本著作组成的《成人教育研究丛书》（1999）。

3. 成人教育学科群体——研究生学位点不断涌现

国家标准《学科分类与代码》于1993年7月1日实施后，当年经国务院学位办批准，华东师范大学建立了我国内地首个成人教育学专业研究生学位点，以此开始了成人教育学专业的硕士研究生教育，指导教师和研究生组成了关系密切的成人教育学学科群体。此后，曲阜师范大学（1997）、同济大学（2000）、四川师范大学（2000）等高校也先后建立了成人教育学专业研究生学位点；河南大学、华中师范大学等校也早在20世纪90年代后期作为其他教育专业的研究方向招收成人教育研究生，形成了成人教育学的学科群体。历史证明，成人教育学科群体，是成人教育学科体系建设的主力军；我国成人教育学科群体的涌现，是成人教育学科体系形成的关键所在；成人教育学科群体的成长，特别是其中的中青年学者的成长，是中国特色的成人教育学科体系走向成熟的希望所在。

四、我国成人教育学科走向成熟阶段（2002年至今）

进入21世纪后，党和国家为我国社会主义现代化建设作出了一系列战略决策。2002年11月，党的十六大作出了"全面建设小康社会"的战略决策，其中包括"构建终身教育体系"、"形成全民学习、终身学习的学习型社会，促进人的全面发展"的战略任务；2004年9月，党的十六届四中全会提出了"构建社会主义和谐社会"的奋斗目标；2005年10月，党的十六届五中全会通过"十一五"规划建议，提出了"建设社会主义新农村"的历史任务；2006年1月，在新世纪召开的第一次全国科技大会上，胡锦涛总书记发出了"坚持走中国特色自主创新道路，为建设创新型国家而努力奋斗"的号召；2010年，党和国家又颁布了《国家中长期教育改革和发展规划纲要（2010—2020年）》、《国家中长期人才发展规划纲要（2010—2020年）》，提出了到2020年我国要成为教育强国和人才强国的历史使命。这一系列带有全局性、前瞻性、战略性的党和国家战略决策，是该阶段我国成人教育研究的总背景、总条件、总动力，为我国成人教育研究和学科建设提供了可持续发展的强劲动力。在此期间，我国掀起了第三次当代成人教育研究高潮。一方面，我国成人教育研究得以"拓展深化"；另一方面，"学科建设走向成熟"阶段。

（一）成人教育重点问题研究得以拓展深化

在此期间，我国成人教育界围绕党和国家的中心任务，对成人教育重点问题进行深入研究，主要包括"成人教育与终身教育体系构建"、"成人教育与学习型社会建设"、"成人教育与和谐社会建设"、"成人教育与社会主义新农村建设"、"成人教育与创新型国家建设"等。不仅研究了成人教育在实现上述中心任务中的地位和作用，而且研究了成人教育与中心任务的内在互动关系，以及成人教育在实现中心任务中的大力发展等问题。在此过程中，发表了数以千计的学术论文，涌现了一批富有学术和应用价值的研究成果。其中，代表性著作主要有：陈乃林主编的《面向 21 世纪中国终身教育体系研究》（2002）、张声雄等主编的《创建中国特色的学习型社会》（2003）、厉以贤主编的《学习社会的理念与建设》（2004）、叶忠海著的《创建学习型城市的理论和实践》（2005）、高志敏等著的《终身教育、终身学习与学习化社会》（2005）、朱其训著的《和谐教育论》（2006）等。上述这些成果，不仅丰富和充实了成人教育学理论体系和基本内容，而且进一步明确了中国成人教育的价值取向，体现了其强大的生命力。

（二）成人教育基本理论研究取得了新进展

在此期间，我国成人教育理论界对基本理论的研究，除进一步探讨了成人教育的本质、内涵、特点、功能、结构等基本问题外，还在成人教育学习论、课程论等领域有了新进展。成人学习领域是该阶段迅速发展的新兴领域，研究触角涉及成人学习诸多方面，其中，"社会变革与成人学习"、"成人学习理论的探索"、"成人学习特点及其应用"、"成人学习需要及动机"、"成人学习策略及非智力因素培养"、"成人学习障碍及其消除"等问题是研究热点，取得了显著的成果。在成人教育课程论研究领域，研究者们展开了在学习型社会背景下企业培训、社会培训、社区教育、农村成人教育及远程教育等多种课程类型研究。更重要的是，树立了成人教育课程的"自我意识"，专门探讨成人教育课程理论及开发技术，确立了成人教育课程理论的初步体系。其代表著作有：黄健著的《成人教育课程开发的理论与技术》（2002）、高雅莉著的《成人教育教学论：课程设计研究》（2004）、李旭初等著的《成人高教课程发展研究》（2005）。

（三）成人教育学科体系研究取得了新突破

在我国成人教育学逐步由"自在"走向"自为"，逐步走向独立的基础上，成人教育学科体系研究成为该阶段成人教育理论界关注的重点课题，首次作了系统性研究。归纳起来，学者们重点研究了三大问题：一是我国成人教育学科体系建构的前提研究，即成人教育学科的独立不可替代性研究；二是我国成人教育学科体系如何建构研究，即成人教育学科体系构建的策略研究；三是我国成人教育学科结构的基本框架研究。研究成果主要有：谢国东、赖立、刘坚编著的《面向 21 世纪中国成人教育学科建设研究》（2002），杜以德、韩钟文、何爱霞等著的《中国成人教育学科体系结构及其分类研究》（2006）等。在该学科体系结构及其分类研究中，提出了中国成人教育学科体系应与中国成人教育体系相匹配，构建多序列、多层次、多形式的立体网络结构体系，该学科体系由 7 个序列构成。[①] 这些成果的取得，表明成人教育学科体系进入到系统研究的新阶段，并有了新的突破，标志着成人教育学作为一门独立的新兴学科正在走向成熟。

（四）成人教育类别研究取得了多方面进展

各类成人教育有着对"成人"进行"教育"的共性，然而也存在着显著的差异。在此期间，我国成人教育理论界在关注成人教育基本理论共性研究的同时，又在前人研究的基础上，对不同类别成人教育的特殊属性及其运作规律作进一步差异性研究，其研究范围不断扩展。从教育类型看，对非正规成人教育、非正式成人教育有了较多的关注研究，尤其是社区成人教育研究、企业培训研究；从教育对象看，以往不太受关注的社会群体，如失地农民、外来工、高级技工等，成为成人教育类别研究的重要对象；从教育手段看，随着我国信息化进程加快，现代远程教育研究日益被重视。该阶段，成人教育类别研究取得了丰硕的成果，出版研究专著、论文集有 200 种之多，发表论文超过 2 万篇。就社区教育代表著作而言，主要有：《社区教育理论与实践》（厉以贤，2003）、《当代社区教育新视野——社区教育理论与实践的国际比较》（吴遵民等，2003）、《21 世纪初中国社区教育发展研究》（叶忠海，2006）等。就农村成人教育代表作而言，主要有：廖其发主编的《当代中国扫盲和农村成人教育的回眸与前瞻》（2002）等。不同类别成人教育丰硕的研究成果的取得，使成人教育学科体系和基本内容得到丰富和充实，加快了成人教育学科体系走向成熟的步伐。

（五）国外成人教育研究得以较为全面地展开

在此期间，关于国外成人教育的研究有了长足的进步，开始全方位铺开。既开展国别研究，又进行跨国研究，包括跨国总体研究、广域研究、专题研究，还触及外国成人教育史研究，包括制度史和思想史研究。其代表著作有：黄富顺主编的《比较终身教育》（2003），赵红亚著的《迈向学习社会——美国成人教育思想与实践的传统和变革》（2004），庞学铨和克劳斯·迈泽尔主编的《中德成人教育比较研究》（2004），史芳和张江南编著的《成人教育比较研究》（2005），王春学主编的《全球比较成人教育学——世界成人教育的哲学、历史、理论与实践》（2006），吴遵民著的《现代国际终身教育论》（2007），姚远峰、高益民、雷丹的《外国成人教育研究》（2007）等。上述研究及其所取得的成果，充分说明了我国成人教育研究已全面展开，既研究国内，又研究国外，既立足本国实际，又面向世界，走出一条本土化和国际化相融合的发展之路，中国成人教育学理论体系处于不断成熟之中。

总之，我国成人教育研究和学科建设取得了前所未有的历史性成就，成人教育学专业化水准已达到国家基本标准，以成人教育学为主干的成人教育学科群初步形成，成人教育学科发展正在走向成熟。

---

① 参见杜以德、韩钟文、何爱霞等：《中国成人教育学科体系结构及其分类研究》，129 页，北京，高等教育出版社，2006。

成人教育的哲学基础

导言

建立成人教育学，离不开相关学科的理论支撑。本书从哲学、经济学、社会学、心理学、人才学等多学科视角阐明成人教育的理论基础。其中，哲学是首要的，因为哲学观决定教育观。本章从研究哲学与成人教育的内在关系入手，着重论述了成人教育的人本论、功能论和质量观等基本理论问题。

第一节　哲学与成人教育

一、教育与哲学

哲学通常被看作是理论化、系统化的世界观，即人们对于自己所身处的这个世界的各种现象总的、根本的看法，以及对这种看法系统、理性的表达。它以追求世界的本原、本质、共性或绝对、终极的形而上者为形式，在根本上左右着人们对待各种事物的基本观点以及由此而产生的基本行动取向和评价标准。

美国哲学家和教育家杜威认为，哲学是教育的理论，教育是哲学的实践。对于教育与哲学的关系，他说过一段著名的话："如果我们愿意把教育看作塑造人们对于自然和人类的基本理智和情感的倾向的过程，哲学甚至可以解释为教育的一般理论。""教育乃是使哲学上的分歧具体化并受到检验的实验室。"[1] 而与杜威同时代的德国教育家赫伯特也说："哲学为世界之教育学。"[2] 可见，哲学观指导教育观，教育观反映哲学观，哲学观念的不同决定着教育的性质、方向的不同。

---

[1]　［美］杜威著，王承绪译：《民主主义与教育》，344 页，北京，人民教育出版社，1990。

[2]　转引自王璧如编著：《现代教育概观》，50 页，上海，北新书局，1930。

《中国大百科全书·教育卷》中对于"教育哲学"的概念这样界定："教育哲学是用哲学的观点和方法研究教育基本问题的一门学科；它综合了教育学、教育史、心理学以及其他教育学科的知识，对教育基本问题用哲学的观点给以理论上的说明。"在《辞海》中是这样界定的："以一定的哲学观点和方法研究教育活动的学科。"

作为对教育活动最根本性的指导思想和意识形态，教育哲学的独立形成时间并不长。与众多学科一样，在久远的人类文明历程中，它长期处于一种自发的状态。无论是古代中国以孔子、朱子为代表的教育家，还是古代西方以苏格拉底、柏拉图为代表的教育家，虽然都用自己的哲学观点论述过教育问题，并在自己的哲学观点支配下践行教育实践活动，但都没有形成独立的从哲学角度对教育问题自觉的、系统的阐述。

教育学作为独立的学科，一般以 17 世纪捷克教育家夸美纽斯的《大教学论》（1632）一书问世为标志。而教育哲学作为以一定的哲学观点和方法来研究教育基本问题的学科，于 1832 年在美国纽约市立大学为培养公立学校教师开设题为"教育哲学"讲座时被最早使用。德国哲学家罗森克兰茨 1848 年所著的《教育学体系》在1894 年由美国教育学家布莱克特翻译为英文时被取名为《教育哲学》，使"教育哲学"逐步成为一个独立学科的名称。饶有兴味的是，即便有了教育学和教育哲学的逐步独立，很多的教育学讲座仍然由哲学家们来开设。如德国哲学家康德就曾于1776 年在德国柯尼斯堡大学开设过教育学讲座，而作为美国实用主义哲学代表人物的杜威，更是对教育与哲学的关系作了最丰富的论述，以至于在当今的学科领域中，没有人能够将他简单地称为哲学家或者教育家。杜威的名著《民主主义与教育》，副标题即为"教育哲学引论"。在我国哲学和教育学领域，杜威的弟子胡适、陶行知等人，也都是这种哲学家与教育家综合一体的范例。1984 年，叶忠海教授曾对 100 名古今中外著名教育家分析统计，其中 52 名教育家，又是哲学家、思想家。我国古代21 名教育家中，20 名是哲学家、思想家。[①] 可以说，从人类实践活动的意义上，哲学与教育之间的联系在广度和深度上都甚于其他学科，绝非一般意义上的"教育学与哲学的交叉学科"。

二、成人教育哲学

教育哲学是对教育问题的哲学思考，这种思考对于相对于传统教育属于近现代社会新生事物的成人教育来说，其意义更为重要。从根本上说，教育哲学是主要研究教育领域中的"价值"问题的一门学科，相应地作为子系统的成人教育哲学也就是以成人教育领域中的"价值"问题为主要研究对象的。不同的成人教育哲学倾向会形成不同的成人教育价值目标，因而它是认识成人教育的一个根本性的问题。

成人教育哲学是研究成人教育中一切问题的理论基础和逻辑支点。成人教育学家伊利亚斯（J. L. Elias）和梅里安（S. Merrian）认为："哲学的兴趣在于发现某一现象、某一事物、某一过程或某一问题中的一般原理，当它适用于解释大量现象时，

---

① 参见叶忠海：《专门人才研究》，摘自《叶忠海人才文选》，127 页，北京，高等教育出版社，2009。

就成为普遍原理。教育哲学在于找出适用于教育全部过程的普遍原理。"① 在教育和成人教育的实践中，一旦轻视了对这种普遍、根本问题的理论建构和理性思考，将会导致实践的盲目性。

在成人教育作为独立的教育学学科和门类建构起来的不长的时间中，关于成人的定义，关于成人教育是否具有不同于普通教育学的特殊性，关于成人教育的方法等，长期争论不休。实际上，任何方法层面、操作层面的问题，其实质都来自于对教育目的的不同理解。所以，"成人教育哲学家首先关心的是教育过程的普遍原理，其次是理论与实践之间的重要关系"②。在成人教育哲学的构建过程中，美国成人教育学家林德曼于 1926 年出版的《成人教育的意义》一书具有划时代的意义。本书虽然没有直接使用"成人教育哲学"这样的表述，但实际上就是成人教育哲学研究的开端和以后研究的基础，被视为影响美国整个成人教育发展的基本教育哲学理念，人们甚至认为美国的整个成人教育的实践结构主要都是建立在这部作品的哲学基础之上的。首次直接以"成人教育哲学"命名的著作是保罗·伯奇文于 1967 年出版的《成人教育哲学》一书。1973 年，美国成人教育家阿普斯的专著《成人教育工作哲学的探讨》，从理论上阐明了成人教育哲学的必要性和重要性，第一次明确提出成人教育哲学要解决的三个基本问题，即成人教育"是什么"、"为什么"、"应考虑什么"，从而为成人教育哲学的深度发展奠定了较为坚实的理论基础。之后，世界范围内的成人教育研究走向了丰富和深化。1980 年伊利亚斯和梅里安的《成人教育的哲学基础》一书问世，该书全面、系统分析了成人教育哲学思潮的形成、发展和实践过程，是成人教育哲学研究的经典之作。③

三、成人教育哲学流派

循着这些成人教育哲学的基本问题，在不同的社会历史背景下，产生了不同的成人教育哲学流派。这既来自于教育问题本身的多层面性和多角度性，也来自于社会发展本身的阶段性和差异性。尤其是现代西方的一些哲学家、教育学家、心理学家、社会学家，从不同的哲学观点出发，提出各自对于教育问题的不同见解，促成了当代教育哲学的广泛发展。这些特点不同的思想倾向在不同的时期对成人教育的发展形成的特定影响，也丰富着成人教育的实践。这种影响是在根本点上的，因为"任何一个流派的哲学理论都不是应用性理论，而是解释各种教育现象的尺度"④。成人教育的哲学流派，通常根据近现代影响我们的主要哲学观点与流派，相应地划分为下列 7 种：古典人文主义成人教育（亦称博雅成人教育）、进步主义成人教育、行为主义成人教育、人本主义成人教育、激进主义成人教育、分析主义成人教育和后现代主义成人教育。

---

① ［美］伊利亚斯、梅里安著，高志敏译：《成人教育的哲学基础》，3 页，北京，职工教育出版社，1990。
② 同上书，13 页。
③ 参见何爱霞：《成人教育哲学研究的回顾与展望》，载《陕西师范大学继续教育学报》，2004（2）。
④ ［美］伊利亚斯、梅里安著，高志敏译：《成人教育的哲学基础》，9 页，北京，职工教育出版社，1990。

古典人文主义成人教育源于西方博雅教育的传统，其思想渊源可以追溯到古希腊的苏格拉底、柏拉图和亚里士多德等人，并且经过中世纪直到现代一直被普遍接受，是最有代表性并长期影响成人教育实践的一种强有力的教育思想。博雅教育强调文化传递，因而注重以经典性的文化知识陶冶成人的品格，强调培养身心全面发展的理想的人格和丰富的健康的人性，旨在培养具有广博知识和优雅气质的人，体现了一种使人性臻于完善的教育理想。值得关注的是，"博雅教育"一词，在我国大陆常被译为"素质教育"，在我国台湾则常被译为"通识教育"，由此也可折射出这种教育哲学思想在教育活动中的稳固地位和广泛影响。

进步主义成人教育出现于19世纪末至20世纪初，是与从北美开始的作为政治运动和意识形态的进步主义社会哲学同步产生的一种成人教育哲学。进步主义成人教育强调教育与社会的关系，强调如何通过成人教育活动来有效解决成人实际生活中的各种问题，具有浓厚的社会变革印记，也深刻体现了这一阶段的民主主义教育思想。美国实用主义哲学的代表人物詹姆士和杜威被都看作是这一流派的典型代表。进步主义的教育主张在相当程度上是对古典人文主义博雅教育思想中过于强调知识的传递而疏于专能甚至弱化学习者主体地位的倾向的一种反动和反思，但又可能在强调提高学习者的主动性以及对现实活动的有用性同时有弱化知识的系统性的倾向。在成人教育的领域，由于成人自身具有一定的自我发展能力和对教育的自主选择、自我控制力等不同于非成人的特点，所以进步主义的成人教育思潮对古典人文主义的修正具有很大意义，对成人教育哲学的贡献也是比较大的。可以说，当古典人文主义的博雅教育这种作为一直流传于欧洲的主流教育思想被用于成人教育时，多少带有"普教化"的印记，而进步主义对成人教育的思考，则更多地建立在对成人教育对象特性的关注与思考的基础之上。

行为主义成人教育是美国现代心理学的主要流派，同时也是西方心理学影响最大流派之一的行为主义的直接产物。行为主义成人教育非常关注成人特点的成人教育哲学，主要研究如何对成人的学习行为进行有效的控制强化，以及研究程序教育和教师的能力培训等问题，强调训练成人个体的技能以提高生产效率，主张客观的实验研究方法，强调对人的外显行为的研究，进而达到控制、改变、强化人的行为的目的，使教育目标得以实现。作为一种以心理学为内核和逻辑支点的教育哲学，行为主义成人教育在研究如何提高成人学习效率、强化成人学习目的等方面有很大成就。在成人职业拓展教育、继续教育等方面，也因为其细致严密的学科基础而获得了许多有益的成果。但是行为主义成人教育哲学毕竟主要依托于心理学，在强调客观研究法的同时，对人的丰富性的降低和简单化，对教育行为、学习行为的固化，也在一定程度上局限了它的研究视野。

为了和古典人文主义成人教育相区别，人本主义成人教育有时也被称为现代人文主义成人教育，其关心的重点在于成人学习行为中的自主、自由和信任，强调教学过程的协作性、参与性以及学习的自我导向性，强调成人教育过程中成人本身的主体性地位及个体充分的自我实现，与20世纪中叶盛行全世界的存在主义哲学以及人本主义心理学有密切关系。以海德格尔、萨特、马塞尔为代表的存在主义哲学家以及以马斯洛和罗杰斯为代表的人本主义心理学家等，都对人本主义成人教育理论提供了深刻的哲学和心理学基础。在成人教育领域中被称为"成人教育学之父"的美国成人教育家诺尔斯就是这一学派的典型代表。他提出的构建成人教育学的基本逻辑支点，就是成人学习具有的自我导向性与非成人学习之间存在根本不同；强调在成人教育中必须以满足成人的需要为中心，必须以成人学习者为中心。虽然学界对诺尔斯的主张仍存在不少质疑，但是，在成人教育的实践中，充分考虑和尊重成人的经验对成人教育和成人学习的影响，强调成人学习的自我导向性、目标选择性等对成人教育和成人学习的作用，确实对成人教育的发展产生了巨大影响。

激进主义成人教育主要发端于第三世界国家，与20世纪中叶席卷全球的社会主义运动、民族独立浪潮以及无政府主义、弗洛伊德左翼运动等激进的社会运动紧密相连，并相互呼应。激进主义成人教育通常并不就狭义的教育来谈成人教育，而是将成人的教育问题放到社会变革和社会解放的大背景之下，认为教育尤其是成人的教育乃是达到社会根本变革的重要手段，是处于社会被压迫地位的人们借以重新获得自我的重要方式，强调成人教育的目的就是为了唤醒成人的批判意识从而引起社会的变革。巴西的成人教育家弗莱雷是激进主义成人教育最杰出的代表。他认为进行成人教育的真正功能并非传统所认为的简单的知识传递和技能训练，而是唤醒被压迫者的意识，并且依靠成人教育来达到改造社会的目的。作为少有的一种来自于当今世界上最广大的欠发达地区的成人教育主张和呼吁，激进主义成人教育思想对教育的社会关系的关注有很高的思想批判价值，很大程度上丰富了成人教育关注视野的深度和广度。

分析主义成人教育的提出也是循着世界哲学观念的转化而产生的。分析主义成人教育形成时间较晚，应该说是哲学上的逻辑实证主义和分析哲学的伴生产物，一定程度上是对前一时期的以存在主义哲学为基础的人本主义成人教育和以社会改革运动为基础的激进主义成人教育的某种程度的矫正和充实化、细致化。它强调研究概念的澄清和细化，强调推理和成人教育的政策陈述，对成人和成人教育的概念以及成人教育的目的等问题进行了深入细致的界定和分析。分析主义成人教育的代表人物有谢夫勒、彼得斯、格林以及劳森、佩特森等人。这一学派在成人教育中并没有产生诸如进步主义、人本主义和激进主义那样显见的实践成果，但也向人们提供了一种细腻的成人教育的哲学理论基础。

后现代主义成人教育同样是伴随着20世纪后期的西方后现代思潮而产生的成人教育思潮。后现代主义（Postmodernism）是一个从理论上难以精准下定论的概念，后现代主义的主要理论家相对统一的特点，就是均反对以各种约定成俗的形式来界定或者规范其主义。所以后现代可看作是对现代主义的整体回应、质疑、反思现代性，排斥"整体"的观念，拒斥确定性、整体性而强调异质性、特殊性和不确定性，是后现代主义的整体特点。其表现在对成人教育的理解和解释上，对成人教育实践中的师生关系、课程设置以及成人教育的教育目的和方法、学科研究方法等都提出了大量批判性的新观点。作为一种与当代社会生活联系甚密的新的成人教育哲学思潮，后现代主义成人教育对成人教育产生的影响还不容易概括，但为成人教育发展提供了一种新的理解视角。英国成人教育家贾维斯就认为，在发达国家应当以"继续教育"概念取代"成人教育"概念，一定意义上就是这种理解角度的产物。

从上述对成人教育哲学流派的基本梳理中，我们可以明确看到，教育活动尤其是成人教育活动与社会的整体发展状况之间的关系十分密切而敏感。成人教育哲学一定程度上可以说是社会特定阶段特质在成人教育领域的集中体现。

不同角度的成人教育哲学流派并不是给我们划定一个僵死的成人教育的概念框架，而是为我们提供了多层次和多角度理解和实践成人教育的途径。正如 1994 年在国际教育大会上各国教育官员一致呼吁的那样，"教育不能牺牲社会，也不能牺牲个人，它应同时保证社会目标和个人目标的实现"[1]。

第二节　成人教育的人本论

一、以人为本与教育

人本，本意即以人为本，将人的存在及需求，尤其是个人的价值观和尊严等视为一切行为的基本出发点和最终归宿点。在哲学上，它更加接近"人文主义"，强调在人的行为选择当中人的中心地位。其核心含义就是，人是主体，人是最高的价值和衡量一切价值的尺度。[2] 这种价值的实现是通过每一个人的全面发展来完成的。

在我国古代，最早明确提出"以人为本"思想的是春秋时期的齐国名相管仲。在《管子》中，他说："夫霸王之所始也，以人为本。本理则国固，本乱则国危。"而孟子所强调的"民为贵，君为轻"，也有以人为本之意。党在十六届三中全会提出的科学发展观，就是强调"坚持以人为本，树立全面、协调、可持续的发展观，促进经济社会和人的全面发展"，这是对马克思主义人的全面发展理论的继承、丰富和发展。"以人为本"包含着人是发展的根本目的、人是发展的主体和发展的根本动力的思想。它表明，在人的世界中，人不是附属于某个凌驾于人的世界之上的超人主宰的附庸，不是超人主宰用来实现自己目的的工具。人本身就是人的世界的根本、主体。作为一种价值追求和哲学理念，"以人为本"深远的内涵就是将人作为人类一切活动的出发点和最终归宿，以实现"人的全面发展"。

对人的"全面"发展的向往，在古代便通过教育思想有所表现。中国古代教育对"六艺"的重视，以及追求受教育者在知、情、意、行各方面的和谐发展，都体现了对这种全面发展的追求；而西方在摆脱了中世纪神学统治对人性的压抑以后，伴随文艺复兴，人的全面发展几乎为每一个进步思想家所推崇，成为贯穿于近代西方文明发展中的崇高教育理想和社会理想。19 世纪法国空想社会主义者圣西门和傅立叶都曾明确提出过"人的全面发展"的概念，并把它规定为理想教育的目标；英国空想社会主义者欧文甚至还在曼彻斯特的新拉纳克大棉纺厂搞试验，试图通过教育同生产劳动相结合培养在智、德、体、行方面完善发展的一代新人。

① UNESCO, *Education Innovation and Information*, No. 81, 1994.
② 参见叶忠海：《现代成人教育学研究》，41 页，上海，同济大学出版社，2011。

在马克思主义关于人的全面发展的学说中，包含着这样几个基本的方面：第一，人向什么方向发展，怎样发展，能发展到什么程度，决定于社会条件；第二，人的发展同社会分工有密切联系，受社会分工的制约；第三，因为大工业的本性决定了劳动的变换、职能的变动和工人的全面流动性，所以现代工业要求人的全面发展；第四，在未来的共产主义，私有制的废除将使社会全体成员的才能得到全面发展；第五，每个人的自由发展不再受到他人的限制，反而是每个人的自由发展成为他人发展的前提；第六，教育是人的发展的条件。所以，在人的真实发展中，教育处于最基础性的地位。

人的全面发展是我们时代的教育理想，并且已经成为各国教育理论界的共识。1984 年召开的第 39 届国际教育会议指出，教育的双重目的和作用是"保证个性的全面发展，以及充分培养每个人使其对社会经济、社会文化和科技进步做出贡献"。1986 年召开的第 40 届国际教育会议进一步指出："通过提供德育、智育、体育、美育和社会教育以及培养适应社会生活所需要的条件，并以和平、国际谅解、合作和相互尊重的精神教育青年，促进个人的全面协调发展。"联合国教科文组织发布的《学会生存——教育世界的今天和明天》中对成人教育最经典的说明更是充分表达了成人教育对于任何一个成人的任何起点、任何方向和任何目标的全面服务。

二、以人为本与成人教育

成人教育是终身教育体系中成人阶段一切教育的总和，是对成人这一特定对象的教育，而不是泛指一切教育；成人教育是以人的全面、持续发展为目的的教育，而不是一种单纯的职业内训练模式；成人教育涵盖成年后所有起点的学习需求，其具体内容既可以是弥补性的，也可以是拓展性的；成人教育的目标指向既可以是面向现时的，也可以是面向未来的。

在《学会生存——教育世界的今天和明天》中，我们看到了对成人教育最经典的描述："成人教育可能有很多定义。对于今天世界上许许多多成人来说，成人教育是替代他们失去的基础教育。对于那些只受过很不完全的教育的人来说，成人教育是补充初等教育或职业教育。对于那些需要应付环境的新的要求的人们来说，成人教育是延长他们现有的教育。对于那些已经受过高等训练的人们来说，成人教育就给他们提供进一步的教育。成人教育也是发展每一个人的个性的手段。"[1]

从上述阐述中我们可以清晰地看到，成人教育内涵所表达的，正是一种对人的全面发展的价值追求。它贯彻落实以人为本之"本"，必须体现以下基本特征：人作为目的而非工具；人作为主体而非附庸；人作为尺度而非对象；人作为自我而非角色。

以人为本的成人教育应体现将人视为目的的思想，而不是将人接受教育仅仅当成实现某种另外的目的的手段或工具。这本身是一个辩证的问题，在人类改造客观世界、获得自我发展的过程中，往往不容易分辨人的工具意义和目的意义，或者严

---

① 联合国教科文组织国际教育发展委员会编著，华东师范大学比较教育研究所译：《学会生存——教育世界的今天和明天》，北京，教育科学出版社，1996。

格说来，人不可能单纯作为目的而不作为工具而存在，在一个现实的阶段或事件中，人是目的和手段的普遍的统一。但这并不能改变人一直将自身的解放、将自身的目的性作为奋斗的动力和追求的方向。尤其是在经过了大机器生产对人的压迫和异化之后，对人作为人的一切活动的目的的价值追求已成为现代教育观中的核心内容。在成人教育中，更应当将成人的潜能充分开发，素质整体提升，创造力充分发挥，促进成人终身发展，引导和帮助人实现全面发展，作为发展成人教育的根本取向和最高价值。

以人为本的成人教育应体现将人视为主体的思想。其反映为两个方面：一方面要确立人的主体性，发挥人的主体作用，彻底摒弃人对物、对他人的依赖与附庸。另一方面是尊重人作为主体的一切需要，并以这些需要为出发点进行教育构建，在这里，作为主体的人的需要变得至高无上。这就要求成人教育，一方面，在教育、教学实践活动中充分发挥成人学习者的主体作用，由配角转化为主角；另一方面，将成人的教育需要，无论是经济的或文化的，宏观的或微观的，还是现在的或未来的，都作为教育体系和内容构建的基本依据。在这个意义上，成人教育表现出对人的服务性。

以人为本的成人教育应体现人作为衡量一切尺度的思想，而不将人视为被衡量的对象，这也是对人的主体意义的深化，强调的是教育的自主性原则。在成人教育中，人作为尺度主要表现在两个方面：第一，教育选择权，即由成人自己来自主地进行教育选择，而不是由政府行为来进行强制性的教育安排。尽管政府的统筹和管理在一定时期和一定程度上是需要的，但从根本上讲，成人教育依赖的应当是成人的自主选择。第二，教育评价权，即由成人学习者成为教育评价主体，根据自身需求、感受和收益来进行教育效益评价，并成为进一步进行教育选择的基础。这种评价对于防止成人教育流于形式、保证教育的真实贡献有着重要的意义。

以人为本的成人教育应是人作为自我而全面存在，而不是作为自我所扮演的某一个或几个角色而片面存在。这就意味着成人教育为"一切成人学习者"以及为"成人学习者的一切"的人本意义。在这一教育观中，蕴涵着一个重要的、至高的价值追求，即通过"人作为自我"和"作为人本身"，摆脱对某一角色（由自己扮演的，具有片面自我性的）的依赖而实现全面的发展。用马克思关于人的三种形态的理论来说，就是通过摆脱"对人的依赖关系"的形态，亦即在简单商品经济阶段个体无独立存在能力而以群体为本位的族群生存状态下对群体的依赖，到摆脱"以物的依赖性为基础的人的独立性"的形态，亦即在工业化阶段人的存在方式的重心虽开始由群体本位转向个体本位，但却避免不了机器、财富等物的支配下的异化的状态，最终达到"建立在个人全面发展和他们共同的社会生产能力成为他们的社会财富这一基础上的自由个性"的形态，那时，"人以一种全面的方式，也就是说，作为一个完整的人，占有自己的全面的本质"，而"真正的自由王国，就开始了"。

总之，"以人为本"作为一种社会理想和价值追求，是当代社会教育等诸多方面的核心价值观念，"人的全面发展"也是人类教育目的思想的归宿。在成人教育的发展理念中，也同样应深刻地体现这一重要的价值观念，或者说，只有体现了以人为本的价值追求，当代的成人教育才是与社会的进步同步和协调的。

第三节　成人教育的功能论

一、教育功能

功能，可表述为功效和职能；教育功能，就是教育活动的功效和职能，通俗地说，即"教育能干什么"的问题，指人类教育活动和教育系统对个体发展和社会发展产生的作用与影响。这是一个与教育价值观紧密关联的问题，是教育价值观的展开和具体化，教育的价值取向也从根本上决定和制约着教育选择的目标和方向，从而也就决定着教育的基本功能。

从最宏观和最根本的意义上看，教育的功能具有社会发展功能和个体发展功能两个基本的向度。教育的社会发展功能反映教育对社会政治、经济、文化等产生的复杂影响，如在政治领域培养合格公民、传播政治意识、建构主流价值意识；在经济领域培养适应生产的劳动力、参与社会经济运行、创新技术；在文化领域进行文化传承、文化选择、文化创造和文化交流等。而教育的个体发展功能则包含促进个体自我意识的形成、促进个体社会化的完成、促进个体的创造能力等。

教育活动并非一个散乱自发的程序，特定社会中固化的教育体制还可能对个体形成一定程度的负向功能，即现存教育由于某种异化阻碍了学习者的全面发展和个性潜能的充分实现。

从别的角度，还可以把教育功能分为显性功能和隐形功能，前者指教育在实际运行中所出现的与之相符合的结果，后者则是伴随显性功能所出现的非预期的功能。

教育的功能是动态的。人类的需要随着社会的变迁和发展在不同的时期和不同的条件下会呈现出不同的特点，相近学科的新理论和新发展也为教育功能的扩展提供新的理论支持和实践平台，教育也随之产生相应的变化。所以，"教育的摄取和辐射功能规定了教育从来就不是而且永远都不会是封闭的系统，它与政治、经济、文化和各种学术思想有着密不可分的直接联系"[1]。

二、成人教育功能

从根本上讲，教育过程是一个以提高每个个人的自身价值为本质特征的价值追求和价值创造活动。一方面教育作为满足人类自身不断发展需要的工具；另一方面其又作为满足社会物质生产和精神生产需要的工具，这是教育的共性，成人教育也不例外。

马克思曾经指出，社会的需要往往比建十所大学更能把科学推向前进。社会的发展是教育需求的基础，成人教育从诞生到发展都离不开社会的影响和作用，是适应社会发展要求的产物。而且这种适应不是静止的，而是一个动态的过程，是伴随

---

① 陈超群：《中国教育哲学史·引言》（第一卷），上海，上海教育出版社，2000。

25

第二章　成人教育的哲学基础

大到人类社会、小到个人适应社会发展的过程。作为一个重要的社会组成部分，成人教育时刻都得在社会的发展变迁中调整自己的功能和对社会的服务取向，适应和推动发展着的社会。

但是，社会的需求和教育之间并非都能保持自然的和谐一致，它们之间的关系实际上十分复杂，这使我们必须有意识地分析和掌握社会诸多方面的变化以及它对教育的责任和功能可能产生的不同影响，同时有意识地通过教育的传播而对社会的进步与发展形成影响。因为教育与社会的关系并非简单的单向决定关系，"教育看来既是反对社会改革的，同时又是推动社会变化的"，"这种双重特性在迅速变革的时期尤为显著"①。在这个变迁的过程中，作为社会有机体不可分割的一部分，教育尤其是走在社会职业实践前沿的成人教育，直接受到各种社会变化因素的影响，这种影响一方面可能会大大推进成人教育事业的发展，另一方面也会要求成人教育必须适应社会的变化并做出适时的应对反应，从而不断调节和扩展成人教育的功能。

从教育活动对社会作用的意义上看，成人教育的功能与普通教育的职能并没有根本的不同。但是，由于教育对象的显著差异，成人教育的某些功能确与非成人教育相异而值得特别关注。在这个问题上，华东师范大学叶忠海教授通过对成人教育功能从层次上的分类，显现了成人教育功能的某些尤其值得强调的方面。在其《成人教育学通论》中，将成人教育功能分别从基本功能和派生功能两个层次进行了分析，认为成人教育的基本功能是促进成人身心全面、和谐的发展，使其能够持续、主动与社会整体的发展相协调。成人教育的派生功能则是调整社会结构和促进社会进步，通过成人教育的派生功能能够促进社会结构更加健康合理，从而引导社会持续走向进步。② 应该说，通过不间断的成人教育行为，为社会成员提供持续的教育服务以促使个体在不同的基础、不同的背景、不同的阶段等具体条件下能够保持与社会发展之间的积极的相关性，是教育民主化乃至社会文明进步的重要内涵。

第四节　成人教育的质量观

一、质量和教育质量

质量，通俗地讲，指一个事物、产品或工作的优劣程度。相应地，教育质量即教育活动的优劣程度。《教育大辞典》中对"教育质量"的解释是："教育质量是对教育水平高低和效果优劣的评价"，并且尤其强调，教育质量的高低"最终体现在培养对象的质量上"，"衡量标准是教育目的和各级各类学校的培养目标。前者规定受培养者的一般质量要求，亦是教育的根本质量要求，后者规定受培养者的具体质量要求，衡量人才是否合格的质量规格"。

---

① 联合国教科文组织国际教育发展委员会编著，华东师范大学比较教育研究所译：《学会生存——教育世界的今天和明天》，4页，北京，教育科学出版社，1996。

② 参见叶忠海等：《成人教育学通论》，45～49页，上海，上海科技教育出版社，1997。

教育质量是对教育水平高低和效果优劣的评价，是检验任何一种形式和层次的教育活动效能的基本标准和尺度，一向被视为教育的生命线。这一点，中外古今概莫能外。但现实中的质量问题讨论，却一定要以真实的社会发展状态为基础，否则很容易无的放矢。

在我国，改革开放以来，成人教育获得前所未有的快速发展，这既是社会发展对教育需求的真实反映，也是对"文化大革命"十年教育空缺的积极弥补。我国成人教育在规模逐步扩大的同时，一些问题也逐步积累、显现，其中，成人教育的教育质量是一个普遍受到关注的问题，常被认为是制约成人教育事业发展的主要因素。如何看待成人教育的质量问题，需要我们既有批判的眼光又有建设的态度。

清理成人教育的质量观，目的在于能够树立正确的质量观，进而全面分析成人教育的质量问题，找到衡定成人教育质量的合理标准和提高成人教育质量的有效途径。这既是成人教育理论研究者的重要职责，也是促进成人教育可持续发展的重要举措。

二、成人教育质量和质量观

质量观不是质量本身，而是对质量进行评价和衡量时所持有的尺度、标准以及由此所决定的态度。因为评价角度、需求和对事物内涵、功能理解的不同，对同一教育行为和结果所表现出来的质量观会存在差异。

在我国当前的成人教育实践中，由于成人高考的存在，人们对成人教育的思考和关注也很容易惯性地围绕这一似乎是我国当前最有代表性的、显性的成人学历教育模式而展开，因而普遍存在对成人教育质量的担心、怀疑甚至否定，认为当前成人教育的质量处于持续下滑、快速下滑状态，表现在以下方面：

（1）入学条件放宽。随着我国逐步进入高等教育大众化阶段，作为国民教育体系重要组成部分的成人高等学历教育入学考试的难度逐年下降，录取条件也逐年放宽，这是一个基本的事实。过宽的入学条件降低了成人高等教育的入学门槛，在让更多的成人获得了接受高等教育的机会的同时，也必然带来学习者基础知识薄弱、培养难度增加的问题。

（2）教学过程松散。入学条件放宽、招生规模扩大在一定时期必然会造成师资力量不足，大量的远距离教学又导致教学分离度越来越高。随着网络技术的发展和普及，成本较高的传统函授形式逐步被似乎更高效的信息化教学手段所替代。但学习者的信息技术处理能力和心理适应都需要不短的时间，两者之间的衔接不畅、成人学习者的工学矛盾等，导致成人教育的教学过程普遍呈现松散的状态。

（3）考核标准混乱。各培养单位和培养专业在培养目标和教学标准上的不甚统一，加之教学过程的松散，必然导致教学规范度降低，教学大纲缺乏标准，学习考核随意性增强，考核方法简单粗陋，考试程序不规范，教学与考核之间无论是应有的分离度还是应有的紧密度都存在普遍的缺失。

（4）文凭认可降低。上述种种失范，作为经过统一入学考试的学历教育，必然的后果就是其最终获得的文凭的社会认可度呈现普遍降低的态势。虽然从国家相关政策的层面上仍规定成人高等专科、本科的毕业文凭与全日制专科、本科的文凭同等，但在现实中两者却完全不能相提并论，严重挫伤成人学习者和成人教育教师的积极性，学生的学习动力和主动性降低，教师的职业认同感下降，失望、焦虑成为其普遍的情绪。

针对上述问题，学者和管理者们从不同的角度进行了深入的思考。有人从规范管理的角度找原因，认为成人教育质量下滑的原因主要在于办学机构过多强调了成人教育的创收性质，不惜一再降低入学条件，只热衷于争夺生源、扩大办学规模而疏于对成人教育的内在投入，因而建议从严格管理入手来提高教育质量。有人从生源质量的角度找原因，认为质量下滑的根本原因在于入学门槛太低，扩招太快，没有守住教育基础的应有底线，导致培养目标难以达到，因而建议通过提高成人教育的入学条件，停止扩招来保证成人高等学历教育的基本质量。有人从技术手段的角度找原因，认为教学质量的下滑与成人学习者不可避免的工学矛盾相关，因而应该通过计算机、网络等教育技术手段的创新，为成人学生提供更加便捷、更加立体、更加自由的学习途径，从而提高成人教育的教育质量。有人从立法保障的角度找原因，认为我国的成人教育立法严重滞后，对成人学习权利的法律保障严重缺位，导致成人学习者无法在工作与学习的双重压力中保持平衡和安全，变得急功近利，偷工减料，降低了成人教育的质量，因而强烈呼吁加大、加快有关成人教育的立法工作等。

以上种种，表现了成人教育工作者对提高成人教育质量的努力，同时也客观上说明，成人教育质量评价并不乐观，质量问题已成为一个不容忽视的关乎成人教育发展的核心性问题。但是当我们放开视野，真正面向我国成人教育的广阔实践的时候，又会发现问题并不那么简单。对成人教育质量的简单怀疑和批评，并不能够完全反映我国当前真实的成人教育现状。

首先，在现实中，越来越多的成年人在不同形式的学习中真实地提高了自己，无论是对社会的适应、对职业的拓展，还是对素质的提升、对生活的丰富，学习已越来越成为成年人的生活必需之选。撇开具体的形式不谈，人们无不认为"活到老，学到老"是当代人的不二选择，尽管它或许不是完全发自主动的选择，也并不一定有统一的形式、层次、内容和途径。如果对成人教育的质量做简单的否定和怀疑，就不能解释参与成人教育何以会成为人们的共识。

其次，在各种教育机构和各类专业技术人员中，越来越多的人从不同角度参与到了成人教育工作者的行列，要么作为教师或培训者，要么作为组织者和管理者，各种类型的成人教育在传统的教育机构中占有越来越大的比例，也产生了越来越大的社会影响和经济效益。这种参与在高校尤为典型和集中，高校教师将越来越多的精力放到了成人教育这一社会服务工作中来，这客观上说明了现实中存在的活跃的成人教育需求，而这种需求一定是基于相应的质量满足才可能产生和持续的。

再次，在传统的高校为生源竞争而倍感压力时，各种民办培训机构不断涌现，它们直接面对市场，以一种新的教育资源整合手段、教育宣传推广手段甚至教育项目营销手段，为自己赢得了广泛甚而优质的生源，在获得作为培训企业的经济效益的同时，也真实地推进了成人教育的发展，产生了不能不被认可的社会效益。如果没有相当的教育质量做支撑，这种产业经营性质的成人教育不可能存在下去。

最后，在不同性质和不同形式的组织中，对在职员工的教育、培训在时间和经费支出上都呈现出不断加大的趋势，不仅包括传统上对职业后教育比较看重的行业，还包括过去基本不投入职业后教育的行业。这同样表达了强烈的教育、培训需求与愿望。学习型组织、学习型社会成为人们乐于接受和渲染的概念，这些也折射出这种教育与培训不可能是毫无意义、毫无收效的。

那么，是什么原因使我们对成人教育的质量评估产生如此悲观的偏差呢？

成人教育是一个庞大的系统，具有丰富的内涵、层次和形式，相应地也具有多元化的评价尺度。如果我们仅根据其中一些方面的一些问题，用过于整体性和笼统性的概念及其相应的问题表现简单覆盖全部的成人教育，必然会犯简单化的错误。我们只有深入分析，方能对症下药，还其自身的发展逻辑，真正推进成人教育的良好发展。

上述矛盾来自于我们认识上的几个模糊与混淆。

从类型和形式上看，是混淆了成人教育中的学历教育与非学历教育不同的特点与要求，用学历教育的尺度和标准来衡量全部的成人教育类型和形式。

学历教育因为其明晰的过程和形式、明确的标准和要求，最容易被人们所关注和掌握，用学历教育的概念和标准来覆盖全部的成人教育，必然发生对非学历成人教育的遮蔽，导致将研究成人教育的目光仅专注于学历教育，而忽视了其他众多的成人教育类型和形式。当成人学历教育出现问题时，简单将这些问题扩张到整个成人教育，必然得出似是而非的结果。学历教育与非学历教育在相当程度上是不同质的教育，有不同的适应面。前者更多的意义在于社会评价和社会规范方面，是社会选择的基本参照标准，因而必然需要有明确、稳定的标准。我们目前对于成人教育的质量的担忧和疑问也主要是针对这种教育的。而非学历教育则相对自由松散，学习的形式、内容、时间、标准等，常常与个人的需要联系紧密，其质量评价的尺度也更偏向于接受教育者。上述众多活跃的成人教育需求主要集中在这个领域。由于两者在需求、组织、参与、评价等方面存在显著差异，一旦简单混淆，将非常不利于两者的发展。

从内容上看，是混淆了成人教育中的专业标准和素养标准不同的特点与要求，用过于专业化的标准来对待全部的成人教育内容。

对于大多数有明确培养目标的学历类成人教育和部分非学历的职业资格培训，尤其是大学后的高层次继续教育培训来讲，明确与稳定质量标准是必须的，相应地，在参与学习的资格条件、毕业结业的标准、考试考核的要求等方面，都应当严格遵循相应的尺度，如果这些标准混乱、随意，将是很大的社会灾难。但同时要看到，在成人的众多学习行为中，并非都是这样的专业学习与训练，更多的是需要长期积累的素养提高，其需求复杂，个体差异大，并且有较长的周期，很难套用专业化的标准来评估其教育质量。当然，素养的提高也是需要有标准衡量的，但显然要更复杂、更多元、更长期一些。终身教育理念下的成人学习，应当给每一个学习者以足够宽阔与自由的空间，给所有人以再发展的可能性。如果在这个问题上过于简单化和急功近利，表面看起来是急于提高成人教育的质量，而苛刻的教育条件却可能对成人学习的积极性产生不利的影响，也会让成人教育变得短视和狭隘。

从需求上看，是混淆了成人教育的职业内拓展和职业外追求的不同特点与要求，过多用职业内的要求来对待不属于职业内的成人教育需求。

成人的一大特点，就是作为职业角色的存在，所以成人教育与成人学习也往往与职业需求有关。尤其是在社会快速变化发展的时期，职业生涯中的拓展、流动、提升等往往是促成成人参与学习的直接动力。这种职业内的学习需要有比较统一的学习成果及其质量检验标准。但是，我们还要看到，社会文明进步的另一大结果，就是随着劳动生产率的提高，人们会拥有越来越多职业外的闲暇，有了更多的开发个性追求的空间，这无疑也是构成众多成人学习行为的重要动力。这两种不同的教育需求，在渠道方式、内容标准、参与评价等诸多方面都不相同，简单用某一方面的标准来衡量其教育结果，都会产生错误的结论。

从层次上看，是混淆了成人教育的高层需求和低层需求的不同特点和要求，偏重于用高层次的标准来衡量不同层次的成人教育。

完整意义上的成人教育，是覆盖成人所有需要层次的教育活动，其中既有处于较高层次的教育，也有处于较低层次的教育，有的甚至是零教育基础的教育。高层次的教育需要有一定的教育基础和知识积累，同时也对教育结果具有较高的要求和较为严格的标准。而低层次的教育却可能是任何基础和任何条件的，因而对其教育结果也不可能有过于统一、严格、简单化的标准。在很大程度上，成人教育对于社会进步的意义正在于它平等对待每一个不同教育基础的成人，给每个成人以再发展的空间和可能。尤其是在我国这样地区发展差距巨大的社会结构中，相当数量的成人基础教育严重欠缺，对于他们，仅仅是学习机会和学习行为本身，或许就已经足够有价值，如果硬要拿高层次的标准来衡量他们，无疑是不公平的，并且非常不利于社会的和谐与进步。

质量是反映实体满足明确或隐含需要能力的特性总和，包含使用要求和满足程度两个不同层面，同时它不是一个固定不变的概念，而是动态的、变化的、发展的；可能随着时间、地点、使用对象的不同而不同，并随着社会的发展而不断更新和丰富。在对教育质量尤其是成人教育质量的评价中，这种动态性和丰富性更加显著。所以，在分析、定位成人教育的质量问题时，重要的是针对不同的成人教育需求、内容、形式和层次找到合理合适的标准，而不是简单地在僵化标准和摈弃标准之间摇摆。

从宏观的方面来看，对于成人教育的质量问题必须要关注社会和个人两个基本的维度。所以，在教育质量评价这个问题上，一直有两个基本的倾向：一个是偏重社会需要角度的社会本位论倾向，强调成人教育的质量标准更应该反映社会需求，成人教育的结果应当以能否尽快转化为生产效益为衡量尺度；另一个是偏重个体需要角度的个体本位论倾向，强调成人教育的质量标准更应该关注个体满足，成人教育的结果应当以能否提高个体的行为方式和行为能力为检验标准。

应该说，这两种质量观都在相当程度上反映了成人教育质量问题的应然状态。但由于成人教育在需求、内容、形式、层次等方面的复杂性，简单倾向于哪一种模式都可能过于简单，而且在这两个标准之间还缺乏必要的衔接。所以，我们还需要用更为立体、更为系统的观点来审视成人教育的质量问题，而并不是简单的社会和个体两极。在这个问题上，叶忠海教授的观点对我们颇有启迪。他认为，作为整体的成人教育的质量应当是"内适性、个适性、外适性三者质量的整合统一"①，就是说，成人教育的目标，应当是教育目标达成度、个体发展促进度和社会需要适应度三者的全面、辩证的统一，而不是简单以个体尺度或社会尺度来评价成人教育的质量。一句话，适应、适合就是质量。

　　教育目标达成度、个体发展促进度和社会需要适应度三者的全面、辩证的统一，不仅是成人教育的质量标准，也是整个教育活动内在的价值诉求。抽象谈论质量标准是没有意义的，简单用某一种尺度作为不同成人教育的质量标准，同样不利于成人教育的健康发展。或许在千变万化、条件参差的具体成人教育实践中，很难有这三者完美无缺的完整体现，但是又都可能从不同的方面体现出成人教育的质量和贡献。这些不同层面的质量最终必然会构成作为整体的成人教育的价值体现。

　　质量标准的外适性强调的是成人教育的社会需要适应度。从外适性的角度看，成人教育的质量标准必须以社会发展需要为中轴，紧扣社会的整体运行趋势，及时为社会发展中新的需求做准备，积极促进教育与经济发展、社会发展的结合，通过获得经济效益和社会效益来彰显成人教育的价值。在成人教育实践中，各个等级的成人学历教育和专业化的成人学习内容以及职业内的成人教育更多的是这种外适性的表现，所以，应当在专业性成人教育中强化应有的专业标准，在职业内成人教育中尊重用人单位的需求和个体职业发展需求，在具有投资性质的成人教育中以投资效益为重，让学习者学有所值，让用人单位投入有所值，让学历真正具有社会评价和社会选拔的参照价值。同时，坚持质量标准的外适性标准还应当注意到，任何教育的终极目的都是促进人的发展，所谓百年树人，教育在关注社会实际需要时，不能过于急功近利，否则成人教育将不能保持长期稳定的教育质量。

　　质量标准的个适性强调的是成人教育的个体发展促进度。从个适性的角度看，成人教育的质量标准应当重点关注和尊重成人个体真实的学习感受和教育收获以及相应的教育评价。成人学习具有较强的自我导向性和较明确的学习目的性，在一定程度上，成人个体的教育需求和教育感受是对教育质量最为灵敏的反映，尊重学习者自身在成人教育评价中的主体地位和选择权利，既是提高教育质量，满足成人多层面、多层次学习需求的必需之选，也是促进个体成熟的重要途径。尤其是当这种学习还带有个人教育投资性质时，个体的评价更为真实有效。在今天，我们强调以人为本价值理念指导下的成人教育评价，更应突出个适性质量。然而我们现在对成人教育质量的评价体系中，这种个体的主体性体现是非常不足的。尤其是在计划色彩还比较浓厚的领域，成人教育往往只注重形式上的铺开而忽视了学习者的真实需要和学习感受，导致成人学习的实质参与度和学习主动性降低，教育的收效自然不会乐观。

　　质量标准的内适性强调的是成人教育的教育目标达成度。从内适性的角度看，成人教育和所有教育一样，还必须满足教育目标本身对教育质量的界定和要求。作为一种具有自身发展规律的活动，教育不能简单地根据纷杂、散乱的社会需求和自

　　① 叶忠海：《现代成人教育学研究》，45 页，上海，同济大学出版社，2011。

发、模糊的个体需求做机械的回应。教育是一项严肃的活动，它还必须遵循自身基本的教育规律，将社会需求和个体需求内化、分解、整合为具有科学性的教育目标，并为此设计出可能而合适的实现途径，才能够达到教育的质量目标。这在成人教育的实践中，就要求给予教育活动的实施者以不受干扰的独立的教育质量评价权利。这种教育评价的独立性反映的是教育活动的内在逻辑，与教育质量评价的社会适应标准、个体适应标准并不矛盾，相反可以避免前面两者可能存在的局限性，在深层次上保证成人教育活动的持续健康。在我国成人教育实践中，这种教育质量标准内适性在市场、权力等各种逐利动机的干预下受到的冲击很大，教育质量评价独立性、权威性的缺失和滑落，成为目前导致成人教育质量声誉不佳的重要原因。

　　上述标准的适应面，在不同类型的成人教育实践中会有不同的侧重。其中有些方面，在一定条件下能够统一、吻合，有的时候、有的方面在一定条件下会产生分离，但这并不能构成对成人教育质量的全面否定。相比其他教育形式，成人教育的质量观更应该能够体现教育的丰富性、动态性和发展性，不能以单一的、僵化的质量标准来评价成人教育，笼统的、一刀切的甚至情绪化的质量问题指责，既不利于质量的稳定，更不利于质量的提高，既不能有的放矢地解决当前成人教育存在的质量问题，也不能对许多真实的成人教育成果给予应有的认可与积极的评价。

第三章

成人教育的经济学基础

导言　　在当代社会，教育与经济有着高度的内在关联，其中尤以现代成人教育最为突出。显然，研究成人教育，建立成人教育学，离不开经济学的理论支撑。本章从研究经济学与成人教育的内在关系入手，着重阐述了经济发展理论与成人教育、经济结构理论与成人教育、人力资本理论与成人教育等基本理论问题。

第一节　经济学与成人教育

一、经济和教育

在当代社会，教育发展与经济发展之间存在深刻、紧密的内在联系。"如果我们透过实践从总体上看教育活动的演变，我们就立即看到，教育是随着经济的进展而进展的，从而也是随着生产技术的演进而演进的，然而要在复杂而相互制约的各种关系中找出各自的原因却并非易事。"[①]

教育行为从一开始就与人类的物质生产、生活紧密相关，与人们的经济活动密切相关。随着社会的发展，教育对经济的作用越来越显著，国际经济竞争在相当程度上表现为教育的竞争。

经济与教育的关系，有两个基本的维度，即经济发展对教育发展的作用、教育发展对经济发展的反作用。

（一）经济发展对教育发展的作用

经济的发展通常构成教育发展的基础，决定着教育发展的规模和速度，并且深

---

① 联合国教科文组织国际教育发展委员会编著，华东师范大学比较教育研究所译：《学会生存——教育世界的今天和明天》，4 页，北京，教育科学出版社，1996。

刻影响着教育的内容和手段，包括一部分教育的价值取向，这在现代教育中表现得尤为突出。

首先，经济的增长构成教育发展的物质基础。早期的教育活动内容主要是在人类代际间传递生产经验和社会生活经验，所以基本上是作为生产活动的一部分而直接存在于经济活动之中。随着社会的进步和发展，教育逐步从经济活动中独立出来，成为具有自身发展规律和逻辑的活动，使教育与社会生产之间的关系走向一定程度的分离。这种分离并不意味着教育活动与经济活动之间的不相关，相反，恰恰是经济发展所提供的条件促使教育的发展成为一个相对独立的门类，并通过教育的发展来更好地服务于经济发展和社会进步。近代产业革命以后，社会生产更精密的分工和规模化的生产，在对教育提出新的要求的同时，也因其更为快速的财富积累而为教育的发展奠定了更加强大的物质基础。经济的持续稳定增长及其构成的既定经济的发展水平是现代教育持续发展的前提。

其次，经济发展的整体水平决定教育发展的规模和速度。教育发展是社会发展的重要组成部分，它的发展规模和速度直接受制于经济发展的水平。一定时期内经济和社会各部门对受过一定教育的劳动者的数量、质量、结构的需求有所不同，并由此产生对教育的不同需求，进而对教育的规模和发展速度产生影响。社会经济发展规模越大、速度越快，对教育的需求越大；社会经济技术发展水平越高，对教育结构、层次的需求也越高。特定社会的经济实力将决定社会可能为教育所提供的资源，在一定时期内，在社会总资源中能够分配给教育多少，最终取决于经济发展水平。

最后，经济发展还将影响到教育的内容和结构，并引发教育手段的变化。经济发展所必然引发的产业结构变化、行业中心转移、新兴领域涌现、科学技术进步等社会生产方式的改变，都将引起教育内容在深度、广度和结构方面的深刻改变，并同时对教育的方法、手段等提出新的要求。尤其是在社会进入快速发展的现代，科学技术的飞速发展和生产力水平的迅速提高以及由此产生的生产门类的变化以及对人们的技术要求、能力结构等方面的改变，使原有教育的结构、课程设置和教育内容必然产生相应的变化。信息高速公路、卫星通信技术及计算机网络技术的广泛应用和日新月异，也大大地拓宽了教育的平台，促进了教育的发展。

（二）教育发展对经济发展的反作用

教育的发展状态会反作用于经济活动，对经济发展起到促进或者制约的作用。不同的教育将直接影响到经济活动的动力、效率和未来发展的可能。

首先，教育是经济发展的重要动力源泉。在以自然经济为主要模式的传统社会中，教育对经济的作用相对比较间接，但进入现代社会之后，教育却越来越显现出其对经济发展的巨大动力作用。在一个教育没有得到充分发展的社会中，经济的真实、稳定、长远的进步是没有可能的。在联合国教科文组织的《学会生存——教育世界的今天和明天》中，首次阐明了"经济发展，教育先行"的主张，认为在当代社会中，教育的发展是一个社会经济发展的决定性因素，任何离开教育发展的经济进步都将是不可能长远和持续的。反之，对教育的充分重视和充足投入，却是社会经济发展的不竭动力。这一特点，可以说是现代社会与传统社会在教育发展与经济发展关系上存在的明显不同点。

其次，教育是提高劳动生产率的有效的途径。劳动生产率是劳动者在一定时期内创造的劳动成果与其相适应的劳动消耗量的比值。单位时间内生产的产品数量越多，所耗费的劳动时间就越少，劳动生产率也就越高。所以它实际上标志着劳动者劳动行为的效能。虽然劳动生产率的高低并不单纯受制于劳动者的能力和素养，它还和劳动手段、劳动对象的性能和质量等因素相关。然而，劳动者是生产力中最活跃、起决定作用的因素，教育特别是"成人教育能改变成人劳动能力的性质，提高成人劳动能力的水平，改变成人劳动能力的形态"[①]，所以在现代化的生产活动中，不同教育背景的劳动者的活动效能的差异非常之大，教育也就成为提高劳动生产率的有力杠杆。

最后，教育直接促进科学技术的进步并引领经济发展。与传统社会不同，现代经济增长的决定因素不再是传统的资源、资本等，而是科学技术，所以我们将科学技术视为第一生产力。可以说，当今经济增长的所有方面都不可能离开科学技术的进步和发展，而教育恰是促进科学技术进步最直接、最基础性的力量。教育通过对科技人才的专门培养，对劳动者素质的普遍提高等，传递科学文化知识，促进科学研究，并且推动科学技术向现实的生产力转化，从而引领社会经济的发展。当代大学肩负有科学研究的责任，正是教育对经济发展引领作用的具体表现。

二、经济活动与成人教育

成人教育中对成人的界定有两个基本维度：生物意义的成熟和社会意义的成熟。其中社会意义的成熟的主要标志，就是独立承担一定的社会角色，所以成人与生产、社会具有很高的关联度，是现实的生产者。这也决定了在成人的学习需求中，占主体的部分将来自于社会生产的需要，对这种需要的满足度的高低，将直接影响到教育活动对经济发展的促进程度。

成人教育与成人学习行为对社会经济发展具有整体推进作用，不管是经济发展对劳动力素质变化的需求，还是生产中新技术的使用，都需要通过对现实生产者的教育活动来完成。

较之于基础教育，成人教育的培养目标具有与社会经济活动更直接的关联性，往往能够直接体现社会经济活动的现实需要和发展方向，对社会变化和经济发展的需求反应最为灵敏。

成人教育的办学机构需要通过灵活主动的方式适应经济运行的基本规律来实现自身的持续发展，以不断满足社会经济发展对新型人才的需求。

总之，由于成人承担着特定的社会生产者的角色，成人教育与成人学习行为往往具有投资性质，通常与成人职业生涯的改变、拓展有深刻关系，所以它具有比较显著的经济学属性。在教育作为经济发展的重要动力源泉的结构中，成人教育起着重要的作用。

———————————

① 叶忠海：《现代成人教育学研究》，34～35 页，上海，同济大学出版社，2011。

第二节 经济发展理论与成人教育

一、经济发展与经济增长

对经济发展规律的探究是经济学的基础理论和基本诉求。在较早的时期，经济发展理论主要以发达国家的经济发展为研究对象，如亚当·斯密的《国富论》、大卫·李嘉图的《政治经济学及其赋税原理》、马尔萨斯的《人口原理》等，但总体上比较零散。第二次世界大战后，发展中国家的经济发展问题逐步成为世界经济学家们关注和讨论的焦点，所以，现代经济发展理论主要以欠发达的发展中国家的经济发展为研究对象来探究经济发展的宏观规律。

在 20 世纪中叶以前的传统经济学理论中，经济发展被比较简单地认为就是国家财富的增长、劳务生产的增加以及人均国民生产总值的提高，也就是经济总量的增长。只要有经济总量的增长作为基础，其他方面诸如政治民主、社会文明等的发展便顺理成章。但随着社会发展，情况呈现复杂化倾向。在一些国家中，一方面是人均国民生产总值迅速增长，另一方面却是大量尖锐的社会矛盾不断涌现，国家的社会政治文明和经济结构并未随经济总量的增长而自然得到改善，贫困和收入分配不公正情况严重，从而导致更为复杂多样的社会问题。

因此，人们开始把经济发展同经济增长区别开来，意识到国家财富和劳务生产的增加以及人均国民生产总值的提高等指标仅仅是一种简单的经济增长，而并非完整意义上的经济发展，更不是完全的社会发展和社会进步。经济发展具有更加丰富的内涵，不仅涉及物质增长，而且涉及社会和经济制度以及文化的演变。所以，发展既要着眼于经济规模在数量上的扩大，还要着重于对经济活动效率的改进以及这种发展对于社会整体进步的真实意义和价值。同时，经济发展还将是一个长期的、系统的、动态的进化过程，而非一种静态的、单一的状态。经济发展涉及的内容超过了单纯的经济增长，比经济增长更为广泛而深刻。

当前对经济发展的一般定义所做的界定是 1958 年美国经济学家金德尔伯格在其《经济发展》一书中提出的。他认为经济的发展应当包括以下核心内容：第一，经济发展表现为物质福利条件的明显改善，尤其是对欠发达国家中处于贫困线以下的人们而言，物质条件仍是衡量经济发展的基本标准。第二，经济发展表现在根除物质条件上的贫困的同时，还要消除与这种物质贫困紧密相关的文盲、疾病及过早死亡等严重社会问题。第三，经济发展表现在要改善社会生产投入与产出的结构，生产的基础结构从农业逐步转向工业，这也就是一个国家所谓的现代化、工业化的过程。第四，经济发展表现在经济活动的参与上，要实现适龄人口充分的生产性就业，从而使经济发展的成果能够全面体现在每一个社会劳动者身上，而不是只由少数具有特权的人和集团来组织社会经济活动。第五，经济发展还表现在能够容纳不同的利益集团参与社会公共决策，以增进公众福利，从而通过经济发展的推动而逐步实现社会民主。总而言之，经济发展是一个国家摆脱贫困落后状态，走向经济和社会生活现代化的过程。经济发展不仅意味着国民经济规模的扩大，更意味着经济和社会生活素质的提高。

另一个经济学家熊彼得在对经济发展的研究中，提出了"创新理论"和相应的经济周期理论，以进一步阐释经济发展理念。"创新理论"强调生产技术的革新和生产方法的变革在资本主义经济发展过程中具有至高无上的作用，也就是要建立一种新的生产函数，把一种从来没有过的关于生产要素和生产条件的新组合引入生产体系。熊彼得认为，企业家是资本主义的"灵魂"，其核心职能就是实现创新，引进新组合，而所谓经济发展，就是指整个资本主义社会不断地实现新组合，即"不断地从内部革新经济结构"的"一种创造性的破坏过程"。他认为，这种创新通过扩散，刺激大规模的投资，引起了高涨，而一旦投资机会消失，便转入了衰退。由于创新的引进不是连续平稳，而是时高时低的，这样就产生了经济周期。历史上的创新千差万别，对经济发展的影响也大小不同，因而周期有长有短。尽管熊彼得有的理论相当程度上抽掉了资本主义特定的生产关系，掩盖了这种关系的剥削实质，但仍应该说，把"创新"视为经济发展的原动力，是熊彼得对经济发展理论的重要贡献。

20世纪80年代后，现代经济发展理论进入了一个新的发展时期，一些新的理论与模型相继出现，如新经济增长理论、新制度主义、寻租理论、可持续发展理论等，这些理论明显地不同于此前的经济发展理论。在这一时期，发展经济学呈现了融合的趋势，包括发展经济学与主流经济学、社会学、政治学、法学、伦理学等学科的融合和经济发展理论内部各学派之间的融合。

二、经济发展与成人教育

应该说，关于经济发展理论的演进给我们揭示的，是一个经济发展的内涵从狭隘到丰富、从传承到创新、从注重当下到注重长远的过程。在这个日益全面而丰富的经济发展过程中，成人教育扮演着十分重要的角色。

首先，成人作为社会生产力的主要构成要素，在物质财富的创造和社会经济总量的增长过程中起着核心作用。他们的基础教育状况和持续接受教育的状况，都将直接影响着社会经济活动的数量和质量。

其次，成人作为现实的生产者，在生产结构的改变、产业中心的转移和生产的创新方面承担着最重要的任务。无论是观念还是行为，没有作为成人的现实劳动者的创新，就不可能有社会整体的创新，而所有超越旧事物的创新既和现实的生产劳动相关，也离不开对成人持续不断的教育行为和成人自身的学习行为。

最后，成人作为社会生活的主体，在社会的整体进步方面，尤其是以经济发展为基础的社会民主化、现代化进程中，承担着最重要的职责，同时，这些方面的任何进步也都将通过成人的存在状态表现出来。离开成人的发展，社会整体的发展和进步是不可能的。

第三节　经济结构理论与成人教育

一、经济结构及经济结构理论

经济结构通常指国民经济的组成和构造，是指在社会再生产过程中，国民经济各个部门、各类产业、各种所有制成分、各类经济组织、各个地区以及各个方面的构成和比例关系，以及资源在各种经济结构间的配置状态和发展水平，技术经济联系及其相互依存、相互制约的关系。

经济结构是一个由许多系统构成的多层次、多因素的复合体，它既反映了经济结构的质的规定性，又包括了各种数量的比例关系；既包括了生产关系的结构，又包括了生产力的结构。经济结构理论涉及经济结构状况与存在的问题、检验经济结构合理与否的标准、经济结构的一般演进规律，以及如何优化资源配置的政策措施等方面。经济结构的合理与否，对国家的发展具有重大影响。

不同的国家由于各方面条件的差异而导致不同的经济体制并形成不同的经济发展倾向。不同经济发展趋向的国家和地区，经济结构状况差异很大。对经济结构形成影响和作用的因素很多，其中最主要的是特定社会对最终产品的需求，而科学技术进步对经济结构的变化也有重要影响。

一个国家和地区的经济结构是长期形成的，并且随着经济活动的变化和政治格局的变化等产生相应的变化。经济结构是否合理，并没有完全统一的标准，主要看它是否建立在合理的经济可能性之上，也就是看它是否适合本国实际情况，能否充分发挥现有的一切经济优势。只要是能够充分利用国内外一切有利于经济发展的因素，能够合理有效地利用特定社会现有的人力、物力、财力和自然资源，能够保证国民经济各部门之间的协调发展，能够较为有效、有力地推动科技进步和劳动生产率提高，能够既有利于促进近期的经济增长又有利于长远的经济发展，能够取得最大的经济效果和最大限度地满足人民需要的经济结构，无论其具体形态怎样，都是合理的经济结构。反之，则应当变革。所以，经济结构状况是衡量一个国家和地区经济发展水平的重要尺度。在这方面变化迅速的当今社会，经济结构的变化和调整是一个十分重要的问题。

在关于经济结构的理论中，英国经济学家刘易斯1954年在其《劳动无限供给条件下的经济发展》中提出的"二元经济结构"理论非常值得注意。这个理论揭示了发展中国家在经济结构方面一些统一的特性，即它们通常会并存着传统的自给自足的农业经济体系和城市现代工业体系两种不同的经济体系，这两种体系构成了发展中国家所特有的"二元经济结构"。

刘易斯认为，在发展中国家，由于耕地数量有限并且是一个较为恒定的数字，而生产技术在传统农业中又很难有突破性进展，所以农产品产量在达到一定的数量之后，很难再有增加，必然导致传统农业部门人口过剩。这种过剩直接表现为通过增加劳动力所增加的产量几乎为零，过剩的劳动力就成为"零值劳动人口"，即不带来经济增长和经济价值的劳动力。大量的"零值劳动人口"的存在，导致发展中国家经济发展水平长期处于低水平，从而形成城乡差距。而在城市现代工业体系中则完全不同，各工业部门具有可再生性的生产资料，生产规模的扩大和生产速度的提高可以超过人口的增长，劳动边际生产率就远远高于农业部门，工资水平也必然高于农业生产部门，所以可以从农业部门吸收农村剩余劳动力。由于农村剩余劳动力本身已是"零值劳动人口"，所以工业部门所支付的劳动力价格只要比农业部门的收入略高，农村剩余劳动力就会选择到工业部门去工作，所以农村劳动力必然是廉价的。这样工业部门可以支付较少的劳动报酬，而把多余资本投入到扩大再生产的过程中，又可以吸收更多的农民到工业部门，形成一个良性运行过程，促使农村剩余劳动力的非农行业转移，使二元经济结构逐步消减。刘易斯认为，这是发展中国家摆脱贫困走上富裕的唯一途径。客观地说，刘易斯对城乡二元经济体制的分析是比较到位的，对我国这样的发展中国家来说，具有很高的参考价值。

二、经济结构变化与成人教育价值

社会经济总量的增长是由经济结构的转变所组成的，而经济结构的调整直接意味着与经济活动密切相关的人的结构的调整，因而，它同时也就是一个教育的问题，尤其是事关现实生产者的成人的教育问题。

我国的经济结构存在的问题，在1978年以前，主要表现为农业基础整体比较薄弱，而工业领域当中轻工业和重工业的比例又相对不合理，经济结构带有过于浓厚的政治化痕迹而明显存在结构性失调。这种经济结构在1978年改革开放以后有了很大改变。通过优先发展轻工业，加强社会基础产业和基础设施的建设，进而大力发展第三产业等一系列政策和措施，使得各产业之间及其产业内部之间的比例关系都有了明显的改善，我国的经济结构趋于协调，并逐步向优化和升级的方向发展。在整体产业结构变化的同时，各产业内部的结构也发生了较大的变化。其表现如下：在传统的农业、林业、牧业、渔业等行业的总产值中，纯农业的产值比重有所下降，林、牧、渔业比重上升；在工业内部，轻重工业结构正逐步由偏重"消费补偿"的轻型结构，向"投资导向"的重型结构升级；在新兴的第三产业内部，交通运输业、商业等传统产业比重下降，而房地产业、金融保险业、电信业、咨询服务业等非传统产业得到迅速发展。这种经济产业结构的变革，在知识经济崛起的今天，显得尤为突出。

可见，随着我国产业结构的变化，以及城乡二元经济结构的改变，对人的各方面能力也产生了全新的要求。这种巨大的变化需要社会成员尤其是现实生产者各方面观念、素质、能力的全面改变和提高才能实现，相应地，成人教育在社会经济结构的变化中也就具有了不可忽视的意义。

首先，在社会经济结构的整体水平提升过程中，成人教育起到了不可替代的作用，为处于转型中的社会提供了不竭的劳动力。成人是社会的主体，更是现实生产领域的主体，成人素质、能力的整体提升将对社会经济结构的改变和整体经济水平的提升产生深远的影响。在现代生产中，"一劳永逸"式的知识、能力获得方式受到根本性的挑战，个体持续的进步构成社会进步的普遍基础。

其次，在传统农业社会向现代工业社会转型的过程中，大量的农村剩余劳动力只有通过全方位的教育辅助才有可能真实地实现向城市和工业的转型，这期间，既包含对经济活动所直接需要的劳动、生产技能的训练和培养，也包括为适应城市化生活而需要进行的文化、法律等方面能力和素质的提高。应该说，在城乡二元经济结构解体并向城市化、工业化、现代化社会演变的过程中，成人教育担负着关键的责任。

最后，在经济结构改变以及科学技术自身的快速发展所带来的新技术、新方法、新观念的学习、普及、运用等方面，成人教育尤其是处于高端的成人继续教育是最为重要的实现方式。现代经济发展的方式与传统社会相比，已经发生了巨大的变化，科学技术呈现加速发展的态势，知识的更新周期越来越短，使得即便是处于社会较高层次的精英人才也要不断面临对新事物的学习需求，这也是成人继续教育引领社会进步的重要表现。

三、经济结构变革与成人教育专业结构调整

教育与经济高度的关联度，必然反映在教育专业结构与经济产业结构所具有的内在紧密联系上。在成人教育专业领域变化上反映得尤为明显，成人教育专业结构变化与经济产业结构变化呈现对应化态势。

叶忠海教授曾在20世纪90年代初指导研究生作了专门研究，考察了美国、法国、日本、苏联、德国五个国家在1900—1980年期间经济产业结构变革与社会人才专业结构变化的内在关系。研究结果充分表明，经济产业结构是以人才专业结构为中介，与教育专业结构发生紧密联系的。经济产业结构与人才专业结构是相互作用的，它们之间的变化方向往往是对应的：在经济发展的"脱农化阶段"，对应的是以人文科学为主的人才专业结构；在经济发展的"工业化阶段"，对应的是以工科人才为主的人才专业结构；在经济发展的"第三产业化阶段"（"产业软化阶段"），对应的是以社会科学人才为主的人才专业结构。伴随着经济发展的不同阶段，即经济产业结构变革向现代化发展过程，人才专业结构此长彼消的滚动式运动过程，相对应的是教育专业结构的调整和变化。鉴于成人教育特别是高层次成人教育的性质和职能所要求，它在整个教育结构体系中与经济结构的联系尤为紧密，因而经济产业结构变革对成人教育专业结构的影响更为直接。据此，成人教育专业结构的调整和发展，必然要以经济产业结构变革为依据，以达到两者相对应。[①]

第四节　人力资本理论与成人教育

一、人力资本与教育投入

人力资本理论是20世纪60年代由美国经济学家舒尔茨和贝克尔所创立的一个

① 参见叶忠海：《大学后继续教育论》，43～44页，上海，同济大学出版社，2011。

经济学理论，舒尔茨的《人力资本投资》是该理论创立的标志，而其《教育的经济价值》则是该理论对教育活动产生深远影响的论著。

人力资本理论创立者通过对第二次世界大战后处于战败地位、经济上衰弱不堪的德国和日本的经济迅速恢复和发展的研究，解释了许多无法用传统经济理论来解释的经济增长问题。他们提出，人力资本是当今时代促进国民经济增长的主要原因，"人口质量和知识投资在很大程度上决定了人类未来的前景"，从而开辟了关于人类生产能力的一个新思路。

人力资本理论认为，所谓人力资本，是指通过投入，形成、提高并凝聚在劳动者身上的知识、技能及表现出的劳动活动能力。人力资本理论首次明确提出，在当代社会影响经济发展的诸多因素当中，人的因素是最关键的。经济发展主要取决于人的质量的提高，而不是传统社会中自然资源的丰饶或者物质资本的增多。

在人力资本的理论框架中，人力资源是促进经济发展、构成国家财富的基本的和占主动地位的因素，而物质资本和自然资源等传统上的生产要素只是被动的生产要素。随着经济发展模式的变化，人类依靠自然资源优势和大量活劳动的投入追求经济增长的时代已经成为历史，经济增长越来越转向主要依赖科学技术的发展进步和广大劳动者素质的提高。教育可以培养出适应经济发展的各级各类专门人才，并可以迅速将教育传授的各种知识转化为资本。教育所培养出的各级各类专门人才，在市场经济各行各业的知识创新和技术创新中起着决定性作用，人才所创造的经济效益是十分巨大的。实践证明，相对于自然资源和各种物质资本，人力资源是经济增长的主要动力。要把人才资本投资视作经济发展和社会进步的主要措施，而这些离不开培养各级各类专门人才的教育。

二、人力资本理论对成人教育的影响

从人力资本理论的主要观点中，我们不难看到教育及成人教育在现代经济发展模式中的深刻意义和作用。

首先，人力资源是经济发展所需资源中最主要的资源，同时也是唯一的"活"的资源。作为生产力三要素之一的人力，可以进一步分解为具有不同技术知识程度的人力资源，其中高技术知识程度的人力带来的产出明显高于技术程度低的人力，这种区别直接取决于所受教育的不同。所以，在一个国家的经济增长中，人力资本的作用大于物质资本的作用。无论我们是否认定人力资本理论就是当代经济学的核心问题，但都可以认定人力资源是当代各国经济发展差距的基础。在当代社会中，我们基本上可以用教育发展的总体水平以及教育自身的连续性、终身性、全面性来直接判定其经济水平和未来可能的倾向。

其次，人力能否成为资本和成为什么质量的资本，其核心在于人口的质量，或者直接在于教育的质量。所以，成人教育——人力资本的再生产不是传统观念所认为的消费，而是一种投资，这种投资的经济效益远大于物质投资的经济效益。从比例上看，人力资本投资与国民收入是呈现正比例的双向作用关系，人力资本投入越大，国民收入水平越高，而国民收入越高，也必然在人力上有更高的投入；反之亦然。从速度上看，人力资本的"活"性，使其增长的速度要比物质资源增长的速度快，从而给经济发展带来巨大的活力。

再次，由于教育是提高人力资本最基本的主要手段，所以也可以直接把人力投资视为教育投资问题。而且，在现实的生产过程中，人力投资的对象是成人，或者说，所谓人力的投资，就是专指对于成人这种现实的生产者的教育、培训投资。不仅如此，基于教育在形成、提高人力资本中的具有关键性的作用，舒尔茨还干脆主张教育就是人力资本。他说："教育是一种人力资本。它是人力，因为它成为人的部分；它又是资本，因为它是未来满足或未来收入，或兼为两者的一个源泉。"①

最后，作为一种经济意义上的投资行为，教育投资必须以市场供求关系为依据，以人力价格的浮动为衡量符号，才有可能实现其作为"资本"的价值。所以，现代教育尤其是成人教育中的大部分内容，都是直接与社会经济的发展紧密关联的，这也从侧面体现了成人教育与社会经济发展之间深刻的关系，以及成人教育对社会经济进步的重要功能性作用。

人力资本理论对全世界尤其是第三世界的教育格局产生了重大的影响，很多国家在该理论的影响下都纷纷用不同的方式改进教育和对人力的投资行为。20世纪80年代初，人力资本理论传到我国并逐渐为我国经济和教育界所认识和重视，对我国的教育也产生了直接而全面的影响。在成人教育领域，这一理论打破了以往的教育的纯消费观，树立了成人教育的投资观和经济意识，很大程度上提升了教育投入的效率；这一理论改变了教育评价的传统标准，使劳动者的劳动增值情况进入了教育评估指标，从而肯定了教育的生产力属性，以及教育活动对社会生产活动的作用和价值；这一理论直接促进我国成人教育更加关注经济发展动态，注重教育的质量和效益，注重合理的投入产出比例，在专业体系、课程结构、评价指标等方面，按照市场规律和经济发展需求来进行运作，拉近了教育与经济发展的关系，提高了成人教育的效能。

不过，人力资源理论毕竟是经济学的学科属性而非教育学的学科属性，在对教育学和成人教育学的发展产生了很大贡献的同时，也有不能完全诠释教育学包括成人教育学的全部内涵的一面，这是需要注意的。

---

① ［美］西奥多·W·舒尔茨：《人力资本投资》，126页，北京，商务印书馆，1990。

第四章

成人教育的社会学基础

导言　　教育现象是社会现象的重要内容；教育现象研究与社会学理论和方法有着很高的契合度。显然，研究成人教育，建立成人教育学，离不开社会学理论的支撑。本章从研究社会学与成人教育的内在关系入手，着重阐明了人的社会化理论与成人教育、社会变迁理论与成人教育等基本理论问题。

第一节　社会学与成人教育

一、社会学与教育社会学

社会学是一门利用经验考察与批判、分析等方法来研究人类社会结构以及人类活动规律的学科。它力图从社会的整体出发，通过对人们的社会关系和社会行为的观察、分析，来研究社会的整体结构、功能，以及社会发生、发展的规律。由于问题涉猎广泛，从微观层面的社会行动或人际互动，到宏观层面的社会系统或结构等，都在社会学的关注范围，因而具有非常显著的综合性和广泛性，并常常需要与经济学、政治学、人类学、心理学、历史学等学科关联起来进行研究，同时也被看作是与这些人文学科同等重要的研究社会问题时不可缺少的学科视角。

从广义上讲，社会学具有很长的历史，可以说，当人类对由自身活动所构成的社会生活开始进行思考时，社会学就产生了，从这个意义上讲，社会学无论在东方还是在西方都是源远流长的。但是，古代关于社会问题的思考整体上是笼统、混杂的，对学科的意识也是一种自发的状态，并没有达到自觉。

现代意义上的社会学起源于 19 世纪末期，是由法国人奥古斯特·孔德所创立，后经过马克思、斯宾塞、韦伯等人的不断充实、发展，逐步成为通过使用各种研究方法进行实证调查和批判分析来发展及完善人类社会结构及活动的知识体系，以寻求或改善社会为目标的现代性学科。从一定意义上说，社会学从自发到自觉的转化也就是现代社会学建立的标志，其基础便是现代资本主义国家日益快速和复杂的社会变化，以及这种变化带来的对各个领域的深刻影响。基于社会学兴起的这一历史背景，现代社会学研究的重点，便是动态性地研究现代社会中的各种生活实态及其演进方式。虽然不同的学派在所谓"社会性"的定义上仍存在分歧和争议，但承认社会事实外在于个人，并且对个人的认知和行为具有深刻影响，是为社会学者所共同接受的。

应该说，社会学的高度综合性、广泛性的特点，与教育问题的高度综合性和复杂性的特点具有很高的契合度。从社会学的角度分析、研究教育问题，有助于形成一个较广阔的视野以及对教育问题较深刻的洞察力和分析能力，这就形成了教育社会学。

教育社会学研究教育的社会性质、社会功能以及教育制度、教育组织、教育发展规律，属于社会学和教育学相交叉的一门分支学科。教育学是有目的地培养社会人的活动，由于人的高度复杂性以及社会发展对人的需求的动态性，对教育问题的研究也就具有复杂和动态的性质。教育目的、教育内容、教育过程、教育主体、教育的方法与形式、教育制度、教育管理等问题，以及反映基于不同国家的历史、文化传统和政治、经济现状等所形成的各种教育理论和教育实践问题等，都会在教育研究中有所呈现。教育社会学所提供的研究角度对教育学的发展具有重要的价值和意义。

教育社会学作为一门专门的学科也是从近代西方开始的。美国于 1883 年出版社会学家 L. F. 沃德著的《动态社会学》一书，其中专门探讨了教育与社会进步之关系，认为教育是实现人类控制自然力和社会力以达到社会进步的目标的根本途径。而后，美国的杜威、法国的迪尔凯姆等进一步不断从教育对社会进步的推动角度论述教育与社会的关系。由于迪尔凯姆对教育与社会之间的关系作了详尽、深入的阐释，学术界一般将迪尔凯姆视为教育社会学的奠基人。例如，他认为教育最基本的功能就是把人从个体人转化为社会人；教育思想以及具体的课程实际上都是由更广泛的社会秩序所决定的；教育又反过来成为社会继续生存所依赖的基本因素等。19世纪 30 年代后，教育社会学的研究以美国为中心迅速向世界各国推广，逐步成为一种整体、动态研究教育问题的重要学科和方法。

二、社会学视野下的成人教育

如果说普通教育或者说主要面对未成年人的基础性教育，由于其主要职能在于知识传承和文明的基本教化，与变化多端的社会关系之间还存在一定程度的隔离，那么对成人的教育问题则与社会现实生活具有足够深刻而复杂的联系。如果不从社会学的角度加以理解和分析，很难真正理解成人教育在需求、目标、过程、方法、评价、管理等方面一系列的问题。成人的角色决定了他与社会生活之间复杂而深刻的关联性。成人教育在与社会政治结构、社会经济结构以及社会变迁等方面的关系，都较之于普通教育更为深刻和复杂。

第二节 人的社会化理论与成人教育

一、社会化、继续社会化和再社会化

社会化，即个体由生物意义的自然人经过不同的方式逐步转化为社会意义上的社会人的渐进过程。人，虽然和动物一样具有自然的属性，但标志人之为人的，则是人的社会属性。人在本质上只能是社会性的，是一切社会关系的总和。所以，人并非"生成"，而是"变成"，即每个人必须经过社会化才能适应和进入社会生活，使原本外在于自己的社会行为规范、准则逐步内化为自己的行为标准，从而形成人与人社会交往的基础。

社会化主要涉及两个方面：一是社会对个体进行教化的过程，二是个体与其他社会成员互动，成为合格的社会成员的过程。在这个从自然人到社会人的"变成"过程中，教育是最基本的途径。在人实现社会化的基本载体——家庭、学校、参照群体和大众传媒中，各种不同的信息都在以不同的方式传播和产生影响，所以，尽管在人的未成年期，正规的学校教育是个体社会化主要的、显性的途径，但是，从根本上讲，这种教育是广义的并且在时空上是无所不在的。

继续社会化，顾名思义，是指个体在经过基本的社会化之后，为了适应社会环境的某些变化而以持续的方式继续学习新的社会文化知识、价值观念、行为规范等的过程。因为基本社会化的完成通常意味着人进入了成年期，所以继续社会化是专对成年人而言的。继续社会化的内容主要包括两个方面：一个是进一步接受社会的文化传统和生活经验，另一个是在再生产社会经验、创造新文化的过程中，接受新的价值观念和社会行为模式。在现代社会中，由于社会各方面变化速度较之传统社会大大加快，变化周期缩短，所以，后一个方面就显得尤为重要。这种对新的价值观念和新的行为模式的接受，既是一个学习和接受的过程，同时又是一个创造的过程。

继续社会化来自于社会发展对新的信息知识、新的生产生活方式、新的行为规范等的需要。在人类相当长的历史时期内，个体的社会化主要依靠未成年时完成。简单的生产方式和相对单一的社会生活内容，加上变化缓慢的社会环境，使多数人在青少年时期就基本上完成了社会化的过程，在成年进入社会生活后，基本上不再需要接受大量新的社会化内容。但是随着社会变化的加快，新的社会活动内容快速增加，促使个体在完成了基本的社会化之后，面临社会化的继续，这也被叫做成年人的社会化。虽然我们不能完全说古代社会不存在继续社会化，但显然，其内容、范围和力度、压力，包括对个体的意义，都不能和当代社会相比。继续社会化可以帮助成年人不断适应社会的发展变化，减少社会变革时期新旧交替所可能发生的社会动荡，对维护个体与社会的协调以及社会的正常秩序具有重要意义。

再社会化，是在种种原因致使前期社会化没能完成或者完成存在较大的偏差以

至于与社会要求不相适应的情况下，用补偿教育或强制教育的方式对个人实行与其原有的社会化过程、内容所不同的再教化过程。再社会化包括主动再社会化和强制再社会化。主动再社会化是个体根据环境条件的变化自动接受新的生活方式和参与新的社会生活。它与继续社会化的概念比较接近，一般在社会急剧变动的时期或者显著的地域迁徙之后容易出现。而强制再社会化则是一种社会性的强迫教化，是在强制的条件下通过特别机构对背离当时社会规范的人进行社会化，基本上不具有主动性。再社会化要求人们有意忘掉原有的价值观和行为模式，重新塑造出新的价值观和行为模式，是生命中具有转折意义的阶段。这种再教化由于与原有的价值观和行为模式不一致，甚至相冲突，所以不管是主动性的选择还是被动性的接受，都会给个体造成较大的心理压力。

社会化、继续社会化和再社会化是一个具有连续性和交织性的过程，对某些方面的内容很难做简单的划分。需要关注的是，继续社会化和再社会化虽然是两种尺度不甚相同的社会化分类，但在实际生活中却并不十分容易区分。相比而言，继续社会化往往比较主动，带有个体对社会变化的主动适应的特性，并且社会化的内容与前期的社会化内容之间的相容性比较高，常常是前期社会化的持续补充，以帮助成年人适应社会的发展和变化；而再社会化虽然并不完全是被动的，但往往与前期社会内容相异较大，多数情况下甚至是对前期社会化失败的补偿或强制性的改正。不可否认，因为二者都是个体在已经形成了一定稳定的价值观念和行为方式之后对个体社会行为的修正和改变，所以客观上都会给个体带来心理上的压力。如果这个过程是以主动和自愿为主的，这种压力相对较小，反之，如果是被动的，个体在巨大的压力下可能会产生一些对抗社会化的行为。

二、继续社会化与成人教育

作为一种持续进行的社会教化，继续社会化理论是成人教育重要的社会学理论基础，可以说，继续社会化理论为成人教育和成人学习在可能性和必要性上找到了逻辑上的支点。在传统社会中，社会化的一次完成性直接导致教育的一次性，而现代社会的持续社会化要求也就直接引发了持续学习、持续教育的需要。所以，人在成年之后的持续学习行为，从教育社会学的角度看，就是一个属于个体继续社会化的问题。"社会化是指一般性的非正式的教育过程，而（制度化了的）教育则是特殊的有计划的社会化过程。"① 在高志敏对该问题的研究中，认为成人教育具有的继续社会化的功能，集中表现在"促使成人掌握、更新和丰富社会生活的知识和技能"、"帮助成人进一步确立价值观念与学习社会规范"、"促使成人的个人目标与社会目标保持一致"、"帮助成人认同社会角色，掌握角色技术"② 四个主要方面。

值得注意的是，继续社会化虽然在多数情况下会得到来自于社会化主体的成人的主动配合，但正如前面所分析的，继续社会化毕竟是个体已经形成了一定的稳定

---

①② 高志敏：《论社会化与继续社会化——兼析继续社会化与成人教育》，载《成人教育学刊》，2004（9）。

的价值观念和行为方式之后对个体社会意识和社会行为的修正和改变，客观上必然给个体带来心理、生理上的压力，所以，它也常常在某些方面表现出一种对继续社会化压力的抗拒或规避。其表现为在成人教育和成人学习实践中，渴求、惊喜但伴随着犹豫、焦虑甚至恐惧、对立是常见的成人学习心理，由此引起在成人教育和成人学习行为上也呈现复杂的心态，选择的主动性、目标的清晰性也常伴随学习的功利性、过程的投机性而存在。为获得由于社会变化所需要的某些新的资质（如文凭、资格证书等）的时候，这种情况尤其突出。所以，针对不同内涵的继续社会化需求而进行成人教育分类管理，采用不同的方法缓解这种压力，引导个体对继续社会化在内容和形式上的主动适应和配合，是提高成人教育有效性的必要措施。

第三节　社会变迁理论与成人教育

一、社会变迁的内容和类型

社会变迁泛指一切社会现象发生变化的动态过程及其结果，是一个比社会变化、社会发展等概念范围更广的概念，包括特定社会在一切方面和各种意义上的变化。广义上的社会变迁是把社会看作一个统一的有机体的变化，是囊括了全部社会生活及其关系的总和的有机整体的变化。马克思曾指出："社会不是由个人构成，而是表示这些个人彼此发生的那些联系和关系的总和。"[1] 可见，社会变迁就是社会有机体对以人的实践和交往活动为核心的各种关系的解构和整合的过程。社会学在研究整个人类社会变迁的同时，更着重于对某一特定的社会整体结构的变化、特定社会结构要素或社会局部变化的研究。

社会变迁包含着丰富的内容。首先，一个社会特定的自然环境为社会的生存和发展提供自然资源和物质条件，所以社会变迁的过程总是在一定的自然环境中进行的。自然环境依其自身规律的演变会影响社会的变迁，而人类的行为作用于自然环境引起自然环境的变化，也会影响到社会的变迁。其次，在自然环境变迁的基础上，人类的生产方式必然产生变化而引发社会生产的变迁。社会生产的变迁包括生产力的变化、生产关系的变化、生产量的增长和生产质的提高等要素。社会生产的变化与发展是社会变迁最主要和最具基础性的内容之一，对整个社会的变迁起决定性的作用。再次，随着社会生产的变迁，人们在生产中的地位和作用产生相应改变，就引发社会结构的变迁。社会结构变迁主要表现在两个方面：一是社会功能性结构的变化，如人们为了满足生存和发展的需要而产生的各种经济、政治、组织、制度等结构要素的分化和组合；二是社会成员地位结构的变化，如社会成员由于其经济地位、职业、受教育程度、权力、社会声望等不同和变化，所造成的社会阶级和阶层关系的变化等。最后，随着社会结构的变化，尤其是社会经济结构变迁和社会分层

① 《马克思恩格斯全集》，中文 1 版，第 46 卷（上），220 页，北京，人民出版社，1979。

等深层的基础性因素的影响，作为社会上层建筑的价值观念也必然受到挑战而发生变化。社会价值观念的变迁主要是通过人们的行为规范和思想体系表现出来并直接作用于人们的社会活动的。

以上四个方面的变迁，在现实社会中实际上是一个双向互动的关系，处于基础性地位的自然环境、经济结构等为社会结构和价值观念等奠定变迁的基础，而社会结构和价值观念等又反过来对自然环境和经济结构等的变迁产生强大的反作用。社会价值观念的变化往往会成为整个社会变迁的先声。伴随以上社会变迁的主干内容，人口、科技、文化等都会发生相应的变化，共同构成社会整体的变迁。

社会变迁还有很多类型。按照社会变迁规模的不同，可分为整体的变迁和局部的变迁。前者即整个社会体系的变化，是各个社会要素之间变化、博弈而产生的合力的结果；后者则是各个社会体系要素自身及它们之间部分关系的变化，并不一定与社会整体变迁的方向和速度相一致。按照社会变迁方向的不同，可分为进步的社会变迁和倒退的社会变迁。前者指符合社会发展的客观规律并且能带来整个社会在物质和各种社会要素方面的提高，同时有利于每一个社会成员的全面发展的社会变迁；后者则是对社会在经济、政治、文化方面造成阻碍并且限制个体发展的社会变迁。尽管研究社会变迁的目的本身就包含推进社会进步的意义，但在人类复杂的社会活动以及由这种活动所推动的社会变迁中，进步和退步往往同时发生。按照社会变迁实现方式的不同，可分为渐进的社会变迁和革命的社会变迁。前者意味着一种较为平稳、缓慢、持续的社会进化，主要表现在社会变化的量的方面，由此逐步引发质的改变，通常是在一种既定的社会秩序的基础上实现；后者则往往表现为激进的、快速的社会变化，是社会渐进过程的中断和质的裂变。按照人们对社会变迁参与和控制的程度不同，可分为自发的社会变迁和有计划的社会变迁。前者是人类对于社会变化的方向、目标和后果没有明确的认识和理性的理解，只是简单地听任、顺从和接受；后者则是人们对社会变迁的过程、方向、速度、目标和后果有相应的认识和理解，并在此基础上有计划地指导和管理社会变迁的过程。在古代社会中，自发的社会变迁居多，而现代社会中，有计划的社会变迁占据越来越大的比例，表现了人类在认识和把握社会规律上的进步。

二、社会变迁中的成人教育

教育与社会变迁之间的关系十分紧密。相互作用、相互强化、双向推动是教育与社会变迁的基本关系。

基于成人作为社会活动的主体，与社会变迁之间的关系直接而紧密，因而成人教育与社会变迁之间的关系也就比普通教育更为直接而密切，在社会的经济变迁、政治变迁和文化变迁中表现得尤为突出。成人教育的培养目标、教学内容和方式等往往是对社会经济、政治、文化、科技等变迁的直接回应，并反过来成为社会经济、政治、文化、科技等变迁的动因和条件。

(一) 社会经济变迁与成人教育

在社会经济的变迁中，社会分工的变化是成人教育发展的原动力。在人类的早期发展中，人们之间只有自然分工，之后随着生产力的发展而逐步出现了社会性的分工。在人类历史上，三次社会大分工直接破坏了以血缘关系为纽带的原始人群共同体，产生了社会大分裂，在阶级产生的同时也大大促进了人类社会的变迁。进入19世纪后，产业革命的兴起也是得益于这种社会的大分工潮流，同时也大大促进了社会分工本身。随着生产的专业化程度提高，社会分工日益细化、日益专业化，对劳动者亦即生产力的主要推动者的个体素质的要求日益加强，它要求劳动者应当掌握更多的科学文化知识、熟悉更多的生产技能以及具有更高的综合素养。到20世纪，这种需求的迫切性进一步加强，于是对现实劳动者以知识传承和技能培训为主要内容的成人教育受到前所未有的重视。"成人教育主要是对已经走上各种工作岗位的从业人员进行教育，能够直接有效地提高劳动者和工作人员的素质，从而可以直接提高经济效益和工作效率。"①

社会分工的变化在社会中直接导致的就是职业变迁和职业更替的频繁，新的职业门类不断出现，新的生产门类和专业领域需要从现有的生产人员中产生出新的生产者，科学技术的进步所产生的新工艺需要现有生产人员普遍提升技术能力，强有力地刺激着成人教育快速发展。

不仅如此，职业变迁导致择业价值观取向发生改变。随着交通的日益便利、联络的日益快捷，原有的地理、时空因素以及单纯的眼前利益已不再对人们的择业构成简单的制约。个体在追逐经济利益较大化的同时，也追求自我价值的实现。行业机会、发展空间以及职业地位成为最有力的驱动力，影响个体在择业时的价值取向。而新行业的层出不穷，也为个体追求不同于传统的职业创造了条件，更多的人开始根据自己的爱好、兴趣和个性不断选择更适合自己的职业，不再拘束于原有的就业体系。而政府在人员流动和管理方面的政策环境也随着社会职业变化的需求增加而逐步放宽，促使同一社会职业的垂直流动和平行流动速度加快。这些变化必然产生相应的广泛的成人学习需求，呼唤相应的教育服务。越来越多的人能够通过不同渠道的成人教育获得新行业的入场券和在原岗位上的提升条件。可见，社会经济变迁、社会分工变化从根本上带动着成人教育快速发展。

社会经济变迁，社会生产力不断提升，不仅带动成人教育快速发展，而且对成人教育的目标定位、方式创新、运行机制等产生直接的影响。

首先，对成人教育的目标定位产生了深刻的影响。中国成人教育史表明，成人教育目标定位归根结底取决于社会生产力水平，不同的社会生产力水平，要求不同的成人教育目标。在新中国成立前的一段历史时期，成人教育是唤醒民众、救亡图存的重要方式；新中国成立后，为新中国的发展，需要在人口多、底子薄的现实国情之下，把"扫盲"和培养具有建设社会主义基本劳动生产能力的新工人作为成人教育的基本方向；改革开放以后，针对以经济建设为中心的国策，尤其强调成人教育对在"文化大革命"中失去的基本教育机会和基本生产技能的缺失进行补充。而随着改革的深入、社会生产力的发展和社会的进步，成人教育具有更多促进人的全面发展的功能，伴随着对新产业、新技术的适应，相应的思想观念的转变、新的社

---

① 1987年国务院批转的《国家教育委员会关于改革和发展成人教育的决定》。

会生活素养的提高等也逐步成为成人教育的重要内容。而社会生产力发展所带来的闲暇的增多为个体的多方面发展提供了基本条件，物质财富的不断增长为个体的多方面追求奠定了物质基础。可以看出，成人教育的发展是和社会生产力发展同步的。在当今快速变化的时代，无论是生产本身的发展所带来的职业变迁，还是职业的变化所带来的对生产者各方面能力要求的改变，都需要成人教育进行相应的教育服务。其目标定位为：为提高劳动者的综合素养、推动社会的职业变迁、改善我国的人力资源状况进而推动社会的整体进步做出应有的贡献。

其次，有力地促进了成人教育方式的创新。与成人教育的内容一样，成人教育的方式也是随着社会生产力的发展而不断发展的。特别是自 20 世纪 60 年代开始，以电子技术为核心的科技革命的兴起使整个社会日益处于信息化背景下，从来没有哪个时期能够像今天一样拥有如此全息、立体的成人教育实现方式，成人数字化学习日益广泛而深入。这是检验成人教育发展水平的重要尺度之一。

最后，强有力地促进多方合作的成人教育运行机制形成。教育在相当长的时期内都被看作是学校的专利，成人教育也不例外。但在当代社会生产力条件下，在经济体制转型为社会主义市场经济体制的背景下，当人力资本理论阐明了教育对于经济发展的作用和意义以后，对于教育的理解和投入就不再单一。为了获得优于他人的生产者和行业比较优势，教育具有了前所未有的投资价值。这种改变的直接结果，就是促成了多元化的教育投资机制。当教育与经济发展、生产效益紧密相关时，生产单位、社会团体等各种非传统的组织都会加入到教育的行列中，从而充实了单一的传统教育机构，并且通过这种多方资金、人员、物力等的加入，更好地体现出成人教育为社会生产服务的功能。

（二）社会政治变迁与成人教育

伴随作为社会经济基础的社会生产的变迁，处于上层结构地位的社会政治也必然发生深刻的变化。古希腊哲人亚里士多德曾断言：人是天生的政治动物。意思就是说，人是天生离不开政治生活的。所以，人类社会从一开始就是所谓的"政治社会"，在一定程度上，这也是人类社会的特质。从这个意义上讲，社会的变迁实际上就是人类社会政治的变迁，是从原始社会向奴隶社会、封建社会，从封建社会向资本主义社会，再向社会主义社会、共产主义社会的发展过程。社会制度的更替本质上意味着政治朝着更加民主化的进程又迈进了一步。在这个过程中，人将获得越来越多的自由和解放，人们对社会事务的参与意识和参与结果又得以大大提高。这既是教育的结果，又是社会对教育的要求。在这一过程中，人的基本权利将越来越被尊重，"有关民主、自由、法制等现代政治意识和政治观念已经在社会形成广泛的共识，并成为指导人们从事政治活动、参与政治生活的基本准则……社会政治参与渠道的扩大和民众政治参与的普遍性和有效性"① 增强。这种变迁的过程实际就是政治本身对社会发展的应答。探讨政治变迁下的成人教育实际就是对成人教育的"政治"追问，即伴随社会发展所强调的平等、民主、人权、参与等政治意识增强的

---

① 桑玉成：《现代政治文明的源起及其演进》，载《新华文摘》，2004（5）。

过程，是民众政治行为能力提高、政治要求日益广泛的过程。对教育而言，政治的变迁决定了教育的指导思想、培养目标、教育方针、教育政策，以及人们尤其是妇女、老人、残疾人、穷人等社会弱势群体接受教育的权利和机会等的变迁，这也就对新时期的教育提出了更高的要求。实际上，世界成人教育的发展在很大程度上正是从关注人们在政治权利上的平等而出现的，它既表现了政治对教育的关注，也表现了教育对政治的要求。

成人教育对社会政治变迁有很多意义和价值，其中一个十分重要的就是对于教育公平和教育民主的推动。

教育公平是社会公平的基石，这是一个公认的理念。在国际社会对成人教育的重视中，我们能够十分清晰地看到这种社会价值追求在成人教育中的体现及其对成人教育发展的深层影响。

教育公平是对所有社会成员接受教育的权利、机会、质量的一种选择和度量。从教育与社会的发展关系看，教育公平是一种政策选择的原则；从教育与人的发展关系看，教育公平是一种对教育状况的判断。教育公平一般侧重于机会公平，即教育机会均等，意指给公民和儿童以同等受教育的机会。从政治角度看，它主要体现在依据政治措施保障每一个公民的受教育权和受教育机会，以及保障其受教育质量的平等与公平。从经济角度看，它主要体现在教育资助政策以及教育公平与效率的价值选择上。[①]

教育民主与教育公平紧密相联。教育民主追求的是能够实现整个教育过程中从教育起点到教育过程再到教育结果的全部公平。教育公平侧重于教育机会的均等，教育民主强调的则是教育过程的平等、公正。对教育民主的追求即对教育民主化的追求。"这意味着，一个人有实现自己的潜力和享有创造他自己未来的权利。"[②]

教育民主是建设社会主义民主政治的必然要求，也是教育自身的根本理念之一。教育的民主表现在以下几方面：首先，国家有计划地逐步扩大教育规模，提供充分的入学机会；其次，在教育管理方面，国家在加大宏观教育管理的同时，要逐渐简政放权，力求赋予地方、学校更大的教育自主权，并吸纳教师、学生、学生家长和社会各界等广泛参与教学事务，促进教育管理的民主化；再次，建立民主、平等的新型师生关系是实现教育民主化的核心内容之一；最后，民主化的教育还应当是尊重个体的个性化的教育和因材施教的教育。

要实现教育公平与教育民主，不能仅仅依靠传统的教育模式。从总体上看，传统的教育模式把教育"局限于按照某些预定的组织规划、需要和见解去训练未来社会的领袖，或想一劳永逸地培养定规格的青年"[③]，尤其是它通常是局限于"某一特定年龄"的教育。这种传统的教育模式必定不能很好地体现教育公平与教育民主化

① 参见柳海明主编：《当代教育理论专题》，99~100页，长春，东北师范大学出版社，2002。
② 联合国教科文组织国际教育发展委员会编著，华东师范大学比较教育研究所译：《学会生存——教育世界的今天和明天》，2页，北京，教育科学出版社，1996。
③ 联合国教科文组织国际教育委员会编著：《学会生存——教育世界的今天和明天》，上海，上海译文出版社，1982。

的追求和理念，同时也损害了其他人特别是成年人受教育的权利。它对教育公平和教育民主最大的制约是，当人们因为某种原因丧失了青少年时期的教育以后，基本上就等于永久性地丧失了教育权利。所以，成人教育的开展把教育面向"个人终身的方向发展"，使教育从纵的方面贯穿于人的一生，从横的方向连接个人和社会生活的各个侧面，使今后的教育在每一个人需要的时刻，都能以最好的方式提供必要的知识技能，对教育民主和教育公平是一个有力的促进。

同时，成人教育并不仅仅是对义务教育和高等教育的一种简单的延续和补充，更不是一种学历补偿。成人教育作为传统学校教育向终身教育发展的一种新型教育制度，它一方面要向受教育者传授知识技能和生存手段，另一方面要传播文明健康的生活方式，传播社会生活领域内诸方面的道德标准、价值取向和行为规范。成人教育是教育公平和教育民主的表征延伸，体现着对人的发展的深层人文关怀。成人教育对人的创造，不仅限于知识、技能、能力的提高，而且可以为成人一生中不同阶段人格的发展、个性品格的完善提供更为全面的教育服务。

（三）社会文化变迁与成人教育

人是具有文化灵性的存在。人是文化的创造者，同时"文化是人的定在"[①]。因而，文化与人的两难矛盾也就充分体现了出来，即人既是文化的创造者，又是文化的囚徒。人创造了文化，使文化现象本身成为一种人化的事物；人作为文化的囚徒，体现了人在既定环境与既有文化之中的受动性，主要展示了文化对人的规定、历史对现实的制约。这种对人的规定与制约，从一定程度上就是对教育的对象——人——的制约。文化既构成了教育的内容，又构成了对教育的制约。

正因为文化有着如此重要的作用，我们有必要对文化及其变迁做一种教育学层次的阐释。人类的文化现象非常广泛而又十分复杂多样。在人类社会中，在人与自然的关系中，文化现象形形色色、林林总总，无所不在。因而，不同学科、不同学者对文化概念的理解也各式各样。蔡俊生先生等在《文化论》一文的开始就指出："美国人类学家 A.L. 克罗伯和 C. 克拉克洪曾收集分析过 160 多个由人类学家、社会学家、精神病专家以及其他学家给文化下的定义。"[②] 由此可见"文化研究"的热度和多元化。

文化的概念具有狭义和广义两重含义。狭义的文化是指以社会意识形态为主要内容的概念体系，是由政治思想、道德、艺术、宗教、哲学等意识形态所构成的领域；广义的文化是以各种各样民族的、区域的、世界的文化形态出现的，它的本质含义是自然的人化，是人和社会的存在方式，反映着历史发展过程中人类的物质和精神力量所达到的程度、方式和成果。文化本身是在历史的发展过程中产生、发展的，具有历史性的特质。在社会变迁的过程中，构成文化内核的物质文化、行为文化和精神文化的内容、表现形式、作用的程度都经历了一个与社会同呼吸、共命运

52

---

① 胡潇：《文化的形上之思》，42页，长沙，湖南美术出版社，2002。

② 蔡俊生等：《文化论》，1页，北京，人民出版社，2003。

的过程，对今天的教育，尤其是成人教育，产生了巨大的影响，也提出了诸多的要求。

文化变迁的形式包含物质文化、行为文化和精神文化等方面。物质文化是人类改造自然、创造物质财富的行为方式及其成果所构成的产物，包括各类物质产品、生产生活的物质技术、工艺方式以及人文景观等。它和生产力的发展紧密相联，是穿着物的外衣的文化，是人类创造物质财富使自己的知识、经验、智慧、理想等客体化的过程。物质文化的变迁就是各类物质产品不断丰富、生产技术日益先进、生产方式快速改变的过程。行为文化也可称为制度文化，是使人们适应社会活动、获得从事社会活动基本能力的方式，是人类处理个体与他人、个体与群体之间关系的文化产物，包括个人对社会事务的参与方式、人们的行为方式以及作为行为方式的固定化、程式化的社会经济制度、政治法律制度、礼仪制度、婚姻制度、家族制度等。行为文化规范着人们以何种身份、何种方式参与社会生活，进而获得从事社会活动的主体条件与能力，接受和发扬地方、民族、国家的特殊活动模式，从历史与现实的结合中获得一种社会的规范、品质与存在形式，使人的社会存在得以实现。精神文化是文化心理及其理性精华即社会意识诸形式，包括历史地形成带有强烈民族性的情感、意识、风俗习惯、道德风尚、审美情趣、价值图式、精神信仰等社会心理构成，以及政治法律思想、经济观念、道德、艺术、宗教、科学、哲学等理性化的社会意识形式。就其本质而言，精神文化就是构建人类主观世界、展开其精神生活的文化，是关于精神世界、精神生活的活动方式、活动产品、活动技能等文化的集合体。人类的精神活动主要是各种文化经验、文化心理、文化知识赖以形成、发展和交流的主观条件，是把人类的各种文化行为方式，包括生活的各种技能、习俗、规范和制度从精神方面创造出来的活动，是为人类生活的文化环境、文化器用、文明制度、文化财富的生产、完善、保存、交流、利用等创造精神条件的活动，是将人的内部世界从真、善、美诸方面不断由社会心理、社会意识形式领域再生产出来的活动。

文化的变迁必然全方位地影响和改变人们的生活方式，不管是什么层面上的改变，在成人的教育中都会有所表现。闲暇教育、老年人教育、职业教育等成人教育的门类，都与这种变迁有深刻联系，终身教育观念、建立学习型社会等新的教育思想，也是当代新型文化下的一种产物。

在社会文化变迁的过程中，成人教育也具有特定的作用。

成人教育具有不同于其他教育形式的选择、传递、保存文化的功能。教育是文明的传承过程，是文化延续的重要方式，是人类文化传递、保存的重要途径和主要渠道。在传统社会中，因为社会变化相对缓慢，文化的学习和传承往往重点放在青少年阶段。而随着社会变化的加剧，在青少年时期所完成的文化接受往往不能够跟上社会发展的步伐，要除旧布新，必须从成人入手。这在一个社会处于新旧交替的时期表现得尤为明显。在一定意义上，没有成人对新文化、新思想的选择、理解和保存、传递，就不可能有对青少年实现新文化的教育和影响。

成人教育具有不同于其他教育形式的创新和发展文化的功能。其特有的发展价值表明，成人教育不仅传承知识、积累知识，还对原有知识进行创新。在全球化时代，世界各民族的文化相互撞击，成人在各种现实社会活动中能够首先感知、接受这些不同的文化，也就必然成为率先清理、吸收、甄别、研究、整合各种文化的人群，从而成为时代创新和发展新文化的主导群体。

总之，在社会的变迁过程中，成人教育起着除旧布新、承上启下、继往开来的重要作用。

第五章

成人教育的心理学基础

导言

教育学基本原理表明，任何教育受人的身心发展规律所制约；成人教育受成人身心发展规律所制约。研究成人教育，建立成人教育学，必然需要心理学特别是发展心理学理论的支撑。本章从研究心理学与成人教育的内在关系入手，着重阐明了人的发展心理理论与成人教育、成人认知理论与成人教育、成人社会性和人格理论与成人教育等基本理论问题。

第一节 心理学与成人教育

众所周知，心理学正日益走进人们的生活，目前，它几乎已经成为"热学"。国内外均有学者很早就断言心理学将成为 21 世纪的"显学"。从某种意义而言，这也是科学发展史的必然走向。心理学是研究人类自身奥秘的科学，即使是在近代科学诞生之前的所谓"前科学"时代，人类就已开始或一直在关注自身。先哲们深刻的理性思考中蕴涵着无数实质为心理学的问题。而今，心理学已经发展成为一门比较成熟和具有多样性的学科。目前，在世界范围内，特别是在科技发达的西方，在各个重要的心理学分支领域，产生了一些各具特色、各有侧重的心理学派，出现了一些具有世界影响的心理学家及其代表性著作。[①]重要的是，心理学还形成了气势磅礴的学科体系。一方面，学科流派五彩缤纷，构造主义、机能主义、行为主义、人本主义等，数不胜数；另一方面，学科交叉气象万千，发展心理学、人格心理学、医

---

① 参见［美］K.W. 夏埃、S.C. 威里斯著，乐国安、韩威、周静等译：《成人发展与老龄化（第五版）》，2～3 页，上海，华东师范大学出版社，2003。

学心理学、环境心理学、社会心理学、文化心理学等，不胜枚举。①

尽管心理学的发展一日千里，硕果累累，但在心理学领域对成人心理学的关注却略显不足。这可能是由于心理学界研究者都更注重研究个体的行为最初是如何获得的，并认为绝大多数的成人期问题可以用儿童期的经验来加以解释，这使得他们根本不想或很少关注成年期行为的维系、变化和消减的问题。但是，成人期是一个涵盖了人生 3/4 生命历程的领域，在一个社会中，几乎所有重要的事都是由成人来完成的：工作、发动战争、创作艺术、行使权利、组织宗教等，因此，对成人期心理的研究理应成为心理学的重要关注领域。所幸，后来逐渐有一些心理学家关注成人的身心发展问题，特别是侧重于成人学习心理方面的研究。自此，心理学与成人教育密切关联，下面详细论述。

一、心理学为成人教育提供成人心理的机制和原理

如上所述，一部分心理学家对成人发展心理较感兴趣，他们开始研究成人学习心理方面的问题，比如关注成人心理过程及其特点、成人学习速度和能力、成人智力发展等。其中，美国著名的心理学家桑代克对成人学习及其能力进行实验研究，并于 1928 年出版了《成人的学习》一书，开辟了通过科学实验研究成人学习的新领域。他指出，人的"学习之能量，永不停止；成人之可塑性和可教育性极大，25 岁之后仍可继续学习"。桑代克研究报告的发表被诺尔斯称为成人教育运动历史上最伟大的时刻。其著作《成人的学习》一书被认为是论述成人智力的第一部有意义的著作。之后，成人学习速度与学习能力、成人智力发展等领域也陆续受到心理学家的关注。如美国成人教育家霍尔于 20 世纪 60 年代初率先研究成人学习动机，并提出了有关成人学习动机倾向的定向理论。1963 年，卡特尔（R. Cattell）采用因素分析方法，提出流体智力和晶体智力理论。20 世纪 70 年代中期，苏联学者在实验的基础上，先后出版了《成人生理心理机能的发展》、《关于现代人学习问题》、《成人学习心理学》等专著，进一步充实了成人学习理论。因此，诺尔斯曾评价说："1960年到 1980 年的二十年间所获得的成人学习特点和他们学习方法的知识比以前历史的积累还多。"② 以上成人教育心理学方面研究成果的取得，揭示了成人学习的心理机制和原理，表明了成人学习的可能性，为成人教育的开展奠定了心理学的基础，对于成人教育的科学发展具有里程碑式的意义。

二、成人教育丰富和完善心理学的理论框架和体系

一方面，心理学特别是成人教育心理学方面的研究成果揭示了成人学习的可能性，大大促进了成人教育实践的发展。另一方面，在此基础上，成人教育领域也进一步探索成人学习的理论，从而促进了成人心理方面的研究。如我国从 20 世纪 80年代开始就先后翻译了罗比·基德的《成人怎样学习》、克罗普利的《终身教育——

① 参见高志敏等：《终身教育、终身学习与学习化社会》，50 页，上海，华东师范大学出版社，2005。
② 转引自杜以德、韩钟文、何爱霞等：《中国成人教育学科体系结构及其分类研究》，187 页，北京，高等教育出版社，2006。

心理学的分析》，陆续出版了成人教育心理学方面的著作：叶忠海的《职工教育心理学概论》(1987)、黄富顺的《成人心理与学习》(1989)、毕田增等的《成人学习心理与教学》(1990)和《成人教育心理学》(1994)、高志敏等的《成人教育心理学》(1997)、冀鼎全的《成人教育心理学》(1999)、姚念章等的《成人教育心理学》(1999)等。除著作外，我国近年来还刊发了许多成人教育心理学方面的论文，其内容涉及成人学习心理、成人心理发展特点、成人心理测评、成人教育教师的心理、成人学习心理等。此外，我国不少成人教育学专业也设置了成人教育心理学、成人学习心理等方面的课程。这些都有力地推动了我国成人教育心理学学科体系的构建以及成人教育心理学研究内容的深化和扩展，从而进一步丰富和完善了心理学的研究视域和理论体系。

第二节　人的发展心理理论与成人教育

　　人的发展，作为一个既古老又富有时代意义的话题，一直为历代哲学家、科学家、宗教学者所争论不休，也一直为当代心理学家、发展心理学家和教育学家所关注。

一、人的发展心理理论

　　19世纪末，心理学家普赖尔（W. Preyer）以其第一部系统研究儿童心理才能发展的著述被誉为发展心理学的启明星。20世纪后半叶起，拉普森（D. Rapson）、荣格（C. G. Jung）、艾里克森（E. H. Erikson）、哈维格斯特（R. J. Havighurst）、托马斯（R. M. Thomas），以及后来的古尔德（R. Gould）、莱文森（Levinson）等一大批著名心理学家，更是为发展心理学做出了巨大贡献。[1] 心理学家对人的发展的理论概括主要有以下内容。

（一）人生发展：分段而行，持续一生

　　心理学家首先确定了发展的定义，认为它是"随时间的推移在人身上发生的变化"。或者说，"人的发展，作为发展心理学中的一个专门术语，尤指个体的行为发展，即个体在广泛背景下发生的社会和心理过程"。由此可以推断出人的发展具有以下的特点。[2]

1. 人的发展的终生性

　　按照传统的观点，发展是从出生开始一直到成年之前所发生的，成年以后，个体就走向衰退，再无发展可言。20世纪中叶以来，人们逐步意识到发展是一个持续终生的历程，成人仍具有巨大的发展潜能。

　　生理学研究声称，人是生理的早产儿，他在出生后，留下了大量发展余地；就

---

①②　参见高志敏等：《终身教育、终身学习与学习化社会》，50页，上海，华东师范大学出版社，2005。

人的心理发展而言，心理学家指出，人类生下来也是"早熟"的，因为他带着一大堆"潜能"来到这个世界，一生也开发不完；就社会性过程而言，人从初临人间到成长为一个社会成员，要学习社会长久积累的知识、技能和行为规范，发展自己的社会性，而人到成年，并不意味着社会性过程的结束。

2. 人的发展是连续性和阶段性的统一

发展的终生性表明，它连续不断地贯穿于人的一生，可谓生命不息、发展不止。然而，这个连续的过程又由于相继的各部分都表现出各自不同的特点，即在某一生命阶段表现出一般的、典型的本质特征，从而又构成了人的一生发展的各个阶段。拉普森、艾里克森、哈维格斯特、莱文森等学者首先对人的一生进行了阶段的划分和特点的描述。如将他们的研究结果综合起来，则人生主要可以分成如下各有重要特征的八个阶段：婴儿阶段（1～3岁）、幼儿阶段（3～6岁）、儿童阶段（6～12岁）、少年阶段（12～15岁）、青年阶段（15～25岁）、成年早期阶段（25～40岁）、成年中期阶段（40～60岁退休）、成年晚期阶段（60岁～死亡）。

（二）人生发展：危机充斥，任务重重

艾里克森提出了著名的心理社会发展理论，指出个体在与环境的互动中得到发展，一方面由于自我成长的需求而希望从环境中得到满足，另一方面又常常受到社会的要求和限制，因此，人生不同阶段会产生因适应社会过程而导致的不同心理困境——发展危机。艾里克森根据人生八个阶段将发展危机（按照危机性质的不同所划分）具体列为：

阶段1（0～1岁）：信任—不信任；

阶段2（1～3岁）：自主行动—羞怯怀疑；

阶段3（3～6岁）：自动自发—退缩愧疚；

阶段4（6岁到青春期）：勤奋进取—自贬自卑；

阶段5（青年期）：自我统合—角色混乱；

阶段6（成年期）：友爱亲密—孤僻疏离；

阶段7（中年期）：精力充沛—颓废迟滞；

阶段8（老年期）：完美无缺—悲观绝望。

哈维格斯特倡导的是毕生发展社会性学说。他指出，人的一生发展，是以身心变化和社会期望为依据的。说到底，人的发展与其一生所扮演的社会角色及其角色期望密切相关。在他看来，人在成年之前，所扮演的社会角色主要是"学生"，成年以后则是"社会成员"，具体包括工作者、配偶、父母等多重角色。由此，成人要根据社会角色及其社会期望去履行发展任务。

二、人的发展心理理论对成人教育的意义

正确认识人的发展心理理论，对于成年期的教育与学习具有十分重要的意义。

（一）成人具有巨大发展潜能，教育与学习贯穿终生

人发展的终生性表明教育与学习贯彻终生。科学证明，任何人——儿童、青少年、成人和老人——都可以成为学生，都必须接受教育。成人仍然具有巨大的发展

潜能，这种潜能具有自身的特殊性，开发这种潜能也需要特殊对待。成人期的发展是一个不断学习、不断提高的过程，教育与学习需求伴随终生。心理学家赖纳特也认为，对成年期个体实施的教育是整个教育过程的一个重要组成部分，这种教育有可能使个体一生得到更加全面、协调的发展。

（二）成人期各阶段发展任务不同，学习与教育需求呈现差异

成年期的发展过程是一个参与生活、学习生活、适应生活、创造生活相交叠的实实在在的过程，因而有着与儿童期截然不同的发展任务；成年期的发展过程是一个由不同阶段组成的过程，而不同的发展阶段又存在着不同的发展任务。因而，学习与教育需求随着不同阶段的不同任务呈现出差异性，具有阶段性特征。

（三）成人发展具有规律性特征，成人的教育与教学有规可循

人的发展心理理论特别是成人发展心理理论的研究揭示了成年期的心理机制和发展任务，这就为广大的成人教育管理人员和教学人员能够根据成年期及其各阶段身心发展的特点展开教育工作、教学活动奠定了必不可少的基础。①

第三节　成人认知理论与成人教育

认知理论是发展心理学的重要组成部分，强调有机体自身的能动作用，认为学习是认知结构改变的过程。自从 20 世纪 70 年代以来，成人认知发展问题日益受到发展心理学家的重视，他们对此进行了大量的研究，形成了一些理论，这些理论为成人教育的发展也提供了重要的心理学基础。

成人认知是成人个体对感觉输入信息进行转换、分析、加工、存储、恢复和使用的全过程。它是由感觉、记忆、思维和想象能力组成的一个复杂系统。研究成人的心理，不仅要研究成人的一般心理特征，而且要研究成人认知过程的心理能力。下面分别对成人认知理论涉及的几个方面加以分述并对成人学习能力进行综述。

一、成人的感知能力②

感知力是指通过观察、感觉、知觉，使人同外部世界联系起来，从而产生对客观世界感性认识的能力。它与人的感觉器官功能直接有关，随着成人年龄的增长，其感官功能逐渐衰退，不如青少年时期。特别是进入成人晚期，感觉迟钝和反应迟缓较为明显，表现在反应时间长、动作灵活性降低、不稳定性、协调性差。但由于知识和经验的作用，成人对客观事物的感知与青少年相比具有较高的精确性和概括性。

科学研究表明，成人感知能力具有如下特点：

① 参见高志敏等：《成人教育心理学》，33 页，上海，上海科技教育出版社，1997。

② 参见叶忠海主编：《职工教育心理学概论》，78～87 页，北京，工人出版社，1987。

（一）成人的视觉

随着成人年龄的增加，视觉的总功能处于下降状态。如：成人远距离视觉随年龄增加而变化，近距离视力变化更大；成人的光线感觉阈值加大，暗适应变慢；成人色觉晶体状变成黄褐色，对青和青绿色的识别能力下降；成人视野随年龄增加变得狭窄，光亮度辨别能力下降等。

（二）成人的听觉

随着成人年龄的增加，听觉器官逐渐衰老，特别是进入成年晚期更为明显。成人听觉器官的衰老，男女存在性别差异。

（三）成人的嗅觉和肤觉力

随着成人年龄增加，嗅觉力、肤觉力都逐渐衰退，老年人的痛觉变得迟钝。

二、成人的记忆能力[①]

记忆是过去的经验在人脑中的反映。记忆过程主要包括三个基本环节，即识记、保持、回忆或再认。由于成人自身的身心、社会特点，其记忆有其自身的特征。

（一）成人的识记

从识记的目的性来看，成人的有意识记占主导地位。从识记的方法来看，成人的意义识记占主导地位。从识记的内容来看，成人的抽象识记占主导地位。从识记的效果来看，成人对有意义材料的识记比对无意义的机械识记效果要好些，其年龄差异也较小。总之，成人在机械识记方面不如青少年儿童，而意义识记能力则超过青少年儿童。原因在于意义识记可在充分理解材料的内涵、意义的基础上，利用联想、比较及有关经验进行识记。

（二）成人的保持

一般而言，成人，特别是老年人对孤立的事物的机械性识记，其保持率较少年儿童低，遗忘的速度较快；如果识记的材料有意义，并能够与成人已有的知识和经验相联系，则成人的保持率不会低于少年儿童。诺克斯（Alan B. Knox）曾指出，成人更容易保持那些有意义并且结合于已有知识结构中的信息。

（三）成人的回忆或再认

研究表明，回忆的成绩随年龄增长而明显下降。成人的回忆能力存在着随着年龄增长而下降的特点。少年儿童回忆的速度快，但易错记；成人回忆的速度慢，易漏记。总体上讲，回忆方面，成人不如青少年儿童。但不同年龄阶段的再认能力则几乎没有差别。成人的再认能力保持稳定或略有上升，70岁以前，各年龄组内的再认成绩都没有明显区别。

---

① 参见叶忠海主编：《职工教育心理学概论》，78～87页，北京，工人出版社，1987。

三、成人的思维力和想象力

思维是人脑对客观现实的间接和概括的反映。人们凭借大脑，运用表象或概念对事物进行分析、综合、抽象、概括、判断、推理的能力就是思维能力。

想象可以视为一种特殊形式的思维活动。想象既是在头脑中改造记忆中的表象而创造新形象的过程，也是对过去经验中已经形成的那些暂时联系进行新的结合的过程。

（一）成人的思维力特点

成人期的思维能力如成人的比较能力、抽象概括能力、判断推理能力、分析和综合能力等随着年龄的增加，相比青少年儿童来说不仅没有衰退，反而有所增强。成人期思维能力的发展越来越注重个人的经验在认知中的作用，或者说越来越认识到客观文化知识的相对性。[①] 而且，成人的思维能力与其受教育水平、职业有一定的关系。受教育程度高，从事脑力劳动的人，其思维能力就比较强。

（二）成人的想象力特点

由于成人具有丰富的社会生产和生活经验，能够产生丰富的联想，因此，成人的想象力并不比青少年儿童差，其想象力更具科学性，更切合实际。研究表明，成人的独创性和想象力，即使到了老年，虽有所下降，但并无显著差异。[②]

四、成人的学习能力

成人的学习能力是指成人获得知识和技能时心理内部的智力活动特征，是知识、智力、学习方法等多种因素相互作用的结果。

成人学习能力的提高与成人的学习心理品质、职业实践，以及受教育的条件密切相关。不同时代、不同地区、不同个体的成人学习能力是不尽相同的，充分反映了成人学习能力的时代、地区、个体的差异性。

成人的学习能力特点有：成人随着年龄的增加，智力总体功能并未下降，虽然液态智力有所衰退，但晶体智力会增长，年长者更多地依靠晶体智力以弥补液态智力的降低，以积累的智慧来代替年轻时的伶俐聪明，因此，他们的学习能力保持相对稳定；成人由于具有良好的学习心理品质和丰富的实践经验，智力又不随着年龄的增加而下降，因而，在同样的客观条件下，一个健康的成人，其学习能力在总体上优于青少年儿童。[③]

五、成人认知理论与成人教育

成人的认知方面的特点及潜能为成人接受教育、进行学习乃至终身学习奠定了良好的心理基础，成人教育也应根据成人的身心特点进行教学，促进成人和谐、终

---

① 参见高志敏：《成人教育心理学》，48页，上海，上海科技教育出版社，1997。
② 参见叶忠海主编：《职工教育心理学概论》，86页，北京，工人出版社，1987。
③ 同上书，88页，91页。

生发展。

（一）教育目标方面

了解成人认知的发展是成人学习的重要目标之一。青年人参与学习的主要目标在于获取知识技能以适应未来社会生存的需要。成人参与学习则以维持、改善和更新已获得的知识、技能为主。因此，对成人学习者而言，其学习的需求可以归纳为五个方面：一是了解成熟和老化所带来的行为变化；二是了解现代社会科技和文化快速变化的情况；三是在科技和社会文化变迁下个人需具有的知识能力；四是学习新的职业技能，以适应工作变迁或寻求新的工作的需要；五是对退休生活作适当指导，以度过有意义而满意的晚年生活。

以上五种学习目标是一般成人学习者的重要目标。而要完成这些目标，就需要对成年期的认知能力有所了解。但由于个体认知发展水平存在很大差异，因此，对与某种教育目标有关的学习能力应作详细评价。

（二）教学方面

（1）要认清成人学习者在认知发展上的特殊性，不仅成人教育工作者要了解成人学习的特性，成人学习者自身也要了解自己的学习特殊性。

（2）要避免自我应验的预言。成人虽然随着年龄的增加，某些神经系统的功能有所衰退，但相对地也可从其他方面获得弥补。个体认知能力的衰退，多数原因是由于个体认为自己年龄增大，必然会表现不佳。此种自我知觉的现象，产生自我应验的预言，因而在行为表现上不够理想。因此，在教学上，应协助及辅导成人学习者对自己有正确的认识。

（3）要给予成人足够的接受和反应时间。研究表明，各种不同年龄学习者，在学习表现上的差异，是由于老化而导致获取信息和从记忆中提取信息所需要时间增加的缘故。因此，如果能够给予成人较长时间的获取信息和行为反应的时间，就可以改变成人特别是老年人的学习表现。对年纪较大的，一次性教学提供的材料不要太多。

（三）课程与教材方面

（1）课程以能提供成人学习者所需要的知识和技能为主。成人参与学习是为求得其所特别需要的新技能和新知识。因此，整个教育制度应依据成人的需要进行调适，提供更多的个别化课程，以适应其特殊的需要及其职业发展的需要。

（2）强调运用已有经验。成人丰富的经验对其学习具有积极意义，教学要强调积极地应用既有的经验，而非被动地接受权威者的观点。

（3）教材或教学材料，应考虑精选性、适宜性、内在逻辑性、针对性、学用一致性以及适当重复率。[①]

（四）师资方面

（1）教员角色的改变。在成人教育中，教员的角色应该从学习的指导者转变为

---

① 参见叶忠海：《大学后继续教育论》，30 页，上海，上海科技教育出版社，1997。

学习的助长者或资源提供人士。成人的学习方法和内容，应大部分由成人自行决定。

（2）成人教育教员应有专门训练。如给他们提供成人学习心理学的理论知识，帮助他们把握不同年龄段成人教育教学的目标、重点、内容、模式的差异性。

第四节　成人社会性和人格理论与成人教育

影响成人学习的因素，除以上关于成人认知方面的基本要素——感知、记忆力、思维力、想象力等，还有其他非智力因素，如成人的社会化过程的心理成熟水平、人格化等，它们与成人教育也密切相关。

一、成人社会性及其心理成熟水平

一般而言，社会化的对象主要是未成年人，但近来有越来越多的心理学家、教育学家、社会学家，特别是成人发展心理学家、成人教育学者和成人教育社会学者认为，人到成年还有一个继续社会化的过程。具体而言，成人社会性的心理成熟水平主要体现在如下几方面。

（一）具有独立自主性的典型特征

研究表明，人的自我意识，总是从依赖的、他律的向独立的、自律的方向发展。美国著名的成人教育理论家诺尔斯指出，成人个体随着年龄的增长，有一种强烈要求摆脱监管和管教的独立感。这意味着成人在心理上和社会性上开始从依赖的、他律的前成年期向独立的、自律的成年期转化。从此，便会出现这样一种倾向，即他总是作为一个具有独立自主的人参与一切活动，要求别人把他当成人看待，当独立的人看待，希望得到尊重，相信自己既能决定自己的行为，又能对自己的行为后果承担责任。

（二）具有整体一致的自我认同

"自我认同"的概念，是由艾里克森在其人格发展八阶段说中首先提出的。他认为，认同感是一种与成长和发展相一致的自我存在感，它也意味着一种社会与其未来以及历史相一致的自我存在感的近似感。

成人的整体一致的自我认同，意味着成人能够内在地把自己的各种印象整合成一个有意义的整体，把自己的过去、现在和将来统一为一个较为完善的自我形象，认识自己所扮演的各种社会角色；同时又能与外界——社会给出的有关自身的认识、评价、期望、要求大致保持一致，权衡掌握的所有信息，包括自己的和社会的，从而为自己的生活提供必要的策略。

（三）具有自我调节控制的能力[①]

成人的自我调节控制能力，作为一种心理成熟的标志，一定程度上可以说是成

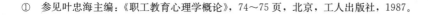

① 参见叶忠海主编：《职工教育心理学概论》，74～75 页，北京，工人出版社，1987。

人个体自我导向的自我观念和整体一致的自我认同这两个心理成熟特征的延伸,是人的一生成长和发展的关键性转折点,也是社会性成人心理成熟的又一个重要标志。

人进入成年期后,其内部心理结构就具有相对稳定性,不以外部的环境影响为转移,而从内部心理环境出发,对外部影响加以评价与选择,对自己的言行加以调节和控制,这充分表现出人的主观能动性。所谓"富贵不能淫、贫贱不能移、威武不能屈",就是这种内部心理结构以及它的自我调控能力的高度发展,可以实现人的较为充分的意志自由。

(四) 具有丰富的人格化了的经验[①]

成人由于长期的社会生产和生活实践,以及大量的社会交往,积累了大量的、丰富的经验,这些经验是成人区别于青少年儿童的又一基本特征,也是成人社会性的重要体现。

美国成人教育学家诺尔斯、人本主义心理学家罗杰斯以及加拿大著名成人教育理论家基德等人的研究都说明,经验是形成个性的基础,每个人的经验积累都是个性化的。没有经验就没有个性,没有经验积累的差异,也就没有个性形成的差异。成人随着年龄的增加,经验总量在不断增加,经验的门类也在不断扩大,而且成年期的经验已经达到人格化的程度。

二、成人人格发展的理论及成人人格发展规律

美国著名的人格心理学家奥尔波特(G. W. Allport)认为,"人格是决定人的独特的行为和思想的个人内部的身心系统的动力组织",是个体与环境相互作用过程的产物。人格是身心的统一体,具有整体性,是共性与个性的统一、稳定性与可变性的统一、生物性与社会性的统一。不同时代、不同文化背景、不同群体、不同发展阶段的人具有不同的人格特质,人格上深深打有时代、文化、种族、群体、发展阶段的烙印。成人具有其独特的身心发展特点,必然有其独特的人格特征,这种特征必然会对其教育与发展产生作用。下面我们主要介绍艾里克森的心理社会发展理论和古尔德的转换理论。

(一) 艾里克森的心理社会发展理论

艾里克森是美国著名的心理学家、精神分析理论家、精神分析医生。其人格理论旨在追溯个体整个生命中自我意识的发展,因此,他将自己的理论归属为自我发展理论,把整个生命期分为婴儿期、幼儿期、游戏期、学龄期、青少年期、青年期、中年期和老年期八个阶段,在每一发展阶段都有一种情绪发展上的危机,每一生命阶段的任务就是解决危机冲突、促进自我的发展、追求人格的成熟。他认为成人期人格的发展又分为成年早期、成年中期和成年晚期三个阶段。

艾里克森认为成年早期的主要任务是发展亲密行为。该行为的发展有赖于过去所建立起来的认同感。该发展期的危机,就是处于亲密与孤独的关系中,如果能成功解决此种争端,就会产生成年早期的基本力量——爱。如果不能成功地解决,个

[①] 参见叶忠海主编:《职工教育心理学概论》,74～75 页,北京,工人出版社,1987。

体的人格将为孤独所征服，个人与他人间的关系会缺乏自发性行为、温暖和任何较深层次的情感交流。

关于成年中期，艾里克森认为，成年中期处于生产创造和颓废迟滞的冲突中。生产创造包括关心下一代的培育，表现在教育子女、对他人子女或青年的指导等方面。生产创造可以帮助社会进步与发展。这一时期的基本力量为关爱，为了能使关爱发展，个体就必须拥有过去发展阶段的力量，包括希望、意志、目的、能力等。有些人通过其职业，如教师、艺术家、作家、护士、医生等来显示生产创造；有些人则以改进社会来显示生产创造。艾里克森认为生产创造是人类组织中的一种驱动力。当生产创造未能战胜颓废迟滞时，个人的生活就停滞不前，一般常感厌烦，视自己为坏小孩，沉溺于各种怪念头之中。

生命的最后阶段是成年晚期，主要任务是发展自我统整，以及对整个生命体的融合感。此期的危机是处于完美与悲观绝望的对立之中。当完美占据优势时，个体会接受自己并认为自己在环境许可下尽了最大的力量，因此，会产生睿智，这是老年期的力量。当悲观绝望获得优势时，个体会害怕死亡和寻求另外的机会。由于寿命的延长，艾里克森指出，成年晚期在当前的社会中会有所改变。他认为生产创造阶段会延伸，比过去要长，也就是说中年期会变长。①

（二）古尔德的转换理论

心理分析学家古尔德把成人的发展视为一系列的转换过程。他认为，个体的自我观念是透过儿童期幻想的实现及冲突的解决形成的。他的理论主要是通过他设计的横断研究而建立的。

古尔德认为成年期是一种变化的时期，在情绪及动机发展上并非一个稳定的时期。他认为自青少年起的发展至少有七个明确的时期：（1）青少年期（16～18岁）：希望获得自主的时期；（2）青年晚期（18～22岁）：形成认同并离开父母的世界；（3）青年期（22～28岁）：从事成人的工作，致力于目标的达成；（4）成年早期（28～34岁）：角色产生混淆，对自己的婚姻、事业开始怀疑；（5）成年中期（35～43岁）：对价值标准仍持怀疑态度，但时间观念转变，认为所剩余时间有限，此期不稳定；（6）中年期（43～50岁）：属于稳定期，接受命运的安排，显示出生产创造的特性；（7）成熟期（50～60岁）：重新怀疑生命的意义，渴望人际关系的建立。

（三）成年期人格的发展规律

1. 稳定性与可变性的统一

研究认为，不管采用何种理论观点来衡量，成人人格仍然是相当稳定的。只有少数成人的人格特质的改变与年龄有关，但此种改变是相当轻微的。成人人格研究的著名学者凯利（E. Kelley）的研究表明：成人人格特质相当稳定，但仍然有部分产生改变。大多数有关价值的观念如种族、宗教、经济、社会、政治等均相当稳定；最不稳定的是有关特殊事件的态度，如婚姻、养育子女、做家务、娱乐等。由此可知，一般成人人格取向仍相当稳定，但对特殊事件的看法会有所改变。

① 参见黄富顺：《成人心理与学习》，130～131页，台北，师大书苑出版社，1990。

2. 人格特质在内外向性上随年龄增加而改变

关于成人的人格特质是否随年龄而变化，多数的横断研究结论很不一致，而在成人内外向性上获得较一致的结论。大多数的研究表明：内外向性会随着年龄增加而改变。也就是说，当年龄逐渐增大时，个体从外向逐渐转为内向，会逐渐变得更加小心谨慎。老年人会逐渐地内向化，逐渐从社会活动中退缩，从积极的社会角色中退出。有人称之为适应老化的正常现象。

3. 具有独立的自我观念

自我观念是与自我有关的一种有组织的、一致的、统整的知觉形态，通常包括自尊和自我形象。莫提那（J. Mortimer）等人的研究表明，自我形象包括四个特质：幸福感、人际品质、活动性和非传统性。自我观念的改变会导致行为的改变，而个人的信念、期望改变也会造成自我知觉的改变。

积极的自我观念可以使成人个体具有心理上的幸福感。由于影响成人自我观念的因素太多，如健康、社会经济地位、受教育程度、婚姻状态、性别、住房情况和社区状况等，故年龄对自我观念的影响并不显著。

4. 呈现出男女性别差异

一般认为，男女两性在自我观念、独立性、侵略性、情绪表现和社交取向上有所不同。这些不同显然是社会性的结果。研究认为，人格发展确实有性别差异存在，但两性彼此间的趋同性比两性间的差异大，也就是说，随着年龄的增加，男女两性有越来越相像的趋势。

许多研究认为，两性化人格趋向随着年龄的增大而加剧。当年龄增大时，人格发展中所出现的性别差异逐渐减少，两性化人格增多。海德（Hyde）和菲力斯（Phillis）研究认为，老年男性较容易表露女性的特质；而老妇人则较不易有男性特质出现。契利伯格（Chiriboga）等人的研究发现，老年妇人认为自己更为果断、较不依赖、更能解决问题、在家中更有权威，显然有男性倾向。当然，这些问题还需要进一步研究证实。[①]

三、针对成人的社会性、人格理论的成人教育

成人的社会化过程是一个不断教育、不断学习的过程，同时成人参与教育和学习不仅可以掌握工作、生活中所需要的知识和技能，而且还可以完善人格的发展。这是因为：第一，成人的人格虽然比较稳定，但还具有可变性、可塑性；第二，成人人格的健康发展自然又会促进知识和技能的掌握。因此，通过教育促进成人的社会性发展和人格的发展已是成人教育的必然选择，需要做到如下几点。

（一）确立"成人中心论"

由于成人具有独立自主的自我概念，能够诊断自己的学习目标和学习需要，能够直接参与制定自己的学习计划，能够评价自己的学习效果等，因此，在教学

---

① 参见董守文等：《成人学习学》，223～224页，东营，石油大学出版社，1994。

中，教员要和成人学习者共同制定学习计划；在教学活动中，教员与成人学习者共同负责，要尊重学习者的独立人格，成人学习者与教员之间应建立一种新型的关系，教员不再是权威，而应是学习活动的组织者、鼓舞者、咨询者、服务者和帮助者。

（二）视成人经验为教学宝贵财富

丰富多样且人格化的经验是成人所独享的东西，它对成人学习者有着十分重要的影响。诺尔斯认为，成人从事任何事情都以他自身的经验为背景，成人拥有许多经验可供学习时参照、使用，这是成人学习者与青少年学生的重要区别之一，这些经验是成人学习的宝贵资源。成人在学习中总会自觉或不自觉地调动个人经验，使之产生作用。

因此，为成人提供的教育教学活动，应当让他们参与到教与学的设计与实践中，共同把教育活动引向深入。教学方法要利用汲取成人经验的方法，如多采用小组讨论、案例教学、技能实习、问题解决活动、模拟练习等。成人社会性心理成熟的一个重要特点就是注重"现时"的时间观念，而且随年龄的增长，他们会对时间更加珍视，反映到学习活动中，便表现为对学以致用、学后即用的追求。所以，教学要强调能够实际应用，把学习内容与成人的工作实践结合起来；教学中新的内容要融入旧经验，使新旧经验结合起来，引导成人更加客观地看待自己并摆脱先入之见，尽可能采取个别化学习策略，因为成人之间无论是社会性还是人格方面都还存在差异性。

（三）形成成人正确的价值观念和人生态度

价值观念和人生态度是成人人格中深层次的东西，决定着成人人格的发展方向。有研究表明，成人的价值观念和人生态度相对稳定，要对其进行完善难度很大。因此，对成人价值观念和人生态度的完善切忌"儿童化"，应当一切从成人生活实际和切身利益出发，现身说法，细致引导，唤醒其道德心，改变其不正确的人生态度，使其直接更新观念体系。那种把对待儿童和青少年的策略用于成人的做法是非常错误的。

（四）形成成人积极的自我观念

由于文化传统和社会习俗观念的影响，成人往往会形成错误的自我评价和消极的自我认识。比如，他们常常认为"自己老了不中用啦"、"智力、记忆力不行了"等，这些观念会妨碍成人的工作、学习和生活，加速老化的进程，也给社会带来损失。研究表明，老年人的人格越来越趋向内向化、封闭化，严重时还会导致身心疾患。

因此，在教学与学习中首先要使成人形成正确的自我认识和评价，确立积极的自我观念。同时，通过学习，使成人参与社会和集体生活，认识自己尚能有为，进入老年不是走向灭亡，而是进入新的阶段。这样，其人格就会健康发展。

（五）提升成人身心调节能力

人到中年，"危机四伏"，这在我国有突出表现。我国素有尊老爱幼的传统，但对中年人的要求却很苛刻。由此形成中年人超负荷的社会压力和精神负担，许多成年人因此倒下，也有一些精神崩溃或濒于崩溃。因此，在成人教育教学中，既要对中年人加强知识技能的培养，还要对中年人的人格健康、心理卫生进行教育，提升成人身心调节能力。为此，应经常进行各种形式的心理咨询和心理辅导工作，丰富其学习生活内容，缓解其精神压力和负担，以助其顺利度过中年危机，促进其人格和社会性的健康发展。

第六章

成人教育的人才学基础

导言　人才学是以研究人才现象为研究对象的一门学科，是一门研究人才运动现象、揭示人才运动规律的独立现代学科。其中，研究人才成长过程及规律，是人才学科的理论核心。成人教育的基本功能和最终价值所向在于提高成人的整体素质和培养专门人才，显然，成人教育必须建立在人才学基本理论基础上，并以人才学基本理论作为自己的理论依据。

第一节　人才结构理论与成人教育

人才结构是人才系统的构成形式，是人才系统内部各要素的排列组合方式。其类型复杂多样，按照人才结构涉及的范围，可将人才结构划分为人才的个体结构和社会结构。

一、优化的人才个体结构是制定科学的成人教育课程体系的理论依据

人才的个体结构，是指人才个体内部的德、识、才、学、体各要素的排列组合方式。它由人才个体内在的品德结构、智能结构（包括知识结构和能力结构）、个性结构、生理结构等诸种亚结构所构成。人才学研究表明，各类人才均有其各自的最佳智能结构。成人教育的基本宗旨之一是培养各类专门人才，因而应为受教育者构筑最佳智能结构。课程结构是受教育者智能结构控制的基本模型。优化的智能结构对成人教育的要求是各专业课程结构体系的科学依据。

当今世界，科学发展一体化趋势日益占主导地位，国民经济建设越来越呈现综合性、多结构性，因而现代社会更需要一专多能的"复合型"人才。这不仅为现代社会所必需，而且也是人才自身摆脱职业分工的局限性、实现全面发展的迫切需要。

这种智能结构的"复合型"，反求于成人教育，就要求建立专业化和多面性相结合的课程结构体系，对受教育者进行围绕专业为中心的综合化培训，使职业道德培训、专业培训、相关知识培训、基础知识培训构成一个体系。

二、人才的社会结构决定社会的教育结构

人才的社会结构，是指一个地区或一个国度的人才按一定的层次、序列和比例构成的形式。它由社会总体的人才性别、年龄、专业、智能、能级、个性、民族、行业等亚结构所构成，是一个多序列、多层次、多要素的动态综合体。人类社会发展充分表明，人才的社会结构，归根结底取决于一定的经济社会结构。一定的经济社会结构要求与之相适应的人才的社会结构，而人才的社会结构，又要求社会的教育结构与之相适应。也就是说，社会的教育结构必须以人才的社会结构为依据。其中，教育的专业结构又直接取决于人才的专业结构。对此，基于成人教育的对象、性质和宗旨，其反映得尤为直接和敏感。

第二节　人才成长基本原理与成人教育

人才学研究表明，人才成长基本原理在于人才成长的综合效应论。其基本内涵是，人才成长是以创造实践为中介的、内外诸因素相互作用的综合效应。其中，内在因素是人才成长的根据；外部因素是人才成长的必要条件；创造实践在人才成长中起决定作用。以培养各类专门人才为自己基本宗旨之一的成人教育，必须建立在此基本原理之上。

一、人才成长的内部矛盾运动要求成人教育内容有针对性

人才成长基本原理告诉我们，人才成长的根据是内在因素。具体说来，在于人才成长的内部矛盾性，即人才内在的创造需要与人才内在的创造可能之间的矛盾。当需要高于可能或与可能不对应时，就要提高或调整人才内在素质；当可能高于需要时，就应提出新的创造需要。正是这种矛盾的不断产生和解决，才推动非人才向人才、低层次人才向高层次人才发展。人才成长的类型、进程和水平，均取决于人才成长内部矛盾运动的方向、速度和水平。

成人教育特别是成人高等教育，其着眼点是培养专门人才，显然，成人教育应促进人才成长的内部矛盾不断运动。为此，成人教育应贯彻按需施教的根本原则，严格地以受教育者创造的实际需要与其自身的实际素质之间的差距为依据，即以解决教育对象成长的内部矛盾——"创造需要与创造可能"的矛盾为宗旨。因此，反映在成人教育的内容设计上应强调有针对性。在有针对性的前提下，再要求内容的先进性、前沿性，以利于受教育者解决成长过程中的内部矛盾，从而更快地成长为专门人才。

二、成功者内在心理素质的特殊性要求成人教育强化创新素质的培养

人才成长的基本原理告诉我们，就内在素质来讲，大凡成功者均有其特殊性。

就内在的心理素质特殊性而言，成功者一般均具有强烈的创新意识、出众的创造力和显著的创造个性。创新意识，包括对创新的兴趣、爱好、积极性，以及正确的创新动机。创造力，包括能产生新设想的创造思维能力和能制作新产品的创造实践能力；创造个性，主要包括创新心理、进取心理、自信心理、勇敢心理、坚韧心理、独立自主心理等创造品格。成人教育要培养专门人才，特别是创新型专门人才，显然丝毫都离不开对受教育者高质量的培养训练。在培训过程中，大力开展创造教育，其任务为：激发受教育者的创新意识；训练受教育者的创造力（知识和能力）；培养受教育者的创造个性。

 # 第三节 人才成长规律与成人教育

人才学研究表明，人才规律是指人才成长过程中所具有的可重复的必然关系或概率性重复的或然关系。人才规律，既存在于人才成长过程中的必然联系之中，又存在于人才成长过程中的概然联系之中。因此，人才规律既有人才的必然性规律——因果性规律，又有人才的概然性规律——统计性规律。人才规律也是一个系统，是一个多序列、多层次的立体网状结构的人才规律系统。以人才规律的内容和次序而言，人才规律可分为人才结构规律、人才功能发挥规律、人才发挥规律，后两者又统称为人才成长规律。

以培养专门人才作为宗旨之一的成人教育，必须受人才成长规律的制约，这要求成人教育工作者在开展成人教育中应认识、尊重、掌握、利用人才成长规律。利用人才成长规律，就是成人教育工作者采取适当的教育行动和措施，通过人才成长规律发生作用，使其教育行动的结果达到预期的培养人才的目的。

一、有效的创造实践成才规律对成人教育的要求

有效的创造实践成才规律，是指在一定的条件下，成才主体在创造实践中，其有效的劳动量达到必要的水平，获得新颖劳动成果，则个体成长为人才。人才的层次水平与其掌握科学方法的层次以及有效劳动量的多少成正比。从上述的规律表述中可知：实践的创造性和有效性是个体成才的前提和必要条件；有效的创造实践量达到必要的水平，才是个体成才的充分必要条件。这条规律启示我们，在成才的创造实践中，既要勤奋，又要讲究科学方法。只有把两者结合起来，保证必要的有效劳动量，才能达到成才的目的。

有效的创造实践成才规律要求成人教育：（1）积极引导和组织受教育者参加创造实践，并在创造实践中保持勤奋态度。态度的勤奋，是保证有效劳动时间和量的基本条件。（2）创新成人教育教学模式，更多地运用行动式教学模式，让成人学习者在行动实践中学习，提升创新素质。（3）强化对受教育者科学方法的训练培养。一般我们把方法分为三个层次：方法论、一般方法、具体方法与技巧。成人教育，不仅要使受教育者掌握具体方法与技巧，更重要的是要使他们掌握一般方法，尤其是掌握并创新方法论。翻开中外人才史不难发现，马克思之所以成为划时代的人才，弗洛伊德、马

斯洛之所以成为大学者，成为某领域的里程碑，就是因为他们能独创自己的方法论，在方法论上有所创新。

二、人才过程转化规律对成人教育的要求

人才过程转化规律是指在一定条件下，人才的一个具体过程完结之后，向与它有必然联系的人才过程过渡或飞跃的变换关系。人才过程转化趋势，从总体上说，是一个由非人才发展转化为人才，由低层次人才发展转化为高层次人才的无限过程。此规律的基本特征之一为人才过程的阶段性和连续性的统一。一方面，人才过程呈现出明显的阶段性，每个阶段都有其质的规定性——人才基本特点的内容；另一方面，其阶段之间又是前后相继、上下连贯的，前一阶段基本特点的内容是后一阶段的必要准备，后一阶段基本特点的内容，是前阶段的发展结果，呈现出不间断的连续性。过程的阶段性和连续性的统一，体现了人才过程（准人才→趋人才→隐人才→显人才→高级显人才）的渐进飞跃式的更替，即人才过程的量变与质变的相互转化。

以培养专门人才作为宗旨之一的成人教育，应根据人才过程阶段性和连续性的统一原理，设计专门人才教育培训方案，构筑专门人才的教育培训体系。具体来说，一方面，要根据人才过程的不同阶段提出不同的教育培训目的、要求和内容，使教育培训具有阶段性特点；另一方面，各阶段的教育培训要前后衔接，环环紧扣，前阶段教育培训是后阶段的基础，后阶段教育培训又是前阶段的发展，使教育培训呈现出连续性特点。这种依据人才过程转化规律设计的阶段性和连续性相统一的成人教育，加速了人才一步一个脚印的发展，即由准人才→潜人才→显人才的发展。中国石油化工总公司所制定并实施的由新入职大学生→见习生→助理工程师→工程师→高级工程师的继续教育方案，从已取得的教育效果来看，已充分说明这一点。

三、竞争择优成才规律对成人教育的要求

竞争择优成才规律，是指成才主体在竞争中，其内在的积极心理品格和创造潜能得到充分开发和施展，从而获得优胜的成才规律。竞争是人才个体成长和发展的动力机制，竞争提供了人才动力，竞争促进了人才创新，竞争提升了人才水平。

实践证明，培养造就人才需竞争。在竞争中，竞争的各方大显身手，施展自己的本领，充分发挥自己的聪明才智和创造精神，百折不挠地艰苦奋斗，以求取胜；同时，在竞争过程中，又可比、学、赶、帮，相互学习、促进和提高。

以培养专门人才作为宗旨之一的成人教育，就要在教育教学过程中遵循竞争择优成才规律。一是向成人学习者灌输竞争理念，培养成人学习者积极向上的进取精神；二是搭建各类交流平台，如各种论坛，让成人学习者尽情地展示学习成果；三是开展学习、研修优秀成果的评选；四是在成人职业教育中举办职业技能大赛活动；如此等等。

四、优势积累和发挥成才规律对成人教育的要求

优势积累和发挥成才规律，又称扬长成才律，其基本含义是指成才主体在以成才为目标的创造实践中，通过个人和组织的密切配合，积累和发挥自身优势，扬长避短或扬长克短，使个人的才能优势得到充分发展，从而取得创造成功。

这就要求成人教育，特别是成人高等教育、大学后继续教育，以优势积累和发

挥成才规律为依据，指导成人学习者成长和发展。一是在教育教学中宣传该规律，让成人学习者全面认识和掌握优势积累和发挥成才规律，并转化为自觉行动。二是指导成人学习者扬长避短地开展职业生涯设计。扬长避短是人才成功和发展的基本策略，对于女性而言尤为如此。三是指导成人学习者科学地选题，开展科学研究和技术攻关，认清自己的长处，找准个人发展与社会需要的最佳结合点。

五、最佳年龄创造成才规律对成人教育的要求

最佳年龄创造成才规律反映的是人才的年龄同取得成就（即成才）之间的概然性联系。它是统计性规律，其基本含义是：人在学习和创造的最佳年龄内学习和创造，其取得成果的可能率（概率）最大，质量最高，数量最多，速度最快。而在最佳年龄之外取得成果的可能性相对就小，质量相对要低，数量相对要少，速度相对要慢。

此规律反求于成人教育，要求成人教育工作者以此规律为依据，对受教育者进行终身设计。在创造最佳年龄前，通过教育为受教育者打下成才的扎实基础；在创造最佳年龄阶段，为成才主体提供更多的创造实践机会和继续教育深造的条件；在创造最佳年龄后，继续为人才提供学习的机会，使他们延长创造年龄，并充实、总结自己。

第四节 人才开发系统原理与成人教育

人才开发，是指在一定社会条件下，把人的潜能充分开掘，并加以发挥和发展，使之服务于社会或社会某领域的发展，从而使人力转化为人才、低层次人才转化为高层次人才的过程。这样一个"开掘—转化"过程，是一项复杂的社会系统工程。就其时间顺序展开而言，它包括人才的预测规划、教育培训、考核评价、选用配置、使用调控等基本环节。其中，预测规划环节是人才开发的准备环节，考核评价环节是人才开发的过渡环节，即从培育人才向选用人才过渡。

这项系统工程最主要的是育人和用人两个方面，即人才资源开发这个问题不可分割的两个重要方面。育人是用人的基础和前提，用人是育人的目的和动力，两者辩证地统一于人才开发过程之中。由此可见，成人教育不仅要依据人才成长过程转化规律构筑专门人才的教育培训体系，使人才成长的不同阶段的成人教育纵向前后衔接，而且要依据人才开发过程系统原理，实现育人和用人一体化，使人才开发横向左右协调。具体来说，即教育培训制度和劳动人事工资制度的改革相配套，使培训、考评、使用、业绩、待遇有机结合起来。这是增强成人教育动力机制和效益的关键所在。在这方面，中国石油化工总公司的工程公司运用系统工程的观点，制定出纵向前后衔接、横向左右协调的人才开发模式图，即"一条主线、双重考核、三个层次、四次分流"[①]的专门人才成长和开发模式（见图6—1），已开始实施并初见成效。

---

① "一条主线"指贯穿一条体现技术水平和工作能力的主线——技术职务；"双重考核"指坚持贯彻岗位职务的工作业绩考核和继续教育学分制考核并重；"三个层次"指专业技术人员按初、中、高三个层次，分专业按需培训；"四次分流"指根据专业人员技术素质、特点、工作需要，先后依次进行"确定专业方向"、"确定专业岗位"、"确定专业技术职务"、"确定专家类型"四次分流。

74

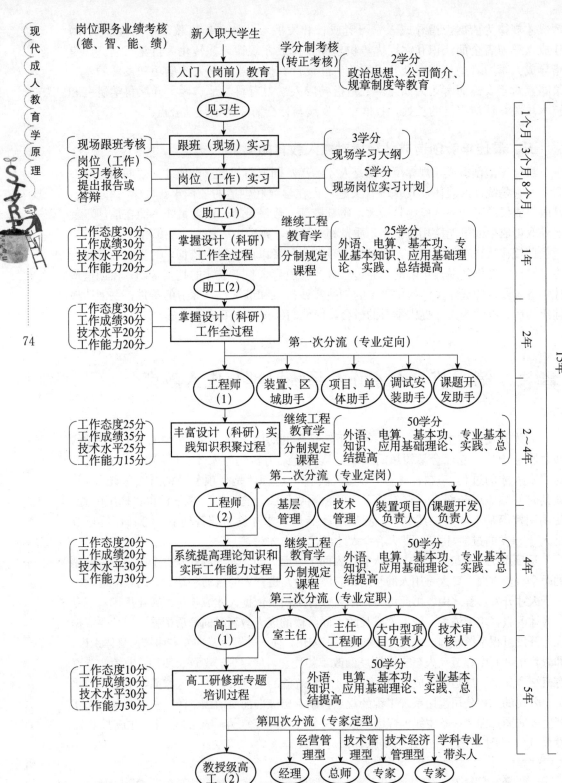

图6—1 某工程公司设计（科研）人员成长模式示意图

人的成长、发展与教育

导言　　人的成长和发展，是教育的永恒主题和根本目的。研究教育，特别是研究成人教育，应沿着人的成长和发展这条主线而具体展开。本章在总体上论述了人的成长和发展的过程、内涵、特点、因素等基本问题的基础上，重点阐明了人的发展与成人教育等基本问题。

第一节　人的成长和发展的特点及分期

一、人的成长和发展的基本含义

世界是一个过程的集合体，一切事物都是作为过程出现的，过程在一定条件下互相转化，而每一个转化都使过程进入到更高阶段。同理，人也是作为过程出现的。人的一生，是动态的过程，是成长、发展的过程。人的成长和发展，是一个生命全程的过程。

一般说来，随着年龄增长而自然出现的身体、生理方面的变化过程称为"成长"（growth），生物学家就把成长定义为从受精卵形成到成熟所发生的生理变化。属于精神、心理方面的变化过程叫"发展"（development），我们不妨称为狭义上的"发展"。近几十年来，生命全程发展心理学对"发展"的定义为：从受精卵形成到死亡，个体身上所发生的系统的、连续的变化过程。该变化过程，包括生理的发展：身体和身体器官的生长，生理机能的变化，老化的生理迹象的出现，运动能力的变化等；认知的发展：知觉、语言、学习、记忆、问题解决能力以及其他心理过程的变化和连续性；社会心理的发展：人格（个性）和人际方面的发展的变化和连续性。显然，生命全程发展心理学界所谓的"发展"包含了生理上的"成长"。在这里，我们不妨称为广义上的"发展"。

我国人才学界则从"人才"视角把人的发展分为三类：人的社会化——由一个自然人发展成为社会人的转化过程；人的专业化——由一个具有一般智能的人发展成为具有专业智能的人的转化过程；人的个性化——随增龄，人的发展差异性越大，成为具有不同特质的人的过程。

二、人的成长和发展的基本特点

人的成长和发展，尽管是一种复杂的高层次的动态过程，不但有大小、比例、形态、重量等变化，而且有观念、意识、信仰、兴趣、态度等思想行为的变化，但它变化的基本程序、方式、原因等，往往有相似地方，且有一定的规律，充分显示了发展顺序的恒常性。一般说来，该发展过程有以下几个基本特点。

（一）发展既是连续的，又是分阶段的

一个人的心理发展，在某一年龄阶段，具有这一阶段一般的、典型的本质特征，这种本质特征称为心理发展的年龄特征。这种年龄特征发展的阶段性不是跳跃的，也不是机械割裂的，而是连续的。每一年龄阶段的心理特征，总是孕育着下一年龄阶段的心理特征的内容，而下一年龄阶段的心理特征，又总是前一年龄阶段发展的结果。人的成长和发展过程是连续性和阶段性的统一。

（二）发展有一定程序和方向

发展总是从简单到复杂、由低级到高级、从不完善到完善，有着不受学习和经验所影响的一定程序。语言的发展，从哭到牙牙学语，然后会说词语，最后达到自由交谈，总是按一定程序发展的。情绪的变化，开始是处于混沌的兴奋状态，以后逐渐分化为各种感情，包括爱、恨、恐惧、愤怒、愉快、忧愁、嫉妒等。身体体格的发育也有它的基本方向：一是从头部向下肢发展，这是指身体上半部比下半部发育得早，其中神经系统发育最早，生殖系统发育最晚，这一发展方向称为头尾梯度；二是从身体中心部位向末梢发展，这是指身体的中枢部分要比四肢发育得早，这一发展方向称近末梢梯度。

（三）发展具有一定的差异性

一是身心发展具有速度差：不仅身体的各个组织、器官在不同的时期按着不同的速度向前发展，见图7—1；而且心理发展在不同时期速度也不同，例如，语言的发展在学龄前期最快，思维的发展以小学阶段最快。二是从人的整体发展过程来看，一生有两个显著加速的时期：第一个是幼儿期，第二个是青年期，见图7—2。三是随增龄，个体发展差异性日益明显，特别是到老年阶段。

（四）发展是分化和统一的过程

从整体上说，身心发展是处于分化状态的，从单细胞的不断分化，发展到有机体的各个部分的内部组织，进而统一到整个有机体中，向统一的方向变化。

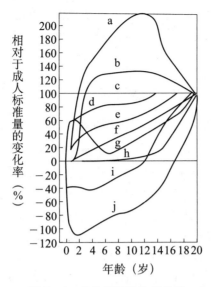

图7—1　身体组织的生长曲线

a. 胸腺的重量　b. 扁桃腺的大小　c. 内耳骨的大小　d. 头盖骨的大小　e. 腰骨的大小

f. 脑下垂体的重量　g. 胸部脂肪的厚度　h. 睾丸的大小　i. 子宫的长度　j. 肾上腺的重量

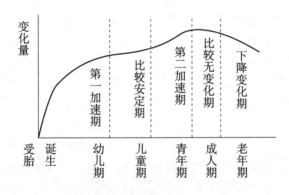

图7—2　人发展速度的变化

资料来源：叶奕乾等：《图解心理学》，南昌，江西人民出版社，1982。

（五）发展贯穿于生命的每个阶段

生命全程发展心理学研究表明，个体发展不是成长—成熟—衰退的单向变化过程，而是贯穿于生命的每一阶段，每一阶段都表现出获得（正性的变化）与丧失（负性的变化）的并存。具体来说，我们不应理解为：儿童阶段仅仅与获得相联系；老年阶段仅仅与丧失相联系。在生命全程的每个阶段，发展都涉及获得和丧失、变化和持续，都有其特定的发展任务。

（六）发展具有可塑性

人的成长和发展史表明，人的发展的各个年龄阶段都表现出很大的可塑性，即对同样的经验可以有很多不同的反应，人们可以从一种发展方式向另一种发展方式转变。特别是生命晚期大脑具有可塑性和可变性的事实充分证明了这一点，对那些健康发展的人来说更是如此，可以从早期潜在的创伤中获取有益经验，进而改变未来的发展。

三、人的成长和发展的分期及其标准

（一）人的成长和发展分期的多学科视角

正如前述，人的成长发展的过程是连续性和阶段性的统一，这就有个对该过程划分阶段的问题，以利于根据特定阶段人的社会属性、身心特点和发展任务，实施科学而有效的教育。由于各学科的视角和划分方法不同，因而对人的成长发展的分期也不尽相同。在这里，仅介绍心理学家、教育学家、社会学家、人才学家对人的成长和发展的几种代表性分期。

心理学家从人的身心发育来划分年龄阶段。《生命全程发展心理学》的作者卡拉·西格曼（Carol K. Sigelman）、伊丽莎白·瑞德尔（Elizabeth A. Rider）把人的身心发展分为 7 个阶段：婴儿期（出生～2 岁）；学前期（3～5 岁）；学龄期（6～11 岁）；青春期（12～19 岁）；成年初期（20～39 岁）；成年中期（40～64 岁）；成年晚期（65 岁以上）。

教育学家从教育和学习的指导角度，提出学龄的分期：学龄前期，幼儿园阶段；学龄初期，小学阶段；学龄中期，初中阶段；学龄后期，高中阶段。

社会学家从人的终生学习和发展视角来划分年龄阶段。日本东京大学名誉教授渡边茂曾提出了"三万天学习论"，把人的一生分为三个阶段：第一阶段（0～27 岁）：第一个一万天，为人的"成长的阶段"或"修业阶段"；第二阶段（28～54 岁）：第二个一万天，为人的"活跃阶段"，即充分发挥能力，在自己从事的工作领域内展翅飞翔的阶段；第三阶段（55～80 岁）：第三个一万天，为人的"充实和总结阶段"。

人才学家认为，人才成长和发展阶段划分，应突出人才的本质属性——创造性。以创造素质—创造实践—创造成果为主线，以创造力的形成、发挥和发展为客观依据，可以划分为创造素质形成期、初创实践成才期和持续创造发展期三大阶段。

（二）成人教育界对人的成长发展分期及其标准

1. 成年标准的内涵

国内外成人教育学界一般按一定社会的成年标准对人的成长和发展加以分期。

所谓成年标准，即何谓成人。马克思主义基本原理告诉我们，人的本质是"一切社会关系的总和"。据此，人是机体的生理、心理和社会化的三维发展统一体。人，既是自然的人，更是社会的人。人的成长和发展，其本质是人的社会化过程。确定"成人"概念，不仅应从人的生物生理因素去考虑，还应从心理社会因素去探讨。也就是说，作为成人，需要具备生物生理和心理社会两方面的基本条件。具体来说，成人是指达到正常人的生理发展的成熟年龄，具有一定的劳动适应能力和社会责任能力，并直接承担社会生产和生活的职责和义务的人们。概言之，达到一定的生理年龄，具有一定的适应能力和责任能力，并直接负有社会义务的人们，为成

78

人。在这里，我们突出的是构成成人的充分条件，即能够并已承担作为社会成员的一定的职责，包括工作者的职责、夫妻的职责、做父母的职责、公民的职责等。这种成人的定义方法，是一种以社会责任为基础的功能定义法。

至于达到什么样的生理年龄才算成人的生理成熟年龄，在不同的经济发展程度、不同的文化背景、不同的自然环境的国家和社会，所规定的生理年龄下限是不同的。那么我国应采取什么年龄作为成人的生理年龄下限呢？这个问题值得探讨。世界上25个工业国家经济合作发展组织曾建议以法定义务教育年龄上限为基准。对此，联合国教科文组织推荐的《国际教育标准分类》中定为15周岁，我国成人教育学界认为，这个意见可以考虑。我国儿童的入学年龄，一般为6周岁，经过9年义务教育后，达15周岁，这时，人已进入青年初期，身心发展接近成熟，因而16周岁可定为成人的生理年龄的下限。然而，从我国政法视角来看，2011年在编制国家标准《成人教育培训术语》时，按照我国现行法律法规，把18周岁作为法定成年标准的生理年龄下限。在世界范围内，成人生理成熟年龄是一个具有弹性的时间跨度。至于它的上限，不同的国家和地区也不同，一般为20多岁。基于上述的成年标准，我们可将人的一生变化分为两大基本时期：前成年期和成年期。

2. 前成年期

即从人出生到成年标准之间的一整段时期。就生理年龄来说，在我国即从零岁开始到18周岁这样一个生存时间跨度。在此时期，人的成长和发展是以学习为中心而展开的：学习生活、学习智能、学习职业、学习交往，使其本身不断社会化，为进入成人世界做好准备。可见，前成年期发展任务与人的成熟有关，带有预备性本质。

人的前成年期又可划分为若干发展阶段，我国成人教育界一般按我国心理学界的划分标准划分前成年期：胎儿期（受孕到诞生）；乳婴儿期（出生～2岁）；幼儿期（2～6岁）；儿童期（6～12岁）；少年期（12～15岁）；青年期（15～21岁）。

从我国的实际生活来看，人的青年期存在着两种情况：一是初中毕业后进入高中（包括中专、职校）、大学继续学习，在此期间的主要任务是学习，不承担作为一个社会成员的一定的职责；二是初中毕业后即参加工作，进入职业社会，承担作为社会成员的一定职责。前者，我们称在学青年期，列入前成年期加以讨论；后者，称在职青年期，列入成年期加以研究。

3. 成年期

即达到成年标准后直至死亡之间的一整段时期。就生理年龄来说，在我国即指从18周岁到死亡这样一个生存时期的跨度。在此时期，人的发展变化，以个性持续不断地社会化为出发点和落脚点，按照社会所赋予的任务和职责，沿着适应并创造生活的基轴而展开。成年期的发展任务，主要与成年人所扮演的社会角色及其社会期望的变化有关，带有确定性、现实性的本质。

人的成年期，一般又可分为三个发展阶段：

（1）成年早期。从年龄分布来看，在我国一般指处于18～35岁的生命阶段。其中，18～25岁与青年期交叉重叠。按成年标准，18周岁以上的在业青年归入成年早期之列。

（2）成年中期，也称中年期。从年龄分布来看，在我国一般指处于 35～60 岁这一生命阶段。其中，35～50 岁为中年前期；50～60 岁为中年后期。

（3）成年晚期，也称成年后期、老年期。从年龄分布来看，在我国指的是跨入 60 岁后的生命阶段，其中，60～70 岁为低龄老年期；70～80 岁为中龄老年期；80 岁以上为高龄老年期。

第二节 人的成长和发展的内在机理

一、国外心理学界的研究概况和观点取向

（一）国外心理学界的研究概况

20 世纪 30 年代前，关于人的成长和发展的内在机理研究，国外心理学界停留在对儿童期单因素研究水平上，被"遗传决定论"或"环境决定论"笼罩着。前者认为，人的心理发展是受先天不变的遗传素质所决定的，人的智力和个性品质是在生殖细胞的基因中被决定的，后天的内在因素和外界环境的影响只能延缓或加速先天遗传的实现，而不能改变它。遗传决定论由英国的人类学家和心理学家高尔顿（F. Galton）于 1869 年首先提出，以后又由美国心理学家霍尔对遗传决定论作了发展，他曾说："一两的遗传胜过一吨的教育。"心理学上的"环境决定论"认为，新生儿是白板一块，可以按照教育界的意愿任意地把他们培养成所需要的各种人才。其代表人物是美国行为主义心理学家华生（J. B. Watson）。

20 世纪 30 年代开始，心理学家才开始对人一生的人格发展产生兴趣，从而跳出单因素决定的思维圈，从人的内在因素和外部环境结合上研究问题。其代表人物为美国心理学家哈维格斯特。他提出的人的社会化理论认为，人的一生一系列生命调节任务的完成，是通过成长的个人与他的环境的联系完成的，是个体成长的动力意识与社会环境提供的要求、压力、机会相结合的结果。据此，他主张必须考虑生物有机体与社会环境、自然环境的相互作用，寻求需要和动力的满足。

到 20 世纪后半叶，心理学家在研究人格发展过程中，进一步提出人的发展的内在机理。其代表人物有艾里克森、莱文森、荣格。艾里克森提出的人格发展阶段论认为，心理发展是为"危机"所策动的，在人格发展的每一阶段上都存在一种"危机"，"危机"的解决标志着前一阶段向后一阶段的转折。这里讲的"危机"，即人与环境相互作用中所产生的"特殊矛盾"，人就在解决矛盾中发展。对此，荣格还首先提出，个体人格发展变化，初始于人的心理的内在动力。他从人格结构的角度对成年期的各种心理变化做了分析，形成了他的成年期理论。

（二）国外心理学界研究的主要观点取向

纵观近半个世纪以来国外心理学界研究人的成长和发展的内在机理，其主流观点逐渐趋同，有如下几种观点取向。

1. 应多学科研究人的成长和发展

国外心理学界认为，多学科视角研究，有利于深化对人的成长和发展的研究。遗传学、发展神经科学和生物科学，可以帮助我们深入揭示人的成长和发展的先天因素和物质基础——基因、激素、神经网络等及其如何与外部环境相互影响；心理学特别是发展心理学可帮助我们深入理解人的成长和发展的心理基础，认知社会性和人际关系等；人类学、社会学、文化学、历史学可帮助我们深入分析个体成长和发展的社会历史条件，以及所处的社会人文环境。这种多元理论的综合研究方法已成为国外学者的共识。

2. 人的成长和发展是先天与后天交互作用的过程

关于人的成长和发展问题的先天和后天的争论，应该说在国外心理学界已告一段落，达成共识，即先天与后天交织在一起共同影响人的成长和发展。学界认为，后天经验影响着遗传潜质能否发挥出来；而先天的遗传特质也影响着人们选择、拥有的后天经验，以及对经验的反应方式，即所谓的遗传与环境的交互作用。同时，研究表明，先天遗传与后天生长环境之间的吻合度非常重要，只有遗传与环境相吻合，先天与后天才能共同作用，使人得到健康发展。

3. 人的成长和发展是"内源"与"外源"共同作用的结合

此观点的代表人物是著名成人社会心理学开拓者伯尼斯·诺加顿。他认为，人的发展变化——生命周期性规律运动是"内源"和"外源"共同作用的结果。所谓内源，即人（主体）的内在因素（生理、心理）；所谓外源，即客体——环境（特别是社会环境）的外部因素，也就是社会的年龄标准，各年龄段所规定的行为规范、任务模式，多种事件和事变等。在诺加顿看来，这类社会期望、行为规范、社会事件均是"社会钟"（social clock），当它变为机体——人的内部因素时，调节着个人在生命周期事件中的运动。因此，诺加顿说，人们必须把社会事件看作"成人生命长句中的标点符号"。

二、我国成人教育学界的代表性观点[①]

（一）"综合效应论"：人成长发展的内在机理

唯物辩证法认为，事物的相互作用，构成了事物的运动。恩格斯在《自然辩证法》中写道：世界上事物是相互联系、相互作用的，正是这种相互作用构成了运动。植物的生长是种子与土壤、水分、空气、阳光综合作用的产物。自然界如此，人类社会更是如此。人类社会的历史发展，是人类社会无数的相互交错的力量综合而成的，是一切内外要素之间相互作用的结果。作为人类社会主体——人的成长和发展，更是内外诸因素相互作用的结果，是内外诸因素相互作用的综合效应。据此，叶忠海教授于1984年提出，人的成长和发展的内在机制和原理是"综合效应论"。其基本内涵指人的成长、发展是在一定社会条件下，以人的实践为桥梁，内外诸因素相互作用的综合效应。其中，内在因素是人成长、发展的根据；外部因素是人成长、

---

① 参见叶忠海主编：《普通人才学》，112～121页，上海，复旦大学出版社，1990。

发展的必要条件；人的实践活动在人成长、发展中起决定作用。

(二) 内在因素是人成长、发展的根据

人的生理、心理，是人的成长和发展的内在因素。具体说来，既有先天形成的遗传素质，又有后天形成的思想品格、道德结构、智能要素、身体素质等。它们都随着人的增龄和主客体的相互作用而不断变化。人的成长和发展的内因，是一种梯级系统，具有层次性。在人的发展变化的不同阶段，起主导作用的内因是不同的。

内在因素之所以成为人成长、发展的根据，可从下列两方面分析：

第一，外部因素要通过个体的内因起作用。具体来说，外部因素必须通过个体内在的评价、选择、控制、内化等过程成为个体的内部属性，才能对个体成长和发展起作用。

第二，个体成长、发展的根本原因在于个体内部矛盾性。毛泽东在《矛盾论》中指出："事物发展的根本原因，不是在事物的外部而是在事物的内部，在于事物内部的矛盾性。"[①] 个体成长、发展也不例外。个体成长、发展的内部矛盾性是指个体内在的发展需要与个体内在发展可能之间的矛盾。正是这对矛盾不断地产生和解决，推进个体成长和发展。

(三) 外部因素是人成长、发展的必要条件

环境，是人的成长和发展的外在因素，包括自然环境和社会环境。对人的成长和发展起作用的，主要是社会环境。就范围而言，社会环境也是分层次的：既有家庭、学校、职场、住区、社交等小环境，又有国度和地区等大环境。随着增龄和主客体的相互作用，客观环境也在不断变化。在人的成长和发展的不同阶段，影响人的成长和发展的主要外因也是不同的。

外部因素之所以成为人成长、发展的必要条件，是因为：外部社会需要是个体内部矛盾性产生的基础；个体内在素质的形成、提高和发挥，均有赖于外部因素的影响；个体成长、发展的内外因素是互为条件、相互转化的。

(四) 人的实践在个体成长、发展中的决定作用

人的实践活动是以生命活动为基础的，心理活动渗透于其中，它在人的成长、发展中起决定作用，具体表现如下：

第一，中介作用。人的实践活动是主客体联系的桥梁，没有人的实践活动，内外因就无法相互作用。

第二，源泉作用。人的才能是人的实践活动的产物。没有人的实践活动，就不会有任何知识和才能。

第三，定向作用。人的成长发展史表明，人的发展方向取决于人的实践领域，随着人的实践领域的变换，人的才能和发展方向也必然改变。

第四，检验作用。人的才能均在各自的实践活动中得到体现，因而人的才能有或无、强或弱、真或假，以及人的发展水平高或低，均可在人的实践中得到检验。

---

① 《毛泽东选集》，2版，第1卷，301页，北京，人民出版社，1991。

概言之，人的实践活动制约和决定着人的成长和发展，对于人的成长、发展而言，它确实具有第一位的决定性意义。

 # 第三节　人的发展与成人教育

一、人的继续社会化与成人教育

（一）人的社会化的内涵和机制

1. 人的社会化的基本含义

人的社会化，是个体成长和发展的一种体现。国内外社会学界、社会心理学界、教育学界均有众多的研究。在这里，介绍几种有代表性的见解：

美国社会学家波普诺（D. Popenoe）认为：所谓人的社会化，是指"一个人获得自己的人格和学会参与社会或群体的方法的社会互动过程"[1]。

我国社会学者奚从清等人，赞同波普诺的社会化过程中"互动"的观点，认为"人的社会化是指个体在社会实践中学习知识、技能和规范等社会文化，适应社会生活，积极作用于社会，创造新的社会文化的过程"[2]。

笔者认为，人的社会化本身所表述的是个体人的成长和发展，所强调的主要是社会对人的影响与制约，因而笔者曾在主编的《职工教育心理学概论》一书中，对人的社会化作了下列的表述："所谓个体社会化，是指个体人生活在一定的社会环境之中，经社会熏陶与学习实践，接受所属社会环境的文化规范和行为模式，由一个自然的人发展成为社会的人的转化过程。"综合国内外学者及本人的研究成果，笔者认为，"所谓人的社会化，是指个体在与环境交互作用中，由自然人转化为能融入并创造社会生活的社会人的过程"。该过程大致可分为两个阶段：前成年期未成年人的"初级社会化"阶段、成年期成人的"继续社会化"阶段。

关于个体社会化的具体内涵，可作如下的阐述：[3]

（1）顺应历史潮流。社会是动态发展的，有其不依人们主观意志为转移的客观规律。个体社会化，意味着人们要认清并顺应社会历史发展的一般趋势。人类文明史充分表明，人们只有认清、顺应并积极投入到历史潮流中去，进行创造性劳动，才能在其中得到锻炼成长和发展，为社会、为人民作出贡献；反之，就会一事无成，甚至受到历史的惩罚。对此，哪怕是杰出人才或伟大人物，也无一不是顺应社会历史发展的一般趋势而出现的。

（2）接受社会规范。社会是一堆规范的体系；规范是个体行为的准则，对个体行为具有明显的约束力。一个没有规范的社会是难以想象的，个体行为也难以控制

① ［美］戴维·波普诺：《社会学》（第10版），142页，北京，中国人民大学出版社，1999。

② 奚从清等主编：《社会学原理》，52页，杭州，浙江大学出版社，2001。

③ 参见叶忠海主编：《职工教育心理学概论》，69～70页，北京，工人出版社，1987。

和制约，社会必定会出现一片混乱。社会规范是保障整个社会正常运转的最起码条件。接受社会规范，是个体社会化的一个基本内容。

（3）获得社会需要的经验和知识。人，是社会的人，人生活在社会环境之中，总受到一定的社会分工的制约。每个人均需掌握社会分工所需的知识和经验，才能为社会作出贡献，并在其中满足个体的物质和精神生活的需要。可见，获得人类知识和社会经验，也是个体社会化的重要内容。

（4）认同社会角色。所谓社会角色，是指个体所处的社会地位、从事的社会职业、担任的社会职务。人的本质，是一切社会关系的总和。每个人都处在一定社会关系的网络之中，承担着不同的社会角色。不同的社会角色，有着不同的权利、义务和行为模式。每个人即一个角色综合体的个人，在每一场合，都必须明确自己的身份，认同自己的社会角色，按自己角色的行为模式行事，绝不可"角色混同"。这也是个体社会化的又一个组成内容。

（5）创造社会文明。在个体与环境的交互作用中，个体不仅接受所属社会环境的文化规范和行为模式，适应社会生活，融入到社会之中，更为突出的是个体又能动地作用于环境，创造社会的物质文明、精神文明、生态文明，积极推进社会可持续发展。

2. 人的社会化的机制

正如前述，人的成长和发展是人（主体）与客体（环境）相互作用的合力效应，作为人的成长和发展的一种体现——人的社会化也不例外，也是主体人与客体环境相互作用的产物，见图7—3。

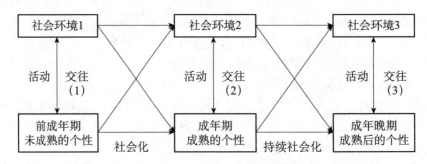

图7—3　个体社会化过程示意图

注：（1）、（2）、（3）分别表示主体社会化不同阶段的相应社会环境、活动交往的变化

资料来源：叶忠海主编：《职工教育心理学概论》，70～71页，北京，工人出版社，1987。

图7—3表明，主体（人）与客体（环境）通过人的活动交互作用，不仅社会环境影响人，使人的个性社会化，而且人也能动地改造着社会环境，从而推动社会发展。对此，从社会心理学角度来说，苏联心理学家认为，人的社会化的每个阶段都是产生于这个过程的两个方面——掌握社会经验和再现社会经验的具体"合成物"。

（二）成人继续社会化的必然性和基本含义

世间一切事物，无时无刻不在运动变化，运动是世间一切事物的本质属性。毫无疑问，作为人的生存和发展环境，持续不断地在变化，特别是其中的社会环境，其变革的速度在加快，变革的力度在加强。在此同时，作为社会化主体的成人，无论是生理、心理还是社会性，随增龄也均在动态变化。成人要与发展变化的环境保持动态平衡，适应社会生活，促进社会发展，并在其中得以发展，必然要持续不断地社会化。可见，事物运动的本质属性从根本上规定着成人要继续社会化；人的社会化贯穿于人的终生。

成人继续社会化，指在人的初级社会化的基础上，成人根据所承担的社会角色，按照社会所赋予的期望，沿着适应并创造生活的基轴，继续发展社会属性的过程。它是人的初级社会化的拓展和深化。相对于初级社会化而言，成人继续社会化有如下的明显区别：

（1）属性不同。初级社会化，是使自然的人转化为社会的人，个体人摆脱人作高级动物所固有的某些自然属性，使自己的行为受理智所控制。继续社会化，则是深化人的社会属性，使成人成为社会的主力军。

（2）内容不同。初级社会化，主要与未成年人的成熟有关，沿着未成年人的身心成长路线而展开；继续社会化，主要与成年人的社会角色及其期望有关，沿着成年人的社会角色发展变化轨迹而展开。

（3）重点不同。初级社会化，重点在于未成年人系统学习养成素质，适应生活，受动性特点更为明显；继续社会化，重点在于成年人学习素质发挥，创造生活，能动性特点更为突出。

（4）空间不同。未成年人初级社会化的地域空间主要在家庭、学校和社区；成年人继续社会化的空间大大扩展了，不仅在家庭、学校、社区，而且在职场、广阔的社会活动场所。当然，在信息化发展的时代，无论初级社会化还是继续社会化，其空间均扩大了，还包括虚拟空间。

（三）成人继续社会化与成人教育的内在关系

成人作为主体是在与客观环境的交互作用中实现继续社会化的。在这里，客观环境主要是指社会环境，其中包括社会的教育环境。可见，成人教育环境是成人继续社会化的必要的基本条件。特别是 20 世纪 60 年代以来，随着以信息技术为核心的新技术革命的兴起，现代社会呈现着历史性的变化趋势：作为工业主义结晶的社会正让位于伴随信息革命崛起的知识型社会形态。这种转变正以前所未有的广度和深度改变着人们的生产方式、工作方式、学习方式和生活方式。在这样的背景下，成人个体若仅仅依赖于现实生活的自然状态来推进继续社会化，则远远不能适应社会的深刻变革和快速发展；只有将依赖于自然状态的社会化转化为依靠于有目的、有计划的学习实践活动促进继续社会化，才能适应并促进人类文明的发展。实践证明，成人教育，这个"按人和社会全面发展的需要，有目的、有组织为所属社会承认的成人一生任何阶段所提供非传统的、具有自身特色的教育活动"[①]，是促进成人继续社会化的有效途径。反过来说，成人通过接受继续教育，体会到继续社会化的

---

① 叶忠海：《成人教育和职业教育关系研究》，载《教育研究》，1996（2）。

效果，从而进一步激发了参与学习的内在动力，又推动着成人教育的发展。据此，我们说，成人继续社会化与成人教育有着内在紧密的正向相关。

（四）成人教育在成人继续社会化中的功能

研究表明，成人教育在成人继续社会化过程中呈现出如下功能。

1. 引导成人认识自我，在社会发展中正确定位

发展心理学表明，成年期有着很大的年龄跨度，可划分为成年早期、成年中期、成年晚期。成年期诸阶段，个体有着不同的生理特点、认知水平、人格特征和社会性发展。在成人继续社会化过程中，成人教育可引导成人认识自身所处发展阶段的身心特点和社会性发展任务，正确定位在社会发展中的角色，处理好社会人际关系，并随着增龄把握好成年期诸阶段的转型。

2. 帮助成人确立新的价值观和掌握社会规范

纵观人的成长和发展过程，达到成年标准的成年人，不仅要掌握和规范学习生活、家庭生活的道德，而且要学习、掌握与规范职业生活道德、社会生活道德、政治思想品德。这是作为成年人的基本要求。特别是在当今时代，全球化趋势正在全方位深入发展，"共生"、"共进"、"共荣"等全球意识和全球价值观在世界逐步被认同和接受。在我国，正在推进社会主义核心价值体系建设，包括：坚持马克思主义指导地位；坚定中国特色社会主义共同理想，弘扬以爱国主义为核心的民族精神和以改革创新为核心的时代精神；树立和践行社会主义荣辱观等。新时代、新时期所赋予的新的价值观和社会规范，如何在全社会营造，如何植根于社会成员，显然仅仅依赖于一般性社会舆论宣传和一般性安排学习是远远不够的，必须把新的价值体系建设融入到改革开放和社会主义现代化建设全过程和各领域。其中，强化教育引导、健全制度保障是最基本的途径和载体。对此，成人教育可充分发挥其特有的功能，不仅可帮助成人学习、掌握新的价值观和社会规范的内涵、要点和意义，引导成人践行新的价值观和社会规范，适应社会生活新要求，而且可使成人成为新价值体系建设的主力军，成为未成年人的示范榜样，带动未成年人共同建设。

3. 帮助成人掌握适应社会生活必需的知识和能力

在当代，现代科学技术突飞猛进，渗透到社会各领域。科学社会化，社会科学化，正在改变着社会生产和社会生活，给人类社会带来深刻的变化。成人为了避免成为社会新文盲——功能性文盲，如科盲，适应社会深刻变革和发展，就得接受继续教育。成人教育可帮助成人有效地学习、更新、充实社会生产工作和生活所必需的理论知识、技能和能力，以适应社会发展新要求，达到可持续发展。

二、人的专业化与成人教育

（一）专业化与人的专业化

所谓专业化，是指学业门类专门化或职业门类专门化。具体来说，它是指从事

某种专业（职业）的人们，努力促使该专业（职业）发展出与其他专业（职业）不同特征的一种过程。

关于专业化的标准，国内外有关学术管理机构和学者作了不同程度的探讨。1962年，格林伍德（Greenwood）曾提出专业化五项标准：（1）系统的理论体系；（2）专业权威；（3）社群认可；（4）支配性的伦理原则；（5）专业文化。我国国家技术监督局于1992年在制定国家标准《学科分类与代码》时，提出的标准为：（1）理论体系和专门方法的形成；（2）有关科学家群体的出现；（3）有关研究机构、教学单位及学术团体的建立，并开展有效的活动；（4）有关专著和出版物的问世等。我国台湾学者胡梦鲸于1995年提出了专业化的7项标准：（1）理论体系；（2）专业组织；（3）专业人才培训；（4）专业技术；（5）专业伦理；（6）社群认可；（7）专业证照。

笔者赞同胡梦鲸的观点，并于2000年在所著的《社区教育学基础》一书中指出：衡量专业化最重要的标准是三条：（1）专业理论，它是某个学术领域能否独立形成一门学科的基本条件，也是该领域实务活动的科学基础；（2）专业教育，即专业人才培养；（3）专业权威，即专业的学术代表（个体和群体），专业理论的创立、载体以及后续发展在于专业代表。可见，衡量某一专业（职业）是否专业化及其程度如何，应首先用这三项标准衡量。

关于人的专业化，如前所述，指的是由具有一般智能的人向具有专业智能的人的转化过程。换句话说，人的专业化，即由简单形态的劳动力转化为专业形态劳动力的过程。衡量人的专业化的标准，应从下列方面加以思考：

——树立专业工作者特有的价值观念和理想；

——形成专业工作者的职业品质和个性心理品格；

——构筑本专业的知识和能力结构；

——参与本专业专门的职业团体及其活动，并在其中发挥作用；

——持证上岗，即持有上岗的"资格证书"，或具有接受过系统训练的"专业文凭"、"学业证书"。

（二）人的专业化与成人教育的内在关系

马克思曾明确指出："要改变一般人的本性，使它获得一定劳动部门的技能和技巧，成为发达的和专门的劳动力，就要有一定的教育或训练"[①]。"教育会生产劳动能力。"这对成人教育而言尤为明显。笔者认为，成人教育在"生产劳动能力"方面主要表现为：改变成人劳动能力的性质；提高成人劳动能力的水平；改变成人劳动力形态；全面持久地影响成人劳动能力的发展。就改变成人劳动力形态而言，成人教育可使成人由简单形态的劳动力转化为具有特定技能和技巧的专业形态劳动力，由以体力劳动形态为主的劳动力改变为以脑力劳动形态为主的劳动力。这正如马克思所说，成人教育"使劳动能力具有专门性"。可见，成人教育是人的专业化必不可少的基本条件。没有成人教育，很难想象成人能科学有效地持续专业化。当然，成

87

---

① 《马克思恩格斯文集》，第五卷，200页，北京，人民出版社，2009。

第七章　人的成长、发展与教育

人专业化需求越迫切、范围越广泛，则越能刺激成人教育发展。据此，人的专业化与成人教育发展也呈现出内在紧密的正向相关。

关于成人教育在人的专业化中的功能，至少可从如下方面加以分析：

第一，引导成人树立本专业特有的价值观和形成本专业的职业品质。具体而言，成人教育引导成人学习者在本专业（职业）领域内贡献力量，在作出贡献中实现自身的社会价值，并在职业熏陶、业务磨炼过程中打造本职业的优良品质。

第二，弥补和加强专业结构的缺陷和薄弱环节。由于历史和社会等多种因素，成人往往在本专业（职业）岗位上存在着专业结构的缺陷或薄弱环节，以至于影响职业胜任力。要改变这种现状，实践证明成人教育是成人弥补和加强专业结构的缺陷和薄弱环节的有效途径。

第三，增新和改组专业智能，保持和发展专业创造力。现代科学发展表明，不断变革的加速发展，致使知识的"创造周期"、"物化周期"、"更新周期"日益缩短；高度分化、高度综合的整体化趋势占主导地位日益强烈，是现代科学发展的两大特征。前者要求成人智能不断增新，防止知识和技能陈旧；后者要求成人必须改组智能结构，使智能结构形态由线性状转化为具有综合性的特点。只有这样，成人的专业创造力才能得到保持和发展。为实现上述目标，成人接受大学后继续教育是其基本途径和举措。

第四，摆脱职业局限性的束缚，通向全面发展的新人。在马克思和恩格斯看来，人的全面发展是指个人的各方面才能自由而充分地发展，使其成为各方面有能力的、能把不同社会职能当作互相交替的活动方式的人。随着社会形态的推进、科学技术的发展，通过持久的继续教育，成人可以逐步向这个方面迈进。一是成人继续教育可使成人形成较佳智能结构，具有从一个领域向另一个领域转换的能力，能适应工作转换及岗位变动，能在多个领域为社会作贡献。这样，成人受职业分工局限性的影响会逐渐削弱，为一专多能的复合型人才的大量涌现开辟了广阔的途径。二是成人继续教育可促进成人逐步体脑结合。成人继续教育的一个根本教学原则是按需施教、学用结合，教学必须结合生产、科学实验，实行学用一致，使处于生产、科研第一线的成人，既具有理论知识又有实践经验，为他们体脑结合创造有利条件。当然，人的自由而全面发展问题，只有到社会主义高级形态才能从根本上解决，然而当今条件下，成人继续教育毕竟为成人实现这个理想架起了一座桥梁。

三、人的个性化与成人教育

（一）人的个性化的含义和意义

心理学认为，"个性"的概念可以从广义和狭义两方面来理解。广义的个性，是指人的个性倾向性、个性心理特征、心理过程和状态，以及自我调节系统等基本方面构成的有机综合的心理结构。狭义的个性，是指受一定个性倾向性制约的个性心理特征。对此，美国心理学家奥尔波特称个性特质，认为特质是个人所具有的神经心理结构，是一般化了的行为倾向，是使个人对不同刺激产生一贯性行为的能力。在这里，笔者采用"个性"的狭义定义，并赞同奥尔波特的特质观点，个性即受一定个性倾向性制约的心理特质。据此，所谓人的个性化，是指在人与环境的交互作用中，随增龄人发展出与其他人不同心理特质的过程。

在奥尔波特看来，特质可分为一般特质和特有特质。后者属个人所有，具有个体差异性。特有特质，又可分为"首要特质"、"中心特质"、"次要特质"。其中，"中心特质"是构成个性结构的主要成分，构成一个人的独特个性。特质具有独特性、情境性和相对稳定性的特点。而这些特点，正是个体创造实践成功的必备因素。人才成功也表明，没有个性，就没有自主创新，也就没有人才。大凡创新成功，均是建立在个体独立自主思维品格和独特的"智能结构"基础上的。可见，人的个性化是人的发展和社会发展的内在动力，国家和社会在强调人的社会化的同时，均要保护并促进人的个性化。

（二）人的个性化的必然性

从哲学视野来看，人是两种基因构成的：物种（自然）基因和文化（社会）基因。物种基因构成了人的"本能生命"，也称"种生命"，这是与动物相同的生命；在物种基因的基础上，文化基因又创生了人的自为生命，即自主生命，又称为"类生命"。这种"类生命"具体化到现实的个人，由于每个人所处的环境不一，能获得的文化基因各不相同，个人对这种基因的运用和发挥也各不相同，因而体现在每个人身上的人的类性本质就有了差异性，由此形成和发展每个人不同的"人格生命"。可见，人的个性化是人的生命自我分化和发展的必然。

从社会学视角来分析，由于个体在成长和发展过程中所承担的社会角色不同，所处的社会地位不同，所接触的社会事物不同，因而必然带来个体获取、积累和运用经验的差异，造成人的经验组合方式的个性化。而经验是形成人的个性的基础，没有经验就没有个性，没有经验组成方式的差异，就没有个性形成的差异。可见，人的个性化是人的经验构成差异性的必然。

从心理学视域而言，人的发展是先天与后天交互作用的过程。由于每个个体的先天条件不同，更主要的是由于后天所受的环境影响，以及所从事的社会实践的不同，因而形成了人的个性心理特征。可见，人的个性化，是先天与后天交互作用的必然。

（三）成人教育在人的个性化中的功能

1. 积极引导和发展成人的创造特质，促进自主创新

笔者认为，提升自主创新能力的前提和首要条件是自主。没有自主（内在自由和外在自由）就没有创新。成人教育可培育成人学习者的创造特质——独特性、自信性、勇敢性、坚韧性，引导成人学习者形成和发扬独立自主的思维品格，科学而有效地提升成人的自主创新能力。

2. 引导成人正确把握个性化与社会化的关系

成人教育可引导成人学习者认识到：人的社会化是对成人的共同的基本要求；人的个性化，是对每个成人的特殊要求，两者是一般与个别的关系。人的个性化，要以人的社会化为前提，置于社会化过程之中，不能离开一定的社会条件；人的社

会化，又通过人的个性化得以体现，并在个性化基础上不断发展。总之，在人的发展过程中，个性化与社会化互为条件，辩证统一于人的发展过程之中。据此，成人教育还应引导成人学习者做到个人的目标选择与社会的客观需要相统一，摆正个体在社会关系之中的位置，正确处理个人与集体、个人与社会的关系，这对推动社会进步与个人健康发展均有重要的意义。

第八章

成年早期的教育原理和设计

导言

在第七章总体论述人的成长、发展及其与教育的关系这个基本问题的基础上，自第八章至第十章具体阐明成年期各阶段的教育原理和设计。本章就成年早期教育的身心基础和依据、成年早期教育的意义和设计、成年早期女性教育的差异性等基本问题作了探索。

第一节　成年早期教育的身心基础和依据

成年早期，从年龄分布来看，一般处于 18～35 岁。其中，18～25 岁与青年期交叉重叠。按成年标准，18 周岁以上的在业青年归入成年早期之列。

一、成年早期的生理特点和认知水平

（一）成年早期的生理特点

据研究，成年早期体能处于巅峰期，表现为精力旺盛，最具活力。感觉能力达到了前所未见的灵敏程度：尽管视力在弹性上已有些变化，然而听觉在成年早期仍处于高水平状态（见图 8—1）；味觉、嗅觉以及触觉和痛觉的灵敏度均保持良好的状态。心理运动能力达到最佳状态：反应快、肌肉力量增加、手眼协调能力比其他任何时期都强。

（二）成年早期的认知水平

研究表明，人在 30 岁左右，知觉能力仍在很高水平；记忆力已达成熟阶段，25～30 岁正处于最佳状态；比较和判断能力也发展到高峰，思维的广度和深度，特别是辩证逻辑的思维能力得到了较完善的发展；想象力特别是创造性想象也得到充

分发展。由此，这个时期，各种基本认知能力的"合金"——学习能力在30岁前是上升的，30岁左右达到或进入顶峰时期。对此，有人根据麦尔斯的研究，整理成表8—1。

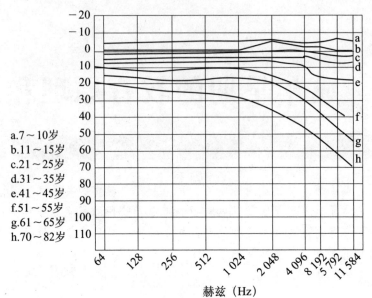

a.7～10岁
b.11～15岁
c.21～25岁
d.31～35岁
e.41～45岁
f.51～55岁
g.61～65岁
h.70～82岁

赫兹（Hz）

图8—1　各年龄段的听力

表8—1　　　　　　　　　　　　智力与年龄的关系

年龄（岁） 智力	10～17	18～29	30～49	50～69	70～89
知　觉	100	95	93	76	46
记　忆	95	100	92	83	55
比较与判断	72	90	100	87	67
动作和反应速度	88	100	97	92	71

从国内外智力测验的结果来看，1955年韦克斯勒成人智力测验的结果表明，人的学习能力顶点为25～29岁，后来的智力测验的结果也表明，人的学习能力在30岁前是上升的。

从人的脑生理发展来看，人的神经系统的发展，虽在20岁左右大体告成，但大脑额叶和颞叶部位中同高级智力活动有关的脑细胞发育较迟，到了成人也尚未完成。颞叶是记忆中枢，额叶是思维中枢。在这些部位的脑细胞发育尚未完成时，不能说学习能力已达到顶点。因此，学习能力的高峰由原先认为的20岁左右推迟到30岁左右是有一定道理的。

二、成年早期的人格特征和社会性发展

（一）成年早期的人格特征

研究表明，该时期人格特点可归纳为如下两点。

1. 独立自主性的形成

正如前述，成年早期前阶段与青年期交叉重叠，青年期正是建立自我同一性的阶段，个体有了对自我认识的整合能力，能把自己的各种身份感综合成一个统一的自我形象。在进入成年早期后阶段，个体在建立自我同一性基础上，发展形成的独立自主性成为成人典型的心理特征。独立自主的成人，具有能作为权利、义务的主体的独立资格，即具有自主的人格。于是，其明显表现出独立性、自尊心、自信心和好胜心，他们自信用自己的力量能开辟自己的人生道路，并要求别人承认他的独立地位和具有对自我生活负责的能力。

2. 亲密感的产生

该时期的成人，一方面十分重视个体独立自主，另一方面又明显表现出亲密感，即特别需要与他人建立亲密关系。这种亲密关系，存在于任何涉及两个成人情感义务的关系之中，包括夫妻关系、家庭成员关系、朋友关系、同事关系等，还反映在个体自身与社团的参与关系之中。相对于前成年期青年而言，该时期成人的成熟，在很大程度上就反映在独立性与亲密感的平衡能力上，在不丧失个体独立性的前提下，与人建立亲密关系，参与社团活动。对此，美国心理学家艾里克森认为，亲密与孤立的对立标志着向成年期的转变。

（二）成年早期的社会性发展

基于成年早期处于前成年期与成年期的过渡阶段，该阶段的社会性发展具有两重性：一方面，仍带有某种程度的预备性特征：学习职业智能，促进日后在职业上站住脚跟；学习交往，与周围的人建立亲密共事的关系；学习正确估计评价自己，设计与社会需要相一致的努力目标和生活道路；选择配偶，建立家庭，学会与配偶生活和管理家庭等。另一方面，则带有确定性、现实性的特征，这正如马克思所说，既然"作为确定的人，现实的人，你就有规定，就有使命，就有任务"。当未成年人一旦进入成人世界，他就受到社会分工——职业岗位的制约，担负一定的社会职责，并随着个人在家庭地位中的变化，承担着个人生计和部分家庭生计。总之，成年早期，是人生道路上的转折阶段。社会学家往往把下列的"社会时钟"定义为进入成年期的标志：（1）结束校园生活；（2）开始工作并在经济上独立；（3）离家独立生活；（4）结婚；（5）为人父母。这些标志性社会事件体现了个体开始承担新的社会角色和责任。每一个处于成年早期的人，均会遇到一系列新情况和新问题，要求人们适应和创造生活，所谓"三十而立"就是十分形象的比喻。

第二节　成年早期教育的意义和设计

一、成年早期教育的意义

成年早期，是人生生命中最具活力、创造力最旺盛的时期。从年龄分布而言，成年早期处于18～35岁，即青年时期。可见，成年早期的教育，实质为青年人才开发，带有战略性的价值。

（一）从社会发展而言：青年决定着社会的未来和可持续发展

青年，是人生的朝阳、朝气的象征、革新的代表、希望的所在；青年是社会人群中思想最解放、精力最充沛、探索最积极、最具有创新性的人群；青年是革命和建设的先锋力量，整个革命和建设结局都将取决于青年。新陈代谢——宇宙发展的不可抗拒的普遍规律，即青年人最终将代替老年人。正如列宁所说：未来属于青年。据此，青年开发和成长如何，直接关系到人类社会的现实和未来。可见，成年早期的教育，对社会的未来发展具有战略性的意义。

（二）从人的发展而言：青年是人才成长打基础的阶段

人才学研究表明，人才成长和发展可以分为创造素质形成期、初创实践成才期和持续创造发展期。成年早期的青年，一般仍处于创造素质形成期、初创实践成才期。据此，对青年开发如何，直接关系到青年人才素质形成的质量和水平，初创实践的成功率；更何况，青年具有巨大的潜能和优势，包括体能、脑能、智能、创造能等。这些潜能和优势开发程度如何，又关系到日后他们的发展。可见，成年早期的教育，对人的未来发展也具有战略性的意义。

二、成年早期的教育设计

（一）教育目标

根据成年早期的身心特点、社会性发展，该时期的成人教育的目标应为：打好基础、整体发展、成才起飞。

（1）打好基础，即打好成年早期学习者成才发展的基础。这个基础必须是扎实而全面的，包括德、智、体、美等方面。就知识基础而言，成年早期学习者应掌握一般文明的基础知识，注意各学科基础知识体系；在此基础上，掌握专业领域的专业理论知识和专业技能。在此同时，学习者在掌握各种基本认知能力的基础上，培养本专业的特殊能力和创新能力。概言之，通过该时期的成人教育，力求使成年早期学习者建立某专业的最佳智能结构，为日后成才和全面发展打下良好的基础。

（2）整体发展，一是指成年早期学习者的素质得到整体性发展，即构成人才的五大要素——德（品德）、识（见识）、才（才能）、学（学问、知识）、体（体质）得以协调发展；二是指成年早期学习者具有把握独立性与亲密感之间、成家与立业之间的平衡能力。

（3）成才起飞，指成年早期学习者取得创造性实践成功，飞跃成为人才。具体来讲，通过该时期的成人教育，引导成年早期学习者在打好成才基础的同时，积极参与创造实践，在继承前人成果的基础上加以创新，努力取得创造成功。

（二）教育重点

根据成年早期的人格特征和社会性发展，为实现该时期成人教育的目标，其教育重点可归纳为如下方面：

（1）引导成年早期学习者"学会自我认同"。即通过成人教育，引导学习者正确估计自己，力求使个体内在的自我认识与外在对其的认识、评价、期望大体一致。

（2）引导成年早期学习者"学会选择"。即通过成人教育，引导学习者学会选择职业和确立成才目标。

（3）引导成人早期学习者"学会创业创新"。即通过成人教育，引导学习者树立社会责任感，着力提高创业创新能力。

（4）引导成年早期学习者"学会交往"。即通过成人教育，引导学习者学会解决亲密感与独立性的矛盾，正确处理人际关系，积极参与社会活动。

（5）引导成年早期学习者"学会生活"。这里主要是指通过成人教育，引导学习者正确对待恋爱、婚姻，对家庭生活负责任。

（三）教育内容

根据上述的教育目标和重点，该时期成人教育内容从总体而言，应是系统、全面而丰富的。就教学而言，应侧重如下几方面：专业基础理论知识和专业技能；发展心理学和青年修养的理论和知识；人才学和职业生涯设计的知识和技能；创造学和创业的知识和技能；家庭学和家庭管理的理论和知识；如此等等。

（四）教育策略

根据成年早期的生理特点、认知水平和人格特征，为实现上述教育目标，宜采取如下的教育教学策略：

（1）方向引导策略，是指通过引导成年早期学习者增强历史使命感和社会责任心，以及认清社会和企业的需要，激发学习者的学习愿望和创业创新意识的教育教学策略。一方面，可通过对学习者进行中国近现代史的爱国主义精神和国际政治经济新格局的形势教育，从历史和现实阐明落后就要挨打的科学道理，从而激发学习者增强历史使命感和社会责任心。另一方面，可通过引导并组织学习者调查研究，向社会、本行业、市场调研，让学习者认清社会和企业需要，从而激发学习愿望和创业创新的意识。

（2）行动实践策略，是指引导和组织成年早期学习者在行动实践中学习成长的教育教学策略。研究表明，创造实践在人才成长中起决定性作用，具有第一位的决定性意义。更何况，处于成年早期的成人，踏上工作岗位、进入成人世界不久，缺少社会生活和工作的实践经验，尤为需要在教育教学中强化实践环节和增加实践成分，在实践中增长才干和造就创造品格。

（3）启发探究策略，是指启发成年早期学习者在知疑和探究问题中学习成长的教育教学策略。研究表明，善于"知疑"，即善于发现和提出问题，是科学发现和人才成功的起点；以探究方式讨论和解决问题，则有利于培养学习者的想象力和创造性思维。更何况，处于成年早期的学习者，想象丰富、思维敏锐、对变革充满着激情，在成人教育教学中采取启发探究策略有利于激发他们学习的潜能和优势，以取得教育教学的优化效果。

（4）互尊平等策略，是指在成人教育教学中教员与学员相互尊重，形成民主、平等、宽松的教学氛围，以取得优化的教育教学效果的策略。正如前述，独立自主性是成年早期的典型心理特征，这种自立人格的倾向，反映在成人学习上，自尊心尤为突出，这就要求在教育教学过程中十分注重尊重成人学习者的人格。正如马尔科姆·诺尔斯所说，"成人教育学的基础是这样一种见解：成人最需要别人把他当成人看待，当作独立的人看待，希望得到尊重"，"这就是成人教育学的中心理论"。研究也表明，学习者的想象力、创造性思维，只有在民主、平等、宽松的环境中才能产生。事实上，独创性思维的孕育和产生，离不开外在和内在的自由。

（5）及时承认策略，是指在成人教育教学中对成年早期学习者的学习成果及时给予认同和激励，以利于调动他们学习积极性的教育教学策略。如前所述，成年早期前阶段，是个体形成自我同一性阶段，教学中采取及时承认策略，有利于他们提升自信心，科学地形成自我认同。从人才成长视角来讲，成年早期往往处于潜人才向显人才转化的时期，教育教学中及时承认学习者的学习成果，也有利于加快人才成长的进程。

（五）成年早期诸阶段教育的特殊性

一般认为，成年早期可分为两个阶段：成年早期前阶段、成年早期后阶段。前阶段的年龄分布为 18～25 岁；后阶段为 25～35 岁。

1. 成年早期前阶段教育的特点

基于成年早期前阶段是前成年期与成年期的过渡阶段，处于该阶段、刚步入成人世界不久的年轻人的发展任务带有双重性的特征：一方面，仍带有某种程度的预备性特征，为承担成人的职责和义务做好准备；另一方面，则带有确定性和现实性特征，担当自己所扮演的社会角色的责任。

据此，该阶段的教育目标，在于为在业青年学习者整体发展、形成创新创造素质、后阶段成才起飞打下坚实的基础。教育重点"五个学会"中应侧重于引导在业青年学习者"学会自我认同"、"学会选择"、"学会交往"。

2. 成年早期后阶段教育的特点

经上述的过渡阶段，处于成年早期后阶段成年人的发展任务具有确定性和现实性的本质特征。他受到自己所承担的社会和家庭的角色制约，担当着特定的社会和家庭的职责。

据此，该阶段的教育目标，在于为该阶段学习者成才起飞服务，使他们从学习锻炼向创造实践飞跃，在初创实践阶段成功。显然，教育重点"五个学会"中应侧重于引导该阶段学习者"学会创业创新"，与此同时，随着学习者结婚成家，还要把"学会生活"作为该阶段教育的重点。

以上我们对成年早期前后两阶段教育作了一般趋势上的比较分析，当然，在教育实践中不能机械、割裂地运作，还必须从成年早期学习者的实际出发来加以把握。

第三节 成年早期女性教育的差异性

一、成年早期女性教育差异性的身心基础和依据

（一）生理特点

现代医学研究表明，由于丘脑—垂体—卵巢轴系活动十分活跃，因而女性青春期发生显著的变化：第二性征明显发育，形成了女性所特有的形态；生殖器官发育成熟并具有生殖机能；中枢神经系统及下丘脑亦随同迅速发展成熟。总之，青春期女性在机体、精神和性行为等方面均变化明显。

生理学研究表明，青年男女两性比较，女性的肌肉量只有男性的40%，肺活量小于男子；骨盆底构造较男子薄弱，子宫、卵巢、输卵管等内生殖器官都位于骨盆内，易受腹压的影响。上述原因造成男女两性力量上的差异，即女性体力差，如握力，女性只及男性的59.6%；下肢肌肉力量，女性只及男性的75%；垂直的爆发力，女性只及男性68.3%；负重更比男性差得多。

（二）认知特点

研究表明，从智力总体功能而言，男女两性是均衡的，然而在智力发展上又有着不同的特色。男性智力分布离差度大，智愚悬殊；女性智力分布比较均匀。据苏联医学科学博士 A. O. 纳瓦卡季克扬和 B. B. 克雷扎诺夫斯卡娅合作研究表明，听觉、视觉运动的反应速度，青年女性比同年龄组男性来得快（见表8—2）；注意力的集中，也是青年女性优于男性，反映在女性能校阅的字母数量比男子多（见表8—3）；直接识记能力，一般来说，青年女性识记的指标也优于男性（见表8—4）。可见，成年早期男女两性在智力上各有千秋，互有长短。

表8—2　　　20～29岁男女两性关于视觉运动选择反应的潜伏期的比较　　（M±m，毫秒）

性　别	受试人数	测验时间		
		早　晨	白　天	傍　晚
男	39	29.8±1.4	30.5±1.3	30.8±1.5
女	35	24.1±1.1	25.2±1.3	28.4±1.3

（M为平均值，m为平均误差值）

资料来源：［苏联］A. O. 纳瓦卡季克扬，B. B. 克雷扎诺夫斯卡娅：《脑力劳动者不同年龄的工作能力》，石家庄，河北科技出版社，1985。

表8—3　　　　　　在［苏联］安菲莫夫校正表中校阅过的字母平均数

年龄（岁）	男　性		女　性	
	人数	M±m	人数	M±m
20～29	116	676±5.1	96	792.7±6.3

资料来源：［苏联］A. O. 纳瓦卡季克扬，B. B. 克雷扎诺夫斯卡娅：《脑力劳动者不同年龄的工作能力》，石家庄，河北科技出版社，1985。

表 8—4	20~29 岁男女两性关于直接识记的指标			(M±m)
	(从显示的 6 种简单几何图形中正确再现的图形数)			
性　别	受试人数	早　晨	白　天	傍　晚
男	38	4.8±0.1	4.4±0.2	4.2±0.2
女	34	4.4±0.2	4.5±0.1	4.5±0.2

　　资料来源：[苏联] A.O.纳瓦卡季克扬，B.B.克雷扎诺夫斯卡娅：《脑力劳动者不同年龄的工作能力》，石家庄，河北科技出版社，1985。

(三) 人格特征

　　研究表明，成年早期女性除具有两性共同的人格特征，如成人感出现、自我意识增强、独立自主性形成、亲密感产生等外，还出现自卑感倾向明显的特点。女性进入青春期后，伴随出现第二性征和性意识，有些女性产生了闭锁心理，阻碍着她们与外界的接触交流，限制了她们的视野。同时，有些女性从小形成的动力定型的认知方式，适应不了学习阶段的转折，从而产生"惯性"的迷惘，往往转化为自卑。再加上两千多年"男尊女卑"传统旧偏见的禁锢，使不少女性在心理上产生自卑，缺乏自信心。这种消极的人格特征，长期潜移默化地影响着女性，成为女性发展的"毒瘤"。

(四) 社会性发展特点

　　一般说来，成年早期女性进入女性"非常期"。所谓非常期，是指从妇女怀孕到孩子周岁为期两年左右的时期。从生理上看，在这一时期内女性经历怀孕、生育、产褥、哺乳等特殊生理过程，生理变化大，分娩又是一种强烈的生理运动，体力消耗大，加上产后一下子难以适应对婴儿的养育，更易感觉疲惫。从心理上看，在这时期内女性首次经历着孕妇、产妇、乳母等角色的激烈变化，其内心一直处于紧张状态，有的显得抑郁，有的显得亢奋，社会角色和家庭角色的冲突，使其情绪不稳、性格急躁。总之，女性处在"非常期"，其生理、心理均处于异常状态。

二、成年早期女性教育的差异性探讨

　　叶忠海曾在 1986 年全国妇女理论研讨会上提出因性施教，即根据女性的身心发展和成才的特点进行针对性教育。根据上述的成年早期女性的生理、认知、人格、社会性发展的特点，对成年早期女性教育的差异性提出如下几点建议。

(一) 引导女性科学地分析自己，克服自卑心理

　　既要承认女性在成长和发展道路上的特殊困难，男女两性在生理、智力发展上的差异性；更要认识男女两性的差异性各有千秋，互有长短，各自都有优势，也均有弱点；还要认识到女性体力差的弱点，随着科技进步、知识社会的到来，对其成功和发展的影响越来越小，而女性的优势对其成功和发展日益显示出明显作用。

(二) 引导女性科学地进行生涯设计

　　除遵循人的发展规律和人才成长规律外，相对于男性而言，女性还应考虑自身

的生理特点和生理周期，以及女性成才的年龄特点和分布特征进行生涯设计，特别是成年早期女性的成才设计，要引导女性扬长避短地进行成才设计，扬长避短是女性成功和发展的基本策略。

（三）引导女性以开放心态参与社会生活

在参与社会生活过程中，克服闭锁心理，养成开放、豁达的心态，开阔视野，形成外向型素质，与变革中的外部环境保持动态平衡。

（四）引导女性注重生理期的卫生保健

成年早期女性经历着女性"四期"：月经期、妊娠期、产褥期、哺乳期。她们的身心健康如何，不仅直接关系到她们的健康和发展，而且直接关系到下一代的健康水平和人才培养。因此，要对成年早期女性开展"四期"卫生保健教育，使她们养成良好的卫生习惯。

第八章 成年早期的教育原理和设计

成年中期的教育原理和设计

导言

本书沿着人的成长和发展的主线具体展开，在第八章阐明成年早期的教育原理和设计的基础上，本章就成年中期教育的身心基础和依据、成年中期教育的意义和设计、成年中期女性教育的差异性等基本问题作了探索。

第一节　成年中期教育的身心基础和依据

成年中期，也称中年期，从年龄分布来看，一般认为处于 35～60 岁。其中，35～50 岁为中年前期；50～60 岁为中年后期。

一、成年中期的生理特点和认知水平

（一）成年中期的生理特点

人进入成年中期后，呈现出下列的生理特点：（1）体力和身高下降：男性和女性身高，分别平均下降 2.5 厘米和 5 厘米；至 60 岁左右，人们平均损失最大体力的 10%。（2）神经、精神活动力比较稳定、平衡。其反映在：已建立的条件反射不易受新异动因的扰乱，对情绪性刺激的反应不像成年早期那样剧烈，中枢神经系统的兴奋和抑制过程比较平衡。（3）其他组织器官多已定型、健全，重要脏器心、肝、肺、肾等处于良好的活动状态，各器官系统功能之间也很协调。（4）免疫力完善，抵抗力强，患病率低，在中年前期尤为如此。据此，成年中期是人一生中发育成熟稳定、功能旺盛健全的时期，可谓年富力强时期。

（二）成年中期的认知水平

研究表明，成年中期的基本认知能力富有特点，学习能力呈现出一种平稳的高原态势，是人才创造最佳年龄区。

1. 富有特点的基本认知能力

从感知力而言，中年人视力大约从 40 岁开始，视敏度下降，近视力损失；听力的敏锐度开始逐渐下降，45 岁以后，对高频声音的听力受损；感知敏锐度减弱，反应时会增长。中年人对客观事物的感知具有较高的精确性和概括性，而未成年人则不然。

从记忆力而言，包括"识记"、"保持"、"再认"或"再现"等过程，中年人均有特点。在"识记"环节上，中年人有意识记、抽象识记、意义识记占主导地位，因而尽管机械识记不如未成年人，但意义识记则超过未成年人。在"保持"环节上，中年人保持率与识记材料的长度、难度、序列、意义、重复率等要素有关。由于生理性、病理性和社会性等原因，对孤立事物的机械性识记，其保持率中年人往往不如未成年人；然而，如果识记的材料有意义、与中年人已有的知识和经验相联系，则中年人保持率不亚于未成年人，或识记材料是有序的，则成人的保持率就高，见图 9—1。在"再认"或"再现"环节上，实验结果表明，再认能力，中年人与未成年人差不多；再现能力，中年人不如未成年人，见图 9—2。

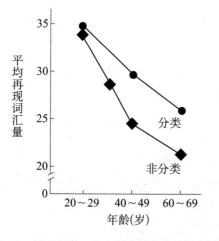

图 9—1　用于分类、非分类课题中的单词再现数　　图 9—2　再现和再认中的年龄差异

概言之，在记忆力方面，相对于未成年人而言，随增龄，中年人特别是中年前期中年人总体上不亚于未成年人，并有独自的特点。就想象力而言，研究表明，中年人由于具备丰富的社会生产和生活的实践经验，易产生接近联想、类似联想、对比联想、因果联想，而各种联想又是产生想象特别是创造想象的基础。因此，中年人的想象力不亚于未成年人，并更具有科学性和更切合实际。纳瓦卡季克扬和克雷扎诺夫斯卡娅对生产技术人员工作能力指标的年龄性动态的研究表明，就独创性和创造性想象力而言，成人的平均水平高于青少年儿童，见图 9—3。就思维力而言，相对于未成年人来说，毫无疑问，中年人辩证逻辑思维能力有了进一步发展，比较判断、抽象概括、演绎推理、分析和综合等能力均超过未成年人。

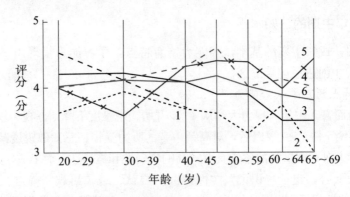

1—工程师，2—主任工程师，3—组长，4—主任专家，5—部门主任，6—各组总平均

图9—3　对担任各种职务的不同年龄者的创造性想象力和独创性的评分

2. 学习能力处于平稳的"高原期"

如前所述，人的学习能力是以各种智力要素——基本认知能力为心理基础，因为成年中期各基本认知能力仍保持着相当高的水平，因而该时期学习能力呈现出一种平稳的"高原期"的态势。对此，国外心理学家对人的学习能力的纵向研究结果说明了这一点，见图9—4。

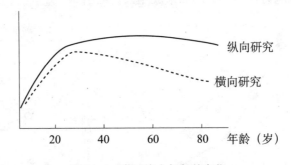

图9—4　学习能力与年龄变化

同时，国外学者还对高智能者和低智能者的学习能力分别作了研究。尽管智能高低不同的成人的学习能力，随增龄其变化有区别，然而30～50岁时均呈现平衡发展态势，只是不同水平上的平稳发展而已，见图9—5。

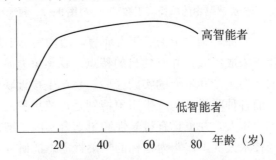

图9—5　高智能者与低智能者的学习能力和年龄曲线（纵向研究）

对此，美国心理学家卡特尔和霍恩于1963年也曾作了目前被人们公认的解释：

人的智力包括晶化性智力和液化性智力两部分。前者随增龄逐渐提升；后者似乎进入青年期达到高峰，以后随增龄逐步下降。人进入中年期后，可以不断提升的晶化性智力来弥补液化性智力的下降，因而智力总体功能并不随增龄而降低，从而使中年人的学习能力处在相对稳定的高水平的"高原期"，见图9—6。

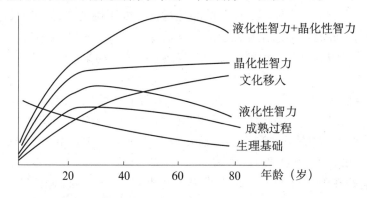

液化性智力+晶化性智力

晶化性智力
文化移入

液化性智力
成熟过程
生理基础

年龄（岁）

图9—6　液化性智力与晶化性智力：有关变量与年龄趋势

3. 创造能力处于最佳年龄区

人才学界认为，当人才创造成果的数量和质量达到高潮时的年龄阶段，即为人才创造最佳年龄区。该年龄区，包括区间年龄和峰值年龄。以诺贝尔自然科学奖获得者为例，30～50岁是获得者取得成果的最佳年龄区，占调查总数的74.8%（见表9—1）。这种人才创造最佳年龄的规律性现象，与成年中期个体学习能力处于"高原期"的规律性现象是相吻合的。

表9—1　　　　　　诺贝尔自然科学奖获得者取得成果的年龄统计表

项目 / 人数·年龄	取得成果的年龄	25岁以下	26～30岁	31～35岁	36～40岁	41～45岁	46～50岁	51岁以上
物理奖（111人）	人数	9	18	33	14	22	11	4
	（%）	8.1	16.2	29.7	12.6	19.8	9.9	3.6
化学奖（91人）	人数	3	10	19	20	16	13	10
	（%）	3.3	11.0	20.9	22.0	17.6	14.3	11.0
生理医学奖（103人）	人数	3	6	18	34	15	13	14
	（%）	3.0	5.8	17.5	33.0	14.6	12.6	13.6
总计（305人）	人数	15	34	70	68	53	37	28
	（%）	4.9	11.1	23.0	22.3	17.4	12.1	9.2

二、成年中期的人格特征和社会性发展

（一）成年中期的人格特征

研究表明，该时期人格发展较为稳定，其特征主要表现为：

（1）典型的个体同一性。进入成年中期的成人，原来具有的自我同一性得到进一步发展。其不仅反映在个体的自我整合能力，有了"自我认同"，更发展为这种

"自我认同"与社会评价的一致，即主客体对"个体认同"的统一。如果说"自我同一性"的"自我认同"是初步的"自我认同"，那么"个体同一性"的"自我认同"则是成熟的"自我认同"。对此，叶忠海早在 1987 年主编的《职工教育心理学》中就明确指出这点。相对于成年早期个体而言，"个体同一性"在中年人身上反映得较为典型。中年人有了"个体同一性"的心理特征，能正确地选择适应社会环境的社会角色，做到个人的目标选择与社会的客观需要相统一；能正确估价自己，摆正个体在社会关系之中的位置，正确处理个人与他人、个人与集体、个人与社会的关系，这对促进个体的健康发展和推动社会进步均有积极的意义。

（2）成就感较为突出。一般来说，成年中期个体已成家立业，积累了较为丰富而个性化的经验，具备有效解决工作和生活中的问题的知识技能，从而产生在家庭生活和职业上的责任心和创造力感，以及为家庭、单位和社会发展作贡献的成就感。对此，美国心理学家夏埃（K. Warner Schaie）和威里斯（Shcrry L. Willis）夫妇在他们合著的《成人发展与老龄化》一书内，把"创造"与"责任"作为成年中期的典型人格特征，并认为成年中期是人的责任阶段（responsible stage）和执行阶段（executive stage）。前者是指已进入中年的成年人，主要关注如何保护和照顾其配偶、家庭和事业等问题；后者是指进入中年中后期的成人，其视野更为开阔，更为关注广阔的世界，不仅关注自身的生活，而且参与社会机构及其活动。在艾里克森人格发展理论中，则把成年中期人格发展归结为创造感对停滞感，即一个人在成年中期表现出为家庭、社区、工作和社会作贡献的创造感，若不能"创造"，就会产生停滞感，进入停滞状态。"那些关注他们所生育的孩子、关注他们所创造的作品、关注他们生活的社会中他人的福利的人，才是真正成熟的成年人"。

（二）成年中期的社会性发展

基于成年中期是年富力强时期，是人一生中创造的最佳年龄，因而中年期是具有最强的生产力、大有作为实现目标的一段年华。中年人承担着多重的社会责任：在家庭内，既要抚养子女，使孩子成为有理智、有能力的成人，又要同配偶建立令人满意的关系，还要照料年迈的父母，使父母能健康年老化。在社会上，既要出色工作，达到令自己与组织满意的表现，又要承担公民角色义务，参与社会（社区）的公共治理。对此，哈维格斯特列举了中年人所面临的特殊的发展任务：（1）接受和调整中年期的心理变化；（2）在工作中，达到并维持令人满意的表现；（3）适应衰老的父母；（4）帮助自己十几岁的孩子变成一个负责任、快乐的成人；（5）把配偶作为独立的人而与之发生联系；（6）承担社会的、市民的责任；（7）发展业余休闲活动。

可见，中年承担着相当繁重的社会任务，是人的自我发展及其与社会交互作用最为频繁的生命发展阶段，是各种矛盾的集中时期。生理矛盾、家庭矛盾、学习与工作的矛盾、社会矛盾等往往接踵而来，均需中年人妥善解决。因此，中年人一方面对时间十分珍惜，有强烈的时间感；另一方面，也由此打造了中年人的协调能力。

第二节 成年中期教育的意义和设计

一、成年中期教育的意义

(一) 从社会发展来看

正如前述，中年人承担着多重的社会责任，因而他们是承担家庭和社会职责的主力军，是各行各业的工作骨干，是整个社会的主心骨，在社会发展中起着顶梁柱的中坚作用。不仅如此，中年在社会发展中还起着承上启下的传承作用，继承并创新老一代造就的文明成果，传播给年青一代。基于中年人在社会发展中的作用，人们生动地把中年期誉为"钻石的年代"。中年人健康发展，发挥应有作用，直接关系到社会的可持续发展，而做到这些，又离不开成人教育。可见，成年中期教育，在社会发展中具有不可忽视的重要作用。

(二) 从人的发展来看

基于中年期是人的学习能力的"高原期"和人才创造最佳年龄区，中年期应是人的发展的"高潮期"。中年人潜能能否被充分开发，各种矛盾能否被妥善解决，优势能否被着力发挥，均直接关系到人的发展状态和水平：是保持持续发展状态，达到人的发展的高峰；还是处于停滞状态，甚至是走"下坡路"的开始。而中年人要达到上述的积极状态，显然离不开成人教育。可见，成年中期教育在人的发展中具有举足轻重的直接促进作用。

二、成年中期的教育设计

(一) 教育目标

根据成年中期的身心特点、社会性发展任务，该时期成人教育的目标应为：提升"三力"，促进创造，和谐发展。

1. 提升"三力"，即指提升中年学习者的创造力、转移力和调节力

（1）着力提升创造力。在这里是指自主创新能力。这是由成年中期个体的认知和创造水平、成就感的人格特征、社会性发展任务以及社会期望所决定的。

（2）着力提升转移力。在这里是指职业（专业）转移能力。这主要由成年中期个体的认知能力和创造水平变化而决定。人才成长研究表明，一般认为，中年前期，由于个体的学习能力仍处在"高原期"，人才创造仍处在最佳年龄，因而其创造目标一般可着重于纵向创造，即对专业学科的纵深研究，从而达到创造目标。中年后期个体，基于其学习能力和创造力，总体上来说开始逐渐下降，然而其实践经验更为丰富，知识面更为宽广，由此更为适合横向、综合创造，从专业（学科）的交叉、综合上研究，从而达到创造目标。当然，上述的阶段之分，不是绝对的、机械的，

要视每位中年人的实际情况的不同而异。

(3) 着力提升调节力。在这里主要是指生理、心理调节能力。正如前述，中年期是各种矛盾的集中时期，特别是中年女性还需面对更年期的"生理转弯"，因此这一时期需要中年人有比较强的身心调节能力，特别是经受挫折的承受能力，以自己坚强的意志和自制力，渡过西方发展心理学界提出的所谓"中年危机"。

2. 促进创造

即促进中年学习者敢于、善于创造实践，取得创造成功。为此，通过成人教育教学，力求使中年学习者具备创新素质，包括创新意识、创造才能和创造个性，并掌握创造成功规律、技巧和方法等。

3. 和谐发展

即中年学习者的家庭与事业、生理与心理、人才要素之间的和谐而全面发展，这才可谓达到中年个体发展的理想境界。这些均给成年中期教育教学提出了严峻的挑战。

(二) 教育重点

根据成年中期个体的身心特点和社会性发展任务，为实现该时期教育目标，其教育教学重点可归纳为如下方面：

(1) 引导中年学习者积极创造。即通过成人教育，引导和组织成人学习者参与实践，努力创造，多作贡献。为此，应开展创造教育，激发学习者创新意识，训练学习者创造才能，培养学习者创造个性。

(2) 引导中年学习者善于转换。即通过成人教育，指导成人学习者随增龄转换自己的职业（专业）领域，转变自己的发展模式。

(3) 引导中年学习者学会身心调节。即通过成人教育，不仅指导他们事业和家庭发展的成功，而且引导他们注重生活节奏和心理卫生，学会调节和控制自己的情绪，保持乐观、豁达的积极情绪，培养心理相容的品格。乐观豁达既是维持人体健康的"精神维生素"，也是克服一切困难的心理力量。

(三) 教育内容

根据上述的教育目标和重点，该时期教育内容应强调针对性、实效性，并在此基础上力求先进性、前沿性。就其教学而言，可侧重如下的内容：本专业理论知识和专业技能；创造学和创新能力开发的知识和技能；人才学和人才资源开发的知识和技能；科学技术发展史知识；心理卫生和生理保健知识；如此等等。

(四) 教育模式

除传统常用的学校课堂式的教育教学模式外，根据中年期教育目标和重点、中年人社会角色和身心特点，反映中年人教育教学特色的模式有如下多种：

(1) 行动式，指在中年学习者工作（生产）实践时对其所进行的教育教学模式。

(2) 现场式，指在工作现场观察或效仿他人在工作时的行为进行学习的教育教学模式。

(3) 远程式，指运用广播、电视、计算机、网络等信息通道对远距离的中年学习者所进行的教育教学模式。

（4）自学考试式，指中年学习者在成人教育工作者的指导下，通过自学考试达到教学要求的教育教学模式。

（5）分时式，指施教者根据学习者现状，分不同时段，设计不同教学内容，通过不同的教学手段所进行的教育教学模式。

（五）教育策略

根据成年中期的认知特点、人格特征，以及社会性发展任务，为有效地实现教育目标，宜采取如下的教育教学策略：

（1）按需施教策略，是指按照中年学习者的需要实施教育教学，以达到学以致用，取得优化效果的教育教学策略。显然，采取该策略，是由成人发展任务的确定性、现实性，成人人格特征成就感，以及由此引导出的教学基本规律——工学结合律所决定的。成人希望所学内容为他们实现预定目标服务。实践证明，在教学过程中，以问题为中心组织教学，或以项目为教学与工作的连结点，能有效地带动教学优化。

（2）参与合作策略，是指由中年学习者作为主体，参与教育教学全过程，教员与学员优势互补，共同合作来实现目标的教育教学策略。这是由成年中期的个体具有相当高的心理成熟水平、个体发展度，以及由此引导出的教学基本规律——教员学员智能互补律所规定的。实践证明，在成人教育教学过程中，若能把教员的智能优势与学员的特长经验组合互补，就能取得优化的效果。这正如第三次世界成人教育大会所指出的那样，在教育教学过程中，教员和学员之间是一种共同参与和互教为基础的组合关系。

（3）扬长避短策略，是指成人教育教学过程中，应依据中年学习者的认知特点，扬学习者的认知长处，避免学习者的认知短处，以取得优化效果的教育教学策略。例如，在记忆方面，中年人的机械识记不如未成年人，而意义识记又超过未成年人，那就要求教员在讲授新知识时，应努力与中年学习者原有的经验和当前工作联系起来。又如，成人识记的保持水平与构成识记材料的要素（长度、难度、序列、意义、重复率）有关，因而教学材料的编写就要考虑：材料的长度——精选性，材料的难度——适宜性，材料的序列——内在逻辑性，材料的意义——针对性和学用一致性，材料的重复率——前后联系性。实践证明，这样的教学材料，有利于中年学习者提高对识记材料的保持水平。

（六）成年中期诸阶段教育的特殊性

1. 中年前期教育的特点

中年前期，既是人一生中年富力强、创造的最佳年龄阶段，又是各种矛盾的集中时期。据此，该阶段的教育目标，在于着力提升该阶段学习者的创造力、调节力。相应的教育重点，应引导该阶段学习者积极创造实践，使创造成果的数量和质量达到高潮水平，努力实现人才价值的最大化。在此同时，应引导处于中年前期的学习者学会身心调节，善于处理各种矛盾，注重心理卫生和健康。

2. 中年后期教育的特点

研究表明，处于中年后期的中老年，其认知能力和创造力，总体上来说开始逐渐下降，特别是其中的记忆能力，见表9—2。然而其实践经验更为丰富，知识面更为宽广，由此更为适宜横向、综合创造，从而达到创造成功。据此，该阶段的教育目标，在于继续着力提升中老年学习者创造力的同时，着力提升职业（专业）转移力。相应的教育重点，应引导该阶段中老年转换职业（专业）领域或主攻方向，转变自己的发展模式，这在人文社会科学领域尤为需要。

一般认为，55～60岁为准老年期。进入准老年期的准老年人，由于离退休年限不远，往往易产生各种消极心态，如消沉心态、等待心态等，甚至出现不应有现象，如"59岁现象"。不仅如此，若退休前心理准备不足，退休后又会产生所谓的"退休综合征"。可见，该阶段需开展退休预备性教育。该教育的主要目的是引导准老年人正确认识和对待退休问题，做好退休前认知、态度、规划等各种准备，以积极心态迎接退休期的到来。

表9—2　　　　　　　　　　　18～50岁心理功能变化表

年龄	记忆	思维	注意	年龄	记忆	思维	注意
18	102	101	98	35	94	94	99
19	104	101	97	36	90	95	94
20	102	108	98	37	93	97	94
21	100	101	97	38	93	93	99
22	100	100	101	39	90	100	95
23	102	106	99	40	93	97	93
24	102	99	102	41	91	92	102
25	96	105	99	42	90	84	98
26	92	92	92	43	87	87	93
27	97	96	100	44	91	94	96
28	98	94	103	45	83	91	94
29	101	98	104	46	84	88	94
30	103	102	102	47	87	98	93
31	98	100	100	48	83	91	91
32	98	104	104	49	83	86	81
33	98	103	105	50	77	84	88
34	97	96	101	注：表格中数字系按年龄达到的水平指数			

资料来源：［苏联］B. 奥奴什金主编，杨希钺、叶忠海、王恩发译：《连续教育的理论基础》，156页，北京，中国劳动出版社，1992。

第三节　成年中期女性教育的差异性

一、成年中期女性教育差异性的身心基础和依据

（一）生理特点

中年女性，在更年期前发育成熟稳定，功能旺盛健全，神经、心理活动比较稳定、平衡。然而，中年女性进入更年期，是生理上的一个重要变化时期。目前认为，其变化最显著、最有影响的是卵巢。一般情况下，女性在50岁左右卵巢开始衰退萎

缩，其与下丘脑、垂体、肾上腺等内分泌器官的平衡制约关系失调，身体的各器官系统由此发生了一系列变化。这些变化引起的症状，称为更年期综合征。这对中年女性来说，是一个必然经历的生理过程，或早或晚、或轻或重、或长或短，情况不一，必须实事求是地认真对待。

（二）认知特点

研究表明，30～50岁女性的学习能力呈现出一种平稳的"高原区"的态势；相应的是女性进入人生创造的第二个高峰区。更年期后女性，虽体力有所衰退，但更年期综合征及其反应消失，心理豁然开朗，身体出现奇特的轻松；智力仍在较高水平，知识和经验丰富；再加上子女都已长大，家务劳动也已减轻，因而这时期的女性，正如著名妇科专家林巧稚所说："绝经期是妇女的第二个青春。"更年期后女性，相对于同龄组男性而言，认知能力有些方面存在着优势。据苏联医学科学博士A.O. 纳瓦卡季克扬和B.B. 克雷扎诺夫斯卡娅研究表明，50～59岁的女性，与同龄组男性相比较，虽感觉运动反应时间较长，但注意力较稳定，表现在同时间内，女性能校阅的字母数量比男子多；直接识记的指标优于男子，见表9—3；简单思维活动的效果比男性好，表现在工作日结束时，女性计算错误数量比例较男性少，见表9—4。

表9—3　　　　　　　50～60岁男女直接识记指标（M±m）的比较

（从显示的6种简单的几何图形中正确再现的图形数）

性　别	人　数	早　晨	白　天	傍　晚
男	51人	3.4±0.2	3.4±0.2	3.1±0.2
女	35人	3.9±0.1	3.7±0.1	3.5±0.2

表9—4　　　　　工作日结束时测验男女计算错误量比较　　（%）

性　别	年　龄　组				
	20～29岁	30～39岁	40～49岁	50～59岁	60～69岁
男	100	131.0	176.0	435.7	123.8
女	100	145.2	138.7	190.3	

（三）人格特征和社会性发展特点

1. 心理压力感重

在当代社会，尽管女性在法律上与男性平权，在人格上与男性平等，女性活动渗透在社会生产和社会生活的各领域之中，但"男尊女卑"、"男外女内"的历史沉渣仍顽固地束缚着女性的心理，在职业女性特别是在女干部中，存在着心理压力重的状态。

我们知道，所谓女干部，即从政女性或女性管理者。她们不仅争得了以男性为中心的社会中一般意义上的男女平等，而且进入了男性中心社会的权力机构，在男女平等基点上还要去"管理男人"。这就意味着这部分妇女越过了两个历史跨度：第一步，作为一个女人，力求在社会生活中自强，成为主宰自己命运的主人；第二步，力求成为政治生活或管理生活的强者，能为更多的人（包括男性）当家做主。这样，从政女性、女性管理者承受着来自外部和内部多重压力。就外部压力而言，由于封建社会历史沉渣的影响，从政和管理岗位上的女性承受着异性和同性的双重压力，有时同性的嫉妒、轻视所造成的压力更甚于男性；就内部压力而言，由于不少从政女性和女性管理者在个人不自觉的情况下，往往由"组织"决定安排，跨过两个历史跨度，因而在内心中承受着由对自身能力怀疑和源于弱女子意识的失落感形成的内在心理压力。面对这内外四重压力，从政女性、女性管理者往往产生不同程度的心理压力感。

2. 心理对弈的形成

所谓心理对弈，即心理矛盾的定式。中年职业女性，往往存在着两个方面的心理对弈：

一是家庭和事业之间的心理对弈。作为一名职业女性，担当着妻子、母亲、工作者、社会活动者等多重角色，执行公务与承担母亲的责任均要求职业女性投入很大的精力和无私的奉献精神。可是，在同一时间内，在同一位职业女性身上，两者往往以矛盾的形式出现，会发生直接冲突。不少职业女性，有着强烈的事业心，往往放弃母职以尽公职。这样，尽管对事业做到了尽力而为，但在职业女性心中，不可能不留下难以愈合的作为母亲的负疚感。如果造成母子感情疏远，子女犯罪、致残或丧生等后果，这种负疚感往往会发展成为精神创伤。不仅如此，如果妻子担任干部，职务上又高于丈夫，忙于公务时间居多，伴随而来的是家务劳动的主角往往也发生转换，于是作为丈夫的男子心理上失去平衡，产生程度不同的"抗拒性"。丈夫这种消极性反应，又增加了妻子——女干部的心理对弈。思想、感情、精力、时间、工作、家务、子女等各种问题交织在一起，她们中的许多人就是在这种心理对弈中生活的，这种心理对弈状态往往是男性难以体会的。

二是个人与社会之间的心理对弈。在"男主女从"的历史中，女性的传统领地只是家庭，家人关系和亲人关系成为她们人际关系的核心。这种长期与社会隔离的历史境遇，再加上女性身心发展的消极影响，大大限制了女性的心理空间，制约了她们的思维范围，造成了她们的狭隘性。同时，在"男主女从"的社会内，女性由于没有经济地位，从而没有社会地位、家庭地位和独立的人格，完全依附于丈夫。这种依附的历史境遇，再加上女性身心发育过程中形成的自卑性，又大大限制了女性的思维独立自主性，造成了她们的依赖性。可见，上述所形成的消极心理品格，显然与女性所承担的职业、职责和责任格格不入。职业女性要以公众事业为己任，必须具有宽广的胸怀；职业女性要为公众利益承担责任，又必须有独立工作的能力。因此，在职业女性心理上就形成了宽广性与狭隘性、独立性与依赖性之间的心理矛盾定式。

二、成年中期女性教育差异性的探讨

(一) 加强对中年女性的"四自"教育

所谓四自，即自尊、自信、自立、自强。自尊，就是自己尊重自己，尊重自己的人格；自信，就是自己相信自己，相信自己的力量；自立，就是依靠自身力量立业，立于社会之中；自强，就是顽强拼搏，做事业的开拓者和创造新生活的强者。"四自"是个有机统一的整体。其中，自尊、自信是基础和条件；自立、自强是目标、核心。只有自尊、自信，才能自立、自强。做到了自立、自强，又促进自尊、自信。针对中年女性生理、心理、社会性发展的特点，我们应加强对她们进行"四自"教育，使她们克服自卑心理，提高整体素质。

（二）加强对中年女性的心理训练

针对中年女性的心理压力感重的特点，应引导她们增强心理承受力，其中包括自信力、自制力、持恒力等心理能力。针对中年女性的心理对弈，应引导她们调适心理矛盾定式，使她们掌握心理调节的方法，以求得心理和谐，做事业与生活、个人与社会和谐统一的女性。

（三）引导中年女性科学地进行成才后发展设计

中年是人生十分宝贵、大有作为的一段年华，如前所述被誉为"钻石的年代"。为了事业和个人的可持续发展，中年女性需要冷静而又理智地思考一番，对下半生加以积极而又科学的规划和安排。其中，特别要正确认识和对待更年期。要引导中年女性认识到，更年不是衰老之年，卵巢的"隐退"确实使机体发生了"震动"，内分泌及代谢等出现了一时性不平衡，正如列车在转弯时要经历一番颠簸一样，度过了更年期，转了弯，恢复了平衡和协调，前面又是坦荡之路！

（四）引导中年女性注重心理卫生

近数十年来，国内外越来越重视心理、社会因素与疾病关系的研究。研究表明，任何类型的生活变化，包括婚姻的变化、配偶的伤亡、职务的升降、工作的挫折等，都会引起人的情绪变化。人的情绪过度变化，特别是负性消极情绪的产生，会通过神经冲动或激素影响躯体机能，使人体器质性疾病处于易感状态，往往易发身心疾病。正如前述，中年女性任务重，心理压力和心理矛盾大，尤为需要注重心理卫生，通过成年中期教育，引导中年女性学会调节和控制自己的情绪；保持乐观、豁达的积极情绪；培养心理相容的品格；更为重要的是树立科学的世界观、人生观、价值观。

第九章　成年中期的教育原理和设计

成年晚期的教育原理和设计

第八、九章分别就成年早期、中期的教育原理和设计作了探索，本章接续上两章，就成年晚期的教育原理与设计作了研究，包括成年晚期教育的身心基础和依据、成年晚期教育的意义和设计、成年晚期女性教育的差异性等基本问题。

第一节 成年晚期教育的身心基础和依据

成年晚期，也称老年期，从年龄分布来看，我国一般指处于 60 岁以后的生命阶段。其中，60～70 岁为低龄老年期；70～80 岁为中龄老年期；80 岁以上为高龄老年期。

一、成年晚期的生理特点和认知水平

（一）成年晚期的生理特点

人进入成年晚期，应当承认人体的生理机能发生衰老的变化。

（1）感觉器官功能明显减弱。从视觉来说，老年人眼的晶状体硬化并变浑浊，成黄褐色，因而分别造成了皮层及核层的屈光率的差异减小，物像的清晰度下降，晶状体硬化和睫状体的睫状肌功能减退，造成焦点调节功能下降。从听觉来说，老年人耳鼓膜混浊度加重，导致老年性听觉衰退，特别是对高音丧失听觉。研究表明，65～74 岁的老人大约 30% 存在某种程度的听觉损伤，而 75 岁以上老人的相应比例已超过 50%。由于感觉器官功能明显下降，直接影响到老年人对客观事物的感知能力。

（2）大脑收缩，脑细胞及其树突和突触减少，脑内血流量降低。就大脑收缩而言，70 岁老人的脑与颅骨之间的空隙是 20 岁时的两倍。大脑皮层细胞约减少 25%，

小脑浦肯野氏细胞减少 20%。研究表明，导致脑内血流量减少的部分原因，是心脏在整个循环系统中泵血的能力下降，一位 75 岁老人的心脏泵血量还不到他成年早期泵血量的 3/4。上述的脑生理退化，直接造成细胞之间的联系减弱，神经传导速度下降，影响老年的思维速度和动作的反应能力。此外，脑细胞中的脂褐质堆积增加，致使细胞受损和细胞功能减退，甚至导致脑细胞的萎缩和死亡，直接影响老年人的学习能力。

（二）成年晚期的认知水平

总体而言，成年晚期个体随着上述生理机能的衰退，认知能力也发生下降。具体如下：

（1）感知力下降。正如前述，由于老年个体视觉、听觉器官生理功能的衰退，视力下降，听力衰退，因而感觉迟钝，接受外部世界的信息比青年与中年少得多；同时由于生理原因，老年人反应能力水平下降，表现为反应时减慢，动作灵活性降低，不稳定，协调性差。

（2）记忆力衰退。心理学家曾对年龄与记忆的关系进行了大量的研究。有人作了如下的概括：假定 18～35 岁的人的记忆成绩平均为 100，那么 61～85 岁的人的记忆成绩为 80～85。具体来说，瞬间和短时记忆较差，识记保持率下降，再现能力明显不如青、中年，但再认能力不亚于青、中年。老年人往往对过去的事情即自己年轻时所发生的事情记得很清楚。

（3）思维力和想象力逐渐下降。有人根据麦尔斯的研究，就比较与判断力而言，60 多岁老人虽有下降，但仍保持一定的水平。据苏联医学科学博士 A. O. 纳瓦卡季克扬和 B. B. 克雷扎诺夫斯卡娅对脑力劳动者工作能力指标的年龄性动态的研究表明，生产技术人员进入老年，其独创性和创造性想象力与中青年比较，虽有下降，但仍差异不大。

从上可知，人到老年，各种认知能力衰退时间和速度是不尽相同的。正如古德伊洛弗指出的那样，直接依靠感觉器官作用的知觉技能最早最快衰退，运动技能其次，而智力技能则最后才出现显著减退。夏埃关于老年人智力的研究（1999）表明，就普通人来说，在 37 岁以前，个体的某些认知能力会下降，但下降的幅度很小，80 岁以后才会很明显。即使在 81 岁时，也只有不到一半的人在测验中的成绩比 7 年前有所下降。

在这里，还必须指出的是，上述的认知能力的龄差，是从总体上、就一般情况而言的。研究表明，一个人如果在青少年时代受过严格教育，毕业后又有接受继续教育的机会，同时又能不断地从事创造性脑力劳动，加上良好的健康状态，那么人到老年，其认知能力乃至创造能力的衰退是很低的。更何况，成年晚期年龄跨度很大，低中龄老年人的认知能力，显然不同于高龄老年人的认知能力。事实上，任何一个年龄段，人的认知能力的个别差异均比年龄差异大得多。根据国外学者的横断研究，年龄越大，学习能力的个别差异更大。特别是对老年人来说，认知能力与个人健康状况的联系，要比与年龄增加的联系更为密切。

据此，健康的、受过严格训练的、从事创造性劳动的脑力劳动者进入老年后，其仍有相当水平的工作能力。A. O. 纳瓦卡季克扬和 B. B. 克雷扎诺夫斯卡娅曾研究了生产技术人员的生产心理特征与年龄之间的关系，其结果表明，有些特征（在集体中的交往能力和工作能力、自制力、在逆境中保持沉着的能力）随年龄的增长而逐渐下降，另一些特征（正确安排本职工作和合理利用工作时间的能力、完成工作的准确性以及组织能力）的分数，55～59 岁时是上升的，即使到老年，衰退也是无足轻重的。各年龄组诸生产心理特征评定的总平均分数见表 10—1。

表 10—1　　　　　　　　各年龄组诸生产心理特征评定的总平均分数

组别	年龄（岁）	M±m
1	20～29	4.11±0.03
2	30～39	4.17±0.03
3	40～49	4.18±0.02
4	50～54	4.14±0.03
5	55～59	4.12±0.03
6	60～64	3.97±0.04
7	65～69	4.17±0.05

二、成年晚期的人格特征和社会性发展

（一）成年晚期的人格特征

研究表明，该时期人格特征可归纳为如下几点：

（1）完善感较为突出。一般来说，人进入老年，离开了在职岗位，有了追求自由选择和探索的机会，于是产生可凭借一生积累的知识和智慧来完善自己的愿望，并以此克服亲人离去而产生的寂寞感（孤独感），以及面对临近生命终结而产生的绝望感。事实证明，许多老年人在解决完善与绝望两者的冲突中进一步得到了发展。对此，夏埃和威里斯夫妇把"重塑完善与绝望"作为成年晚期的典型人格特征。艾里克森则称成年晚期为自我完善对绝望阶段。他认为，"老年，是这样一个阶段，处在其中的人必须努力地在寻找完整的自我的努力与绝望感的侵袭之间保持平衡"。

（2）依赖性逐渐明显。独立性与依赖性之间的平衡贯穿人的一生。人进入老年，特别是到达高龄老年阶段，由于经济因素，尤其是身体因素和情感因素，产生依赖性。这样，从个体出生以来，独立性不断增强的趋势发生了逆转，随增龄依赖性逐渐强化，特别是生命晚期在身体和情感上的依赖显得不可避免。

（3）利他性增长。研究表明，人进入老年，表现出一种利他倾向和人文关怀的增长。他们往往把幸福理解为关心、同情和帮助他人，且与周围的人保持良好的关系。事实证明，部分老年人通过参加志愿者活动和社区活动，能避免依赖和无助而引起的情感问题。一部分老年人通过扶持年轻人和帮助他人，能产生一种生命继续富有价值的感觉，并带来自身能力感的产生和自尊性的增强。

（二）成年晚期的社会性发展

基于健康的老年人有着自我完善的人格特征，认知能力和创造能力仍保持一定的水平，尽管他们已离开了原有的工作岗位，然而他们有充裕的时间，可自由选择自己感兴趣的领域加以探索，为社会持续作贡献，并在其中得以持续发展，以寻求更多的

满足。研究表明，他们持续贡献和发展，往往表现为如下的特点：（1）总结性，是指总结丰富的知识和经验。譬如，写成论著、教科书、回忆录等，传授给年轻一代。（2）扶持性，是指扶助、支持中青年成长和发展。譬如，担任顾问、导师，继续事业的发展，指导中青年工作。（3）咨询性，是指决策咨询服务。譬如，为政府工作和基层发展提供决策咨询服务。（4）社会性，是指面向社会服务。譬如，利用自己的声望和一技之长，参与志愿者服务、社区管理和城市公共治理等。

第二节　成年晚期教育的意义和设计

一、成年晚期教育的意义

（一）从社会发展来看

老年是人生中具有不可替代的社会价值的生命阶段。老年人具有丰富的经历，经过几十年的奋斗，积累了丰富的阅历，取得了正反两方面的经验。成熟是老年人的重要特点，正如"夕阳红"节目的主题歌中所概括的那样："老是人生的结晶，老是成熟的写照，老是深刻的标志，老是智慧的代表。"正因为如此，老年人在社会发展和人类进步中起到中青年起不到的作用。在当今世界上，有不少国家和地区老年政治人才正起着掌舵、压阵、调节、扶持、指导等作用。就学术界而言，研究表明，人文社科领域（历史、哲学、文学）的学者，往往在他们晚年包括在他们70多岁时更多产。老年人所创造的作品，通常有成熟感、复杂性和对事物之间关系的洞察力，表现出其终生观察与智慧的融合，这是其早期作品所没有的。无数事实证明，老年人同样是社会和国家宝贵的财富，人们称60岁以上的老年人才为"银色人才"。他们虽没有"黄金时代"那样光辉耀眼，却依然有着不可取代的社会价值。

不仅如此，人口老龄化正在迅速改变社会人口结构。据预测，全球60岁以上老年人口2002年为6.29亿，2020年将达到10亿，2025年达到12亿，2050年达到20亿。到2050年时，全世界60岁以上人口比例将达到20%，老年人口数将在人类历史上第一次超过0～14岁人口数。另有预测，2002年，全世界65岁以上人口对15～64岁的比例是1：9，至2050年将是1：4。其中，发达国家2002年是1：5，2050年将是1：2；发展中国家1999年是1：12，2050年将是1：4。面对社会人口结构这样的发展态势，一方面老年人在社会中的作用更不可忽视；另一方面人口扶养比上升，加剧了社会保障问题上两代人之间的矛盾。

综上所述，不难看出成人晚期教育的意义：可进一步开发老年人的潜能，使他们持续老有所为，提高他们的社会作用和价值；在此同时，可缓解人口扶养比上升带来的社会矛盾，从而推进社会发展和人类文明。

（二）从人的发展来看

随着人口老龄化，成年晚期约占一生中1/3的生命时光。在法语中，"老年"一词意为第三次生命。显然，人在人生的 1/3 生命阶段内，还有个持续发展的问题。对此，联合国于 1982 年、2002 年召开了两届"世界老龄大会"，先后通过了《老龄问题国际行动计划》、《联合国老年人原则》等文件，把"积极老龄化"的内涵写进了上述文件之中，指出"应该把老年人当作社会发展的一支重要力量"，"应该得到终身继续学习的机会"。所谓积极老龄化，世界卫生组织于 1996 年在《健康与老龄化宣言》中指出，"积极老龄化是人到老年时，为了提高生活质量，使健康、参与和保障的机会尽可能发挥最大效益的过程"，其比"健康老龄化"的内涵更为广泛、更为积极。积极老龄化，也称成功老年化。无数事实表明，老年人要达到积极老龄化，离不开终身教育与学习。可见，成年晚期教育，对人的最后 1/3 生命阶段持续发展具有"造血功能"，使老年人继续保持活力，活跃在社会舞台上。

二、成年晚期的教育设计

（一）教育目标

根据成年晚期的身心特点，以及社会性发展，该时期成人教育的目标应为：促进健康，持续服务，成功老化。

（1）促进健康，是指老年人通过成人教育与学习，促进生理健康、心理健康和社会行为健康。正如世界卫生组织于 1948 年对健康概念所界定的那样，"健康乃是一种身体上、心理上和社会适应的完好状况，而不只是没有疾病和虚弱现象"。这样有利于老年人延长参与社会的能力及其服务社会的时间。

（2）持续服务，是指老年人通过成人教育和学习，能继续在参与社会、经济、文化、精神和公益事业服务中作出贡献。概言之，老年人通过"老有所学"，达到"老有所为"。

（3）成功老化，是指老年人通过成人教育与学习，在实现促进健康与持续服务的有机融合中，达到积极老龄化。

（二）教育重点

根据成年晚期的身心特点和社会性发展，为实现该时期成人教育的目标，其教育教学重点可归纳为如下几方面：

（1）引导老年学习者重新定位社会角色和自我期望。人进入成年晚期，生理、心理和社会等方面均处于急剧变化时期。老年人尽管具有"成熟"的优势，参与能力还保持在一定水平上，但毕竟体力、精力不足，认知能力与创造能力逐渐趋于衰退，这是不以人们主观意志为转移的客观规律。与此相应的是，社会角色，由在编人员转变为编外人员，有的由领导干部转为退休干部；家庭角色，由父（母）变为祖父（母），由家庭主要经济收入者变为家庭辅助经济收入者；如此等等。由于老年的角色改变，随之而来的是人们对老年人的角色期望也发生变化。如果老年人仍以原来角色的思维和行为惯性行事，显然，一则不受人们的欢迎，二则本人也难以持续发展。据此，该时期成人教育，应引导并帮助老年学习者转变社会角色，调整发展目标以及参与内容和方式等。

（2）引导老年学习者以自身完善应对寂寞感。正如前述，人到老年，由于参与社会活动的机会减少，特别是周围亲近的人相继离去，往往产生寂寞感。发展心理学家认为，寂寞感是与独身相联系的心理感觉，既有可能使人变虚弱，又有可能促生出内在心理能量强大者的力量。成人教育应引导老年学习者克服前种状态，努力激发出后种力量。成功经验表明，老年人的自我完善，是达到上述目的的有效基本途径。为此，该时期的成人教育，应引导和帮助老年学习者制定成年晚期生涯设计，运用选择性最优化的发展模式，以自我完善的专注投入、参与公益活动的人文关怀，以及保持健康的身心修养，增长知识，陶冶情操，丰富生活，享受成功，以克服老年人消极乃至恐惧的情绪。

（3）引导老年学习者以自我超越应对自我关注。人进入老年特别是高龄老年阶段，不可避免地出现生理机能的衰老，不可避免地总有生命终结，由此，老年人往往关注自我，产生种种消极情绪乃至于绝望感。对此，该时期的成人教育，要以健康的人生哲学观和价值观，引导老年学习者再探索和再认知生命意义和最终目的，以超越自我应对自我关注，以积极姿态成功老年化。

（三）教育内容

根据上述的教育目标和重点，该时期就成人教学而言，可侧重如下的内容：（1）生命哲学知识（包括生命价值观知识）；（2）老年学和老年生理保健知识；（3）老年心理学和心理卫生知识；（4）持续服务的专业知识和技能；（5）积极老龄化案例分析等。

（四）教育模式

除传统常用的学校课堂式等教育教学模式外，根据老年期教育目的和重点、老年人社会角色和身心特点，反映老年教育教学模式特色的有如下多种：

（1）团队式。该模式是指老年人自主组织和管理学习团队，在团队中自主学习、相互交流、分享经验，以达到共同提高的教育教学模式。

（2）活动式。该模式是指通过组织老年人活动，让活动与教育有机结合，从而使教育寓于活动之中，以达到老有所乐、老有所学的教育教学模式。

（3）游学结合式。该模式是指在组织老年人旅游过程中开展教育与学习，使旅游与学习有机结合，以达到促进老年人全面发展的教育教学模式。该模式一般适合低、中龄老年人。

（4）养教一体式。该模式是指有目的、有计划、有组织地将养老活动与教育活动有机结合，以达到促进老年人终身发展的教育教学模式。该模式一般更多地适合高龄老年人。

（五）教育策略

根据成年晚期个体的身心变化特点，以及社会性发展，为有效地实现该时期成人教育的目标，宜采取如下的教育教学策略：

（1）区别对待策略，是指区别老年学习者的不同情况，实施有针对性的教育教学策略。老年人不是同质人口，而是一个多类型、多层次的复杂群体。体力型老年人与智力型老年人之间，低龄老年人、中龄老年人、高龄老年人之间，身心基础差别很大；即使同一年龄层次的不同老人之间，情况也千差万别。这就要求老年期教育教学，既要考虑老年人的共同需要，更要重视每位老年人的具体情况，切忌强求一律。应根据不同的年龄层次、健康状况、智能基础、兴趣爱好和家庭条件等实际，区别对待，力求设计不同的教学方案。

（2）坚持弹性自主策略，是指根据老年学习者的身心特点，不给予划一的硬性指标，更多地体现出弹性宽松和自主特点的教育教学策略。其具体应体现为：学习规划弹性——老年学员可自主规划自己的学习计划；学习进度弹性——老年学员可自己决定修读进度；选读课目弹性——老年学员按个人需求和兴趣可自由选读课程；等等。总之，通过老年期教学和学习，老年学员既学有所获，又不至于影响甚至损害老年人的健康。

（3）生命回顾策略，是指引导老年学习者通过对自己的生命历程和经历的事情进行回忆与反思，更好地认识自己的往昔，总结以往经验，进一步体会人生的意义，以达到促进当下积极老龄化的教育教学策略。研究表明，生命回顾，也称生活回顾，对老年个体当前的生活起着重要的促进作用。它可以提高老年人记忆力；可以产生老年人和他人相互联系的分享感和亲密感；可激活老年人与人群的联结、与社会的交往；可提供过去与现在之间的联结，以及提供对待过去事件和他人的新认识，从而使老年人的人格继续稳定发展，在当下更好地持续为社会服务。

（4）动态调节策略，是指随老年学员内外环境变化而不断地调节教育教学方案的策略。事实表明，每位老年学员都在动态变化，其所处的外部环境也在不断变化，因而教育教学计划不可能固定不变，而应随主客体变化，不断地加以调节，以满足老年学习者的学习需求，从而有效地促进他们的持续发展。

（六）成年晚期诸阶段教育的特殊性

第一阶段：低龄老年期的角色转变和潜能开发教育。笔者认为，60～70岁为低龄老年期。该时期是人一生重要的转折期。人进入60岁后，生理、心理和社会等方面均发生急剧变化。对于处于转折期的老年人（主要是60～65岁的老年人）开展角色转变教育很有必要。其目的就是引导转折期老年人重新定位社会角色和自我期望，重新选择和设计老年期人生，调整自我心态，以适应变化的社会生活环境。实践证明，成熟是老年人的典型特征，老年人在社会发展中有着不可取代的社会价值。这正如第二次世界老龄大会发布的《政治宣言》指出："老年人的潜力是未来发展的强有力的基础。"可见，该时期老年教育，不仅是角色转变教育，还应在此基础上，对老年人实施潜能开发教育，即对老年人力资源再一次开发。其目的在于提升老年人的生存和发展能力，使他们老有所为，继续在自主选择的方向和岗位上服务，继续发展自己，继续为促进社会发展服务。

第二阶段：中龄老年期的再调整发展教育。笔者认为，70～80岁为中龄老年期。该时期老年人生理机能衰老更为明显，认知能力特别是其中的视听能力、记忆能力下降明显；部分老年人，主要是指较高层次仍在工作的老年人，又面临"第二次退休"。针对该时期老年人的身心特点和社会性发展状况，开展中龄老年期的再调整发展教育很有必要。目的在于引导该时期老年人根据自己的健康状况、兴趣爱好和专业特长，调整老有所为的途径、方式和方法，做到量力而行，持续服务，从而达到促进健康与持续发展的有机统一。

第三阶段：高龄老年期的自我保护和超越教育。笔者认为，80岁以上为高龄老年期。一般认为，该时期老年人生理机能明显衰老，记忆力衰退，其中部分老年人患失忆症、老年痴呆症，生活不能自理；随亲人离去而产生寂寞感（孤独感），甚至少数老年人面对生命终结而产生绝望感。可见，在高龄老年人群中开展自我保护和超越教育很有必要。其目的在于：一是引导高龄老年人善于自我保护。根据高龄老年人的生理、心理特点以及自身状况，引导其科学而有价值地生活，以求自我完善和延年益寿。二是引导高龄老年人以自我超越应对自我关注。以健康的人生哲学观和价值观，引导高龄老年人再探索和再认知生命意义和最终目的，整合自己一生有价值的东西，并将其作为超越自我存在而继续延续下去，以达到艾里克森在人格发展阶段理论中所概括的那样，"我是我死后还能留下的东西"，以超越自我、积极坦然的姿态面对生命终结。

第三节　成年晚期女性教育的差异性

一、成年晚期女性教育差异性的身心基础和依据

（一）生理特点

早在20世纪70年代的统计表明，世界各国女性的平均寿命一般较男性长5～10岁，见表10—2。20世纪90年代的研究也表明，到了65岁，女性中有84％的人还活着，而男性活着的只有70％；对85岁以上的老人而言，这种差异更大，男女比例为1：2.57。

表10—2　　　　　　　　　一些国家男女平均寿命比较

国　家	年　份	平均寿命（岁）		差距（岁）
		男	女	
苏　联	1971—1972	64.0	74.0	10
芬　兰	1972	66.6	74.9	8.3
法　国	1974	69.0	76.9	7.9
美　国	1974	68.2	75.9	7.7
葡萄牙	1974	65.3	72.0	6.7
挪　威	1972—1973	71.3	77.6	6.3
英　国	1970—1972	68.9	75.1	6.2
阿根廷	1970—1975	65.2	71.4	6.2
荷　兰	1973	71.2	77.2	6.0
瑞　士	1968—1973	70.3	76.2	5.9
丹　麦	1972—1973	70.8	76.3	5.5
瑞　典	1970—1974	72.1	77.5	5.4

资料来源：叶忠海：《女性人才学概论》，61页，北京，北方妇女儿童出版社，1987。

20世纪90年代后期，国外有的学者对男女两性平均寿命作了长时期比较研究，

绘制了 1990—2040 年男女两性平均寿命比较曲线图（见图 10—1），从中可以看出，当今女性平均寿命较男性长 6～7 年。

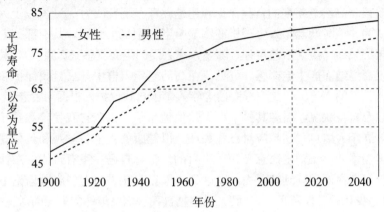

图 10—1 男女两性平均寿命比较图

资料来源：［美］罗伯特·费尔德曼：《发展心理学——人的毕生发展》，658 页，北京，世界图书出版公司，2002。

分析其原因，一般认为：

（1）女性机体免疫功能较强，免疫系统衰退较慢。多数科学家认为，这是由于男女染色体有所区别所致。除男女相同的 22 对常染色体外，还有 1 对性染色体男女不一样。女性性染色体为 XX 型配对，即有两条 X 染色体；男性性染色体为 XY 型配对，即有一条大的 X 染色体、一条小的 Y 染色体。有的学者认为，因为产生免疫物质的基因主要存在于 X 染色体上，因而女性体内的免疫物质比男性多将近一倍，女性体内的 M 免疫球蛋白比男性高得多，这使得女性对病毒性传染病有较强的免疫力。正因为如此，多数癌症患者中女性显著少于男性。据统计，我国每年死于癌症的约为 70 万人，男女比例为 1.48∶1。这个比例与世界上大多数国家相近，见表 10—3。

表 10—3　　　　　　　　世界各国死于癌症的性别比例（男/女，女为 1）

区域	国家	性别比例	区域	国家	性别比例
亚洲	泰国	1.46	欧洲	丹麦	1.22
	新加坡	2.00		荷兰	1.85
非洲	毛里求斯	1.64		瑞典	1.33
	埃及	2.15		挪威	1.37
美洲	智利	1.25		罗马尼亚	1.52
	美国	1.50		希腊	1.73
	委内瑞拉	1.01		南斯拉夫	1.54
	多米尼加	1.01		保加利亚	1.55
欧洲	捷克斯洛伐克	1.80		马耳他	1.63
	匈牙利	1.47	大洋洲	新西兰	1.43
	比利时	1.75		澳大利亚	1.58

资料来源：李书桢：《遗传·性别·健康》，北京，北京师范大学出版社，1984。

美国学者研究也表明，美国老年人中，男性死于癌症的比率高于女性，见图10—2。

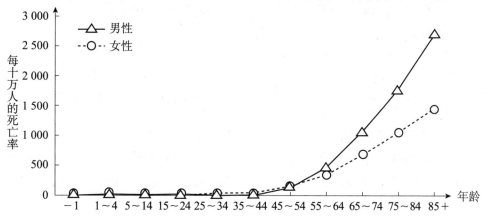

图10—2 不同年龄段男女两性癌症死亡率

资料来源：K. W. 夏埃等：《成人发展与老龄化》，373页，上海，华东师范大学出版社，2003。

（2）女性分泌的激素（如雌性激素、黄体酮）更多，这在一定程度上保护女性免受心脏病之类疾病的困扰。同时，科学家又进一步研究证明，男女两性含血清高密度脂蛋白的数量是有区别的。随着年龄的增长，尽管男性含血清高密度脂蛋白量逐渐增加，然而一直比女性低，至65岁左右时才接近女性水平，见表10—4。由于这种脂蛋白可防止或推迟人的动脉粥样硬化，因而女性不易患心血管病。据统计，女性得心脏病的年龄平均比男性晚10年，实际发作心脏病要晚20年。

表10—4　　　　　　　HDL——胆固醇含量（毫克/140毫升）男女比较

年龄	HDL——胆固醇含量（平均值±标准差）	
	男	女
新生儿	40.9±6.0	40.7±7.8
10～19岁	50.6±9.5	54.7±10.4
20～29岁	55.3±10.9	57.5±10.6
30～39岁	57.0±10.8	62.8±12.6
40～49岁	57.7±10.8	63.1±12.9
50～59岁	59.0±10.7	63.2±10.7
60～69岁	62.4±12.2	63.3±12.4
70岁以上	59.3±10.9	60.5±12.5
80岁以上	58.7±11.2	62.5±12.2

资料来源：叶忠海：《女性人才学概论》，57页，北京，北京妇女儿童出版社，1987。

总之，由于上述生理因素，再加上种种社会因素，女性的平均寿命比男性长。

（二）人格特征和社会性发展特点

（1）孤独感尤为明显。正如前述，基于女性的平均寿命比男性长，这就意味着老年女性要经历失去配偶后的生活。研究表明，几乎没有什么事件比丧偶更让人感到悲痛，配偶的去世会使丧偶的老年女性产生巨大的丧失感，不得不认同突然到来的自己并不熟悉的身份——寡妇，需面对单身生活，于是孤独感骤然上升，这是常人所不能体会的。

第十章　成年晚期的教育原理和设计

（2）依赖性上升。老年女性丧偶后的寡居，再没有伴侣可以分担每天发生的事情，带来了很多新的要求和担忧，于是依赖性增强，特别对身体不佳、行动不便的老年寡妇来说尤为如此。

（3）适应丧偶的生活。研究表明，适应丧偶生活，一般分为三个阶段：第一阶段为准备期。在该阶段，需学习适应性行为，发展出技能和能力，以及预期的行为。第二阶段为伤痛和悼念期。第三阶段为适应期，接受丧偶事实，重新生活。

二、成年晚期老年女性教育差异性的探讨

（1）引导老年女性心理调适丧偶后的起伏情绪，度过伤痛和悼念期，适应寡居的生活。为此，要引导老年女性以唯物主义态度面对现实，重新定位社会角色和重整生活圈，重新发掘和利用社会资源，积极参与社会（社区）活动，与亲友保持密切联系，以新的形象、观念和积极态度对待人生。

（2）引导老年女性积极策划生命的第三年龄段，即最后的三十年。研究表明，当给以老年人适当的刺激、练习和激励时，老年人就能够保持他们的智力。据此，应以"用进废退"理论指导老年女性晚年生活，活到老，学到老，使生活丰富而健康，以达到积极老化的目的。

（3）政府、社会要给予老年女性，特别是寡居的老年女性更多的教育关怀。与其说是"教育关怀"，不如说是"人文关怀"。为此，要调查研究，了解和掌握需求，以热心、细心、耐心的态度，给予有针对性的教育服务。

第十一章

学校形态的成人教育

导言

　　成人教育的深入研究，不仅要以人的成长和发展为主线加以纵向研究，而且还需按教育形态的差异加以横向比较研究。本章仅就学校形态的成人教育作了研究，着重阐述学校形态成人教育的内涵和分类、共同特征和类型差异、发展趋势等基本问题。

第一节　学校形态成人教育的内涵和分类

　　学校形态的成人教育伴随着现代成人教育的诞生而出现，最早是英国诺丁汉成人学校。后来，随着大学推广运动，大学向社会开放，学校形态的成人教育不断涌现，也成为后来大学办成人教育的早期实践。在我国，成人教育的发展历史也很长。新中国成立后，我国学校形态的成人教育开始于 20 世纪 50 年代的夜大教育。1987年，我国政府正式确认"成人教育是我国教育事业的重要组成部分"。1993 年颁布的《中国教育改革和发展纲要》明确提出："成人教育是传统学校教育向终身教育发展的一种新型教育制度，对不断提高全民族素质、促进经济和社会发展具有重要作用。"1995 年颁布的《中华人民共和国教育法》规定，国家实行成人教育制度。30余年来，学校形态的成人教育迅速发展。随着教育范围的扩大和教育形式的多样化，学校形态的成人教育逐渐系统化和规模化，为我国的社会主义建设输送了大量人才，也为高等教育的大众化做出了重要的贡献。

一、学校形态成人教育的内涵

　　学校形态的成人教育是以学校为办学主体和主要教育基地，培育成人道德价值、知识、技能和态度以满足要求的成人教育形式。

学校形态的成人教育，包括广播电视大学、职工高等学校、农民高等学校、管理干部学院、教育学院、独立设置的函授学院、普通高等学校举办的成人教育（函授、夜大、脱产、教师进修班）、农技校、中等成人学校教育、初等成人学校教育等。

成人教育的办学形式虽然多种多样，但设立的基本原则是：依据社会需求，促进个体发展。由学校组织的成人教育仍是现阶段我国成人教育体系的重要主体，其中由成人高校和普通高校举办的成人学历教育则是学校成人教育的重要组成部分。这种办学格局随着经济社会的发展已发生变化，出现许多新的情况，反映了社会需求的变化，这就给成人教育带来新的契机和挑战。

二、学校形态成人教育的分类

（一）分类标准

各类学校形态的成人教育，按不同的标准可以划分为不同的类别。

1. 按照成人教育层次结构分类

（1）以成人年龄为依据划分，层次结构由成人早期学校教育、成人中期学校教育（中年人学校教育）、成人晚期学校教育（老年人学校教育）等组成；

（2）以成人文化程度为依据划分，层次结构又由成人初等学校教育、成人中等学校教育、成人高等学校教育、成人大学后学校继续教育等组成。

2. 按照成人教育的专业结构分类

与普通高等教育区别不大，包括理、工、医、农、文、史、哲、经、法、管理等专业成人学校教育。

3. 按照成人教育形式结构分类

（1）以教学手段划分：有以电视为主的成人教育，如广播电视中专、广播电视大学等；有以面授为主的成人教育，如各类夜校、业余学校等；还有以函授为主的成人教育，如各类函授学校、刊授学校等。

（2）以教学组织形式划分，有函授教育、自学考试、回归教育、广播电视教育。

（3）以教学时间划分，有全脱产的成人教育、半脱产的成人教育、全业余的成人教育。

4. 按照成人教育的管理结构分类

有国家办学、企事业办学、社会团体办学、私人办学等。因办学实体不同，它们的管理方式与结构也不同。

5. 按照成人教育的对象结构分类

有青年学校、老年学校、妇女学校等教育，还有干部学校、职工学校、农民学校、军人学校等教育。

（二）分类概述

在这里，我们从成人教育的文化程度视角介绍其主要存在类型。

1. 成人高等教育

成人高等教育是成人中等教育阶段以上的专门教育。从广义的角度来看，实施成人高等教育的形式有学校成人高等教育（包括普通高校成人教育和独立设置成人高校教育）和高等教育自学考试；从狭义的角度来看，实施成人高等教育的形式仅指学校成人高等教育（包括普通高校成人教育和独立设置成人高校教育），而不包括高等教育自学考试。笔者这里所讲的主要指广义上的成人高等教育，而非狭义上的（即不包括高等教育自学考试）。

成人高等教育是我国高等教育的重要组成部分。改革开放以来，成人高等教育为我国经济社会的建设和教育事业的发展培养了大批各级各类专门人才，对提高我国劳动者的素质，促进高等教育的大众化、普及化起到了重要的作用。它包括职工高等学校、农民高等学校、管理干部学院、教育学院等。其主要类型如下：

（1）成人高等职业教育。

"高等职业教育"是"高等"与"职业教育"两个概念的复合。复合的结果导致三种理解：第一种将它归入"高等教育"范畴，认为高等职业教育是高等教育中具有较强职业性和应用性的一种特定的教育；第二种认为它只是"职业教育"范畴中处于高层次的那一部分，并不属于高等教育，从而将"高等教育"与"职业教育"视为两个并列的、互不交叠的教育范畴；第三种则把它泛化地理解为凡是培养处于较高层次的职业技术人才（不管其属何种系列）的教育都属于高等职业教育，如把培养技术工人系列人才中的高级技工教育也看作是高等职业教育，从而将"高等"与"高级"等同起来。就实际情形来说，第一种观点有一定道理。成人高等职业教育的特点是职业性、应用性、地域性，并普遍采用全日制教学形式。优点：教学条件优越，教学情境直观，师生联系方便，教学效果良好；缺点：教学条件要求较高，集中管理难度较大。

改进措施：成人高等职业教育要适应区域产业需求，明确人才培养目标，这是办出特色的重要因素；紧贴产业转型升级，优化专业结构布局，有市场的灵敏度；深化专业教学改革，创新课程体系和教材，压缩全日制教学模式；强化学生素质培养，改进教育教学过程，突出职教特色；改造并提升传统教学，加快信息技术应用，实现职教现代化；改革招生考试制度，拓宽人才成长途径；坚持以能力为核心，推进评价模式改革；加强师资队伍建设，注重教师培养培训，实现双师型教师计划；推进产教合作对接，强化行业指导作用；发挥职教集团作用，促进校企深度合作等方面的衔接工作。

（2）普通高校的成人高等教育。

夜大：主要是利用晚上时间实施高等教育的学校成人高等教育的一种形式。招收具有高中毕业文化程度或同等学力的在职职工、机关干部和部分待业知识青年，通过全国统一高考，择优录取。教学上参照全日制高等学校相应的教学计划和教学大纲，建立严格的考试制度。每周授课10课时左右（自学时间除外），主要在晚上利用普通高校空闲下来的教室和实验室进行。专科教育安排在3年内完成，本科教育安排在4～5年完成。优点：可以充分利用普通高校的资源；有利于解决工学矛盾；和函授教育相比，教师面授机会较多，有利于师生交流和教学质量的提高。缺点：招生受到地域限制；容易出现与普通高校争夺教育资源的情形。改进措施：兼职教师多于专职教师，应该稳定师资队伍；生源下滑，质量下降，应该主动适应变化，由学历教育向非学历教育转变。

函授大学：学员以自学为主，以面试为辅。特点：教育范围的广泛性；教育方法的函件性；教育过程的自学性。优点：不受时空的限制，方便从业人员进行学习；学生以自主学习为主，利用函件进行指导；对学校的硬件设备要求较低。缺点：函件可能无法按时或按地收到；对学生的自觉性要求较高；师生交流困难，自学过程中遇到困难很难及时得到解决；理论性强，缺乏实践性。改进措施：函电结合；改变辅导内容，有条件时注重实践；发挥函授学员群体作用。

（3）现代远程高等教育。

现代远程高等教育是随着现代信息技术的发展而产生的一种新型教育方式，是一种不受空间和时间限制的开放型教育。它主要是指以多媒体技术为主要媒体，利用"天网"和"地网"，在网上跨越时空进行交互式教学。"天网"是利用卫星传送信息，具体表现在通过电视上课；"地网"是利用计算机网络传送信息，具体表现在上网学习，故也可以称为网络教育。网络教育一般来说有四种媒体（印刷媒体、音像媒体、计算机网络媒体、教学光盘媒体）和六种交互辅助手段（面授辅导、电话答疑、电子语言信箱、电子邮件、双向电视、电子公告板网上讨论）。2000年，中国人民大学首次开办现代远程教育，采用引导学习的教学方式，网络上设有图书馆、帮助中心。优点：适用地域较广；教学形式现代化；学历层次多样；对话交流方便；媒体（电视、广播）利用充分；优质资源共享；偏远地区便于推广；发展前景广阔。缺点：对主办学校、单位的硬件要求较高；对就读学生的层次要求较高；不利于对学历取得过程进行监督。改进措施：加大教学过程中的双向交流机制；将广播电视大学与函授教育结合起来；放宽学制要求，增加学制建设的弹性。

2. 成人中等、初等教育

成人中等、初等教育主要是全日制中专和初等学历教育，以提高技能为主要目的。优势：学校有各种完善的机械和电子实验实习设施、多媒体电化教学室、多媒体语音室、宽带互联网计算机室、工艺美术室、图书阅览室和文体活动场所，适应教学需要；师资力量强，专业素质高，实训功底硬；管理严格，教学质量高。为拓展学生的发展空间，成人中等学校与高等院校联合开设高等教育大专班和本科班。在办好学历教育的同时，还举办各种类型的技能资格考证培训班，实行多规格、多层次、多形式办学，成为职业技术教育和职工技能培训的重要基地。主要形式有：

（1）广播、电视中等专业教育。

广播、电视中等专业教育是我国中专教育的重要组成部分，是电视教育的重要层次。广播、电视中专教育是县级电大办学的重点。目前，在全国，许多县（市）都办有电大。每个县（市）都设有电大管理站，电视中专教育延伸到乡镇办学，是优化教育资源配置、多快好省地发展农村中等职业教育的有效途径。电视中专伸向农村，可以直接为农村培养大量的初、中级应用型人才，服务"星火"、"燎原"、"丰收"计划，帮助农民脱贫致富，是大力发展职业技术教育的一项重要措施。

（2）成人文化技术学校。

各省县、乡、村有三级成人文化技术学校。各地依托乡镇成人文化技术学校积极开展人口教育、计划生育教育、社会文化教育、农村实用技术培训、生产经营管理培训等。每年有众多农村劳动力参加农村各种实用技术的培训和文化学习。

3. 大学后继续教育

大学后继续教育是指大学后成人的再教育，旨在通过全面提高受教育者的整体素质，特别是其中的创造素质，培养高级专门人才，直接有效地为社会主义现代化建设服务。关于大学后继续教育的特点，叶忠海教授在其著作《大学后继续教育论》中归纳为 5 个：教育对象的高智能性、教育范畴的无限性、教育内容的先进性和前沿性、办学主体和模式的合成性、教育周期的短期性。根据教育对象、目的及进修内容来划分，大学后继续教育主要包括四种类型：基础补缺型、更新增知型、智能转换型、专题研修型。

第二节　学校形态成人教育的共同特征和类型差异

一、学校形态成人教育的共同特征

（一）办学主体的学校形态性

学校是否是办学主体，这是划分这类教育形态的依据。不仅如此，学校形态成人教育的载体一般是学校，以学校为基地实施教育。

（二）办学形式的多类型、多层次性

学校形态的成人教育采用多类型、多层次的办学形式，以学历教育为基础，以非学历教育为重点。以专科为主、兼设本科的学历教育是独立设置成人高校生存、发展、壮大的基础。推进成人教育与社会的密切结合，突破以往相对封闭的办学模式，将学历教育和非学历教育、正规教育与非正规教育以更为开放、更为灵活的形式结合起来，使成人教育更为广泛、更多方位地参与基层、参与社区、参与社会各个相关的实践领域，最大限度地满足社会各层次、各类型的人们对教育的需求。

（三）形式结构的互补性

同一学历层次可存在多种形式；同一学校可存在多种形式；同一专业的学习者可采用多种形式；同一专业的不同内容可采用不同形式。从方式说，可以是脱产学习，也可以是在职学习；可以短期培训，也可以较长时期学习。不同形式的成人教育可以并存，使得不同地域、不同条件得到互补；同一专业采用不同的教育形式，可使学习者在学习形式、内容选择上得到互补；同一学校采用不同的教育形式，可使学习者之间的差异得到互补。

（四）教学过程的终身性

随着社会的发展，推进终身教育实施已是一种大的世界趋势。学校形态的成人

教育作为终身教育的必要因素，作为终身教育的前沿阵地和重要实践领域，理所当然地应当主动参与到终身教育活动中来，并在终身教育活动中拓展自己的发展空间。目前我国学校形态的成人教育，特别是成人高校和普通高校成人教育方面的工作已在逐渐开始，但还有很大的发展余地。终身教育与终身学习思想的形成与发展，决定学校形态成人教育的终身化。学校形态的成人教育将对社会和经济的发展发挥更为重要的作用。它们应该充分利用自身师资力量雄厚、仪器设备齐全、实验手段先进、学术气氛浓厚等有利条件，了解和重视终身教育和终身学习的发展，及时转变观念，调整组织和工作方式以主动适应并促进终身教育与终身学习的发展，进而实现成人教育的终身化。

（五）办学风格的独特性

相对于全日制普通学校教育而言，学校形态的成人教育办学特性主要表现为以下几点：以应用型、技艺型、实用型人才为培养目标，施以能够满足学生需求的教学内容，体现了实用性；入学手续简便，脱产、半脱产、业余等多种办学形式并存，学籍管理充分考虑学员的生活、工作实际，为在职人员边工作边学习提供了方便，体现出灵活性；学费低于其他类型学校，国家财政基本不投入，学生无须转办户口且不存在分配问题，办学成本低，体现了低耗性；地方政府或行业部门为主管办学机构，使之与地域或行业内企事业机关单位联系紧密，与当地经济社会结合紧密，为有针对性地开展人才培养提供了便利，体现出地域性。另外，成人教育学校注重优势与集成发展，坚持走特色发展之路，形成学科比较优势与群体优势，形成独特的办学风格。

（六）域内资源的共享性

发展成人教育必须坚持与地方企事业单位、科研院所合作，加强对教育资源的优化配置与有效利用，充分依靠它们的人力、物力资源优势，包括硬件资源即教学设备、信息资源、公共设施等，还包括师资队伍的培养，建立起教育教学资源的共享基地和教学实践基地。在聘请其中的精英人士加盟教育的过程中，建设具有理论、技术和丰富经验的兼职教师队伍；在鼓励校内教师深入实践基地的过程中，逐步培养起自己的"双师型"教师队伍。通过跨学科合作、跨院系合作、跨院校合作，甚至跨国合作，形成资源共享网络，达到优势互补，在资源整合的过程中产生合力，促进成人学校办学水平的整体提升。

二、学校形态成人教育的类型差异

学校形态成人教育的类型差异，主要体现在办学职能、办学载体、学历层次等方面。

（一）办学职能不同

以上三大类的学校形态成人教育，由于教育对象不同、年龄不同、价值诉求不同，因而学校的办学职能也不同。近年来，高等职业教育和以网络教育为代表的现代远程教育也加入到成人高等教育的阵营中。成人高等教育的培养目标是应用型的专业人才，并对已经接受过高等教育的专业技术人员和管理人员进行更新和扩展知识、提高能力的继续教育。而成人中、初等学校，主要目的则在于培养数以万计的劳动大军，因此课程建设强调针对性、实用性、实效性。

（二）办学载体不同

尽管学校形态成人教育的办学主体均为学校，然而细分的话，有的是以独立设置成人院校为载体，有的是以普通高校办的成人院校为载体。前者有较大的自主性，转型快，双师型教师多，课程体系与成人教育的特征接轨多；而后者在办学中往往体现普通高校的特点，开设专业受现有的学科体系影响较大，双师型教师少，实践环节少，实习基地少，市场嗅觉差，灵敏度不高。

（三）学历层次不同

上述三种学校形态的成人教育，办学层次不同：第一类属于高等教育层次，第二类是中等、初等层次，第三类是大学后的继续教育层次。第一类和第二类都是学历文凭式的，但是因为是成人教育性质的，所以也强调实用性和实践性。第三类则完全体现成人教育特点，强调实际工作能力的提高。

第三节　学校形态成人教育的发展趋势

学校形态的成人教育在适应社会发展和人的发展中出现了新趋势，即办学规模不断扩大，获得了越来越广泛的社会参与；同时，学校成人教育也在以往以学历教育为主的基础上，不断拓展自己的办学领域，越来越广泛地参与到社会化进程中。从教育对象角度看，学习者参与并接受成人教育的动机已越来越普遍地表现为对个体发展的关注，包括生活质量的提高。即使是成人学历教育，也已由以往的主要重视取得学历，逐渐转换到既重获得学历，又重自身实践能力的提高。社会的快速发展变化已促使越来越多的人认识到，仅靠一纸文凭无法在社会上立足、竞争并发展，必须提高自己的综合素质和能力；为了适应社会的发展，必须不断地自我发展，自我提高，自我超越，与时俱进。在这种大的趋势之下，学校的成人教育应当顺乎潮流，理所当然地承担起用自己的教育活动有效地促进教育对象全面发展的使命。知识经济的发展，信息化进程的加快，给社会和人们的生产生活方式带来重大变革，也必然要求各类教育包括成人教育在教学内容、教学方式乃至教育对象方面相应地发生变化；科技进步和科技创新的加速，为成人教育的现代化提供了可能；不仅给各类教育，而且给成人教育提出了新的更高的要求，其中既有对受教育者素质的要求，又有对教育者和管理者素质的要求；对外开放进程的加速，使大批量地培养国际通用型人才和外向型劳动者成为紧迫的任务；产业结构调整和就业制度改革的加速，不仅给人们的从业观念带来改变，而且对从业人员的知识结构和能力培养提出了新的要求；而学习化社会建设的加速，更给成人教育办学提出了直接而重要的任务。

成人学校进行改革是必然趋势。要勇于冲破"围墙束缚，将学校教育推广到校外，并推进社会"。学校形态的成人教育作为普通教育的延伸、发展和补充，其职能已发生巨大变化，即由原来的教学、科研发展到包含为社会直接服务的职能，应该把眼界放宽，具有全球视野，走国际化、市场化、社会化的道路，要注重产品的开发和包装，多关注政府、行业热点，多为社会服务，真正担当起应有的职能。

一、教育思维的现代化

辩证唯物主义告诉我们，思想、观念产生于实践，反过来又可以指导实践、推动实践。要实现教学理论现代化，离不开思维方式的变革，而变革过程中又要面对这样一个现实：传统思维方式对教学理论研究一以贯之，并延续至今，影响力巨大。只有深刻剖析中国传统思维方式的特征及其对教育理论发展的影响，我们才能够获得较为清晰的认识，以促使思维方式的真正革新与进步。

传统的思维方式也和传统文化一样，有精华也有糟粕，其中对人们影响较深的局限主要表现为：思维逻辑的绝对化、思维活动的政治化、思维渠道的封闭化、思维方式的公式化以及思维轨迹的单一化。这些陈旧的思维方式不仅不能适应社会变革的形势和发展的需要，而且也是认识片面、思想僵化、决策失误、实践受挫的主要根源。当前，究竟用什么科学的思维方法来构建我国教育理论研究应有的思维框架，是一个难度较大的问题，但可以肯定的是，教条主义和经验主义的思维研究方式必须被抛弃。现代思维结构强调全方位网络式系统化，这种思维结构的特征主要有以下几个方面的体现：（1）整体性。正如恩格斯所说，当我们站在科学的基础上对"自然界或人类历史或我们自己的精神活动"进行"深思熟虑地考察"时，"首先呈现在我们眼前的，是一幅由种种联系和相互作用无穷无尽地交织起来的画面"。[①]因此，科学思维必须注意掌握相互作用和种种联系的总画面。（2）开放性。开放性的思维方式就是要形成一个完整的参照系，纵横兼顾。在世界进入新技术革命时，只有开放性思维才能广泛地吸收各种信息，使思维的综合性和有序化建立在坚实雄厚的物质和理性的基础之上，从而推动思维活动不断向高层次发展。（3）互补性。互补思维是以客观事物的互补现象为思维的引发点和落脚点，使各种思维方式和方法有机结合、各显其长、互补其短，以求取创造性和互补效应。（4）整合性。整合思维是抽象普遍性向整体相关性的一种跃迁，是一种多元构同的动态思维过程。它不仅要求揭示客观对象各个部分的质，而且要求揭示其与环境的内在联系。这可以说是一种把抽象思维、形象思维以及其他思维方式有机结合起来而形成的新的把握事物的方法。（5）开创性。开创性是现代社会的主旋律，也是现代思维最显著的特征。其要求在思维领域里敢于碰硬，敢于破旧立新、推陈出新，追求"独到"和"最佳"。新时期成人教育理论的变革在思维方式上也应遵循上述各项特征。

二、教育体制的市场化

现在培训市场竞争日益激烈：非学历培训竞争的国际化趋势；国内大量民办学

---

① 《马克思恩格斯全集》，中文 1 版，第二十卷，699 页，北京，人民出版社，1971。

校因经营得法而实力大增；数以万计的社会办学机构的不断加入……非学历培训教育已失去买方市场的地位，而完全成为卖方市场。这告诉人们：非学历培训教育的运行模式是完全市场化的，其人力资源、资金、办学场地、教学设备等都必须市场化。在市场体制面前，学校形态的成人教育必须将自己完全置于市场环境中，了解社会需求，主动接近和适应市场，学会市场化操作手段。在宏观层次上，学会运用市场机制实现教育资源的合理配置，以发挥最大的效能；在微观层次上，引入市场经济机制来增强办学的活力。要使学校形态的成人教育的非学历培训有所发展和进步，必须对现有的用人政策做必要的"改革"。学院在聘岗时，对从事培训的人员应独立一块，可设置项目经理人，参照市场的用人机制，招聘若干有较高学历、有一定的非学历培训工作经验的年轻人做项目经理人。同时，建立分配和奖励制度，实行多劳多得、优劳优酬。

三、教育运作的开放化

这主要指对社会资源和学校资源的利用。要走出去，深入社会，了解市场，并主动与校内院系沟通。学校形态的成人教育必须端正态度，学会学习，学会"做人"，学会合作，学会"做事"，学会利用资源和整合资源。在社会上积极与政府、行业协会、各种认证机构和社会办学机构合作与沟通。（1）与政府部门合作，主要是组织、人事等部门。学校和政府部门合作涉及范围很广，既向政府部门要政策，又争取培训市场客户。就这类培训而言，具有培训需求稳定、培训对象稳定、培训项目稳定等特点。这类培训的重点在于需针对特定对象（党政和专业技术干部）研发培训项目和课程，做到普遍化培训和个性化培训的有机结合，达到提升干部队伍素质能力的目的。（2）与行业协会合作。这主要指职业、岗位资格认证培训。随着政府职能的转变，行业协会对于本行业的职业、岗位能力标准的制定具有决定性的话语权。我们应该发挥学校的品牌和办学资源的优势，加强与相关行业的联系，积极参与，探索新的培训市场。（3）与考试认证机构合作，开展认证培训。考试认证机构对有关认证培训项目具有垄断权，若获得其授权，可得到稳定的培训市场。（4）与社会培训机构合作。社会培训机构具有广泛的社会联系、最前沿的培训资讯，其机制灵活，会用最新的市场理念武装自己，一旦选定一个目标市场，就会掌握这个市场的最新资讯。做得好的，成为某个培训领域的"领头羊"。如与这样的培训机构合作，可优势互补，资源共享，对学校业务的拓展必定会有益处。（5）与院系合作。在学校学会用多渠道的方式和途径整合学校资源，形成合力，打造品牌化、精品化培训项目。如与院系联合设计、开发某些交叉学科领域的培训项目；培训市场资源的共享；院系师资的互聘等。这对于师资有限、无独立学科的继续教育学院而言，显得非常重要。（6）学院内部部门间合作。结合成人学生的实际需要，可以开拓一些新的项目。同时，也可选择某些课程，以进修旁听的方式向社会开放。

四、教育项目的拓展化

（一）积极开展培训

成人院校职业培训将覆盖旅游、公务员、金融、公共事业管理、传媒、法律、信息技术、语言文化、艺术和考试辅导等诸多领域，争取以先进的教学理念、优质的课程体系、雄厚的师资力量、完备的培训层次、灵活的教学方式和良好的学习氛围受到社会欢迎。培训不是简单的照本宣科，将一些文字性、书本性的东西说出来就算了事，培训必须根据受训人员的实际情况，包括受训者的工作性质以及在工作中碰到的具体问题等有针对性地进行。为此，一是研究成教政策，调动教师开发培训课程和项目的积极性；二是研究培训项目、培训课程，专注做好政府项目和行业专题培训，以自己的精品项目为核心，滚动发展，形成自己的培训品牌；三是研究培训质量，做到事前有调研、事后有测评，努力建立自己的培训师资库和考察库；四是研究培训市场，要转变观念、拓展思路，不断开创培训的新领域。

（二）开展职业资格证书培训

大力在学校成人学员中推广国家职业资格证书。这是贯彻党和国家有关高等教育改革的精神，实现人才培养知识与技能并重、文凭与证书并举的重要举措，对在校学员提高素质、掌握技能、增强就业竞争力有重要意义。成人学校应该取得职业证书培训资质，坚持培养学员适用型、技能型能力，关注学员就业状况，以市场需求为导向，面向在校学员开展各类国家职业资格认证的培训工作。

（三）争取认证资格

成人学校要积极与人力资源和社会保障部等政府部门沟通联系，申请具有资质的职业技能鉴定所（站），以发展学校形态的成人教育。

（四）积极参与社会公益活动

开展社区教育，是新形势下成人教育的重要任务，也是发展成人教育的一个新的增长点和重要抓手。当前，社区教育工作得到了地方党委、政府的普遍重视，各有关部门和社区居民推进和参与社区教育的积极性很高。成人学校要因势利导，积极参与其中，在取得社会效益的同时，找到自己发展的增长点。

五、办学模式的合作化

（一）校校联合办学趋势

为适应教育竞争，提高办学质量，跻身国际教育先进行列，借鉴企业现阶段实行的"强强联合"方式，在校校之间实现强校之间的联合办学，自然淘汰办学条件差、基础薄弱、不具竞争力的学校。同时，这种联合办学将会由开始的合作型转变为后来的一体化办学，最后组建成教科研势力强大的教育联合体。

（二）校企联合办学趋势

与20世纪80年代企业挂靠学校开办教学班、学校到企业设立教学点的联办方式不同的是，20世纪90年代开始的校企联合办学在相当程度上借鉴了美国、日本、德国等发达国家的经验，整合了我国经济改革和教育改革的成功实践，采取的具体形式是：（1）依托大型企业或企业集团，根据企业发展需要定向培养具有专业理论和生产技能的复合型人才。（2）选择对口服务企业，根据市场需求变化和科学技术发展，开设不同的专业和技能课程，为企业培养预备人才，一方面解决学员择业与就业、再就业的社会生活适应性问题，另一方面让学生在对口服务企业提前进行社会实践，使企业能招聘到"为我所用"的人才。（3）针对不断变化的市场形势和知识经济的迅速发展，依据学校的科研优势并结合企业的生产经营特点，一方面共同研发新产品、设立新项目，另一方面为生产者和成人学员提供良好的进行创新设计和实践的实验基地。

（三）校社合作的办学趋势

校社合作的办学趋势，是指通过学校与社区合作办学，将有可能形成社区职业教育中心，从而更加突出成人教育中心的社区辐射功能和社区教育整合调适功能。这种办学形式既不同于中国台湾的"空中大学"，也不同于中国香港地区的职业教育中心学校，而以政府行为为主导，通过综合社区的人力、物力、财力、技术力量办学。

（四）科校联合办学趋势

为适应教育面向现代化、面向世界、面向未来的趋势，大力发展现代高科技教育，成人教育在21世纪必然面对科学技术革命的挑战。广播电视教育之后继起的信息网络教育，使知识更新速度加快，教育行为的高科技含量日益提高。为顺应这一世纪变化，成人教育将与科研单位联合办学，在为学员开辟生产实践的第二课堂前提下，为学员开辟从事科学实验、了解科技新知识和新动向的第三课堂，也为科研机构以实践方式吸纳人才、进行人才遴选创造条件。

六、教育手段的信息化

计算机网络技术的出现与应用决定了普通高校成人教育的多样性。计算机网络技术在普通高校成人教育中的应用，不仅打破了以往受时间、人员、交通等诸多条件限制的传统课堂的概念，而且也给传统的成人教育带来某些根本性的变革。它"拆除"了学校的围墙，使得不同学校的学员相互间可以进行信息交流，让学员与教员或学员进行单独或共同讨论，使学员灵活地查阅信息，学习它所传递的教学内容。随着"信息高速公路"计划的实施，计算机网络技术在普通高校成人教育乃至整个教育、人类活动中已发挥不可估量的作用。

第十二章

组织形态的成人教育

导言

　　在第十一章论述学校形态的成人教育的基础上，本章就组织形态的成人教育作了研究，着重阐述了组织形态的成人教育的内涵及分类、共同特征和类型差异、发展趋势等基本问题。

第一节　组织形态成人教育的内涵及分类

　　组织形态的成人教育有丰富的内涵，有多种存在形式。它体现了人类对于教育和学习的新的思考，也体现了人类在实现自由全面发展、获得更高更新的生命方面向前迈进了大大的一步。

一、组织形态成人教育的内涵

　　作为组织形态的成人教育——"学习型组织"，是工业经济向知识经济转化发展的产物。以美国管理学家彼得·圣吉为代表，在 1990 年出版的《第五项修炼——学习型组织的艺术与实务》一书中提出了"学习型组织"概念，同时，他提出了学习型组织的五项修炼：自我超越（personal mastery）、心智模型（mental models）、共同愿景（shared vision）、团队学习（team learning）以及系统思考（systems thinking）。学习型组织作为一种新型的管理理论，最初主要应用于企业管理的实践，此后随着时势的变化，它又逐步成为一个普适性的概念，被广泛运用于行政管理、城市管理、社区管理以及其他组织的管理之中。

　　可见，要科学理解组织形态的成人教育，首先要对学习型组织有个科学理解。叶忠海教授认为，学习型组织是指以学习求科学发展、实现共同愿景的组织及成员的成长过程。具体应把握下列诸点。①

第一，学习型组织是"以学习求科学发展"的组织形态（结构）。

第二，"学习"是学习型组织的核心要素。学习，以个人学习为基础，更强调团体学习、组织学习；不只是一般学习，更强调与组织成员的工作和生活情境紧密结合的学习。

第三，学习型组织要有"共同愿景"。其全体成员全力去实现组织的"共同愿景"。

第四，学习型组织是个成长的过程，是组织及成员不断学习、转化、发展的过程；只有相对的起点，没有绝对的终结。

第五，学习型组织要有学习成效。其成效体现在：形成组织学习文化；组织及成员可持续发展。

据此，组织形态的成人教育是以组织为单位，以组织成员科学发展为动因，以团体学习、组织学习为主要形式的成人教育。该形态成人教育，以不断突破自己能力的上限，创造真心向往的结果，培养全新、前瞻而开阔的思考方式，全力实现共同的抱负，以提升生命价值。组织形态的成人教育的具体形式有学习型企业、学习型社区、学习型家庭、学习型街道等。

在组织形态的成人教育中强调的"学习"，是一种互动性、整体性和持续性的活动。在这里，学习型组织的核心是互动。一个组织只有形成了一种互相交流、互相启迪、互相补充、互相修正的氛围，才是学习型组织。互动性学习的基础是团队，相应的组织形式是实现互动式学习的依托。没有团队这个载体，学习型组织就缺乏基础和前提。

在组织形态的成人教育中，特别强调学习是一个过程，是一个与个体生命相生相伴的过程，是一个与学习团队共同成长的过程。"学习型组织"理论强调，个体与团队共同成长，个体只有不断进步，团队才有活力。一个人只有不断完善已有的知识价值系统，才能不断提高自身的生存和发展能力。

基于以上分析，作为组织形态的成人教育，我们必须清楚其内涵中的三个问题：

第一，学习对于组织成员来说是目标还是途径、手段？"学习型组织"的概念一经提出，许多人禁不住它所描绘的美妙与散发的魅力，希望很快将自己的组织变成学习型组织，并以为它的建立是一件立竿见影的事。这是一种误解。因为学习型组织更应被视为是一种引发持续性学习过程的发展性力量，它的作用是长期的、渐进式的。因此任何组织绝不能仅把学习作为学习型组织的目标，它只是建立学习型组织的手段。换句话说，学习这种行为确实能产生新知识，而新知识本身并不足以建立一个学习型组织。新知识必须化为提高组织绩效的实际行动方能显现其价值。这正是学习作为一种途径和手段的意义所在。

第二，这种学习是谁的学习？不是权威的学习，也不是被动的学习。那么，怎样实现每个人的主动学习，就成为学习型组织需要解决的问题。尽管圣吉的五项修炼有着美好的出发点，但要在实践中开展协同一致的学习并不总能顺利实现。一方

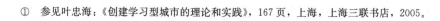

① 参见叶忠海：《创建学习型城市的理论和实践》，167页，上海，上海三联书店，2005。

第十二章 组织形态的成人教育

面，因为每个组织成员都有自己独特的心智模型、个人的熟练水平以及系统思考，因此无法保证他们待在一起就必定会产生团队学习和共同的愿景。比方说，由于某些原因，有些人在上司和同事面前并不愿意说实话，另有些人则不愿意加入组织决定的过程，因为他们不想因此而承担责任。另一方面，学习型组织显然是与实际运作中传统的、等级的甚至权威的组织相冲突的。这些都给学习型组织的创建带来了种种实际困难。在这样的情况下，靠什么机制超越障碍，靠什么力量产生凝聚力，就成为学习型组织需要回答的一个重要问题。

第三，学习什么？从理论上讲，学习型组织必须考虑每个成员不同的学习方式，但这无疑是不现实的。因为除了传统的、正规的训练外，还散见着许多持续的、反思的、个人化或小团体化的自我进修式的随机的学习，这也可以相应地被认为是非正式训练。正是这种发生于闲聊间、休息中、走廊上的非正式的学习才是更大量的，会涉及问题的解决、理论的应用、质量的保证等方方面面，其作用是不可低估的。

总之，组织形态的成人教育的出现基于学习型组织理论，也基于学习型社会建立的理念和实践。它从根本上颠覆了教育的含义，赋予了教育深刻而全新的内涵。它更强调学习者主体，更强调社会和组织对于学习者的学习支持和服务，更强调学习者自己的自主性，更强调学习者具有的价值和尊严。人在学习中焕发出了神奇的生存魅力。

二、组织形态成人教育的分类

在建设学习型社会的大背景中，出现了各级各类组织形态的成人教育。这些成人教育形式从地缘关系来划分有学习型社区、学习型村落、学习型小区、学习型楼组等；从职缘关系来划分，有学习型企业、学习型事业单位、学习型机关等；从亲缘关系来划分，有学习型家庭。

(一) 地缘社区型的学习型组织

即以村居委社区的范围为单位的成人学习与教育组织形式，如学习型社区、学习型村落、学习型小区、学习型楼组等，被视为地缘社区型的学习型组织。其主要特点如下：

(1) 学习和教育活动以基层社区及其构成要素为载体，学习型组织建立在村居委社区地缘系统之中。

(2) 强调学习教育与社区生活紧密结合。地缘社区型的学习型组织是社区与学习教育互动结合的产物。由于社区是一定空间内人们社会生活的共同体，因而该类学习型组织只有与其所服务的"社会生活共同体"同呼吸、共命运，注重提高社区成员生活质量，才能有生命力。这就要求地缘社区型的学习型组织与社区生活和发展紧密结合，学习、教育生活化，生活、学习教育化，充分体现学习、教育与生活、发展的关联性。

(3) 强调共同的文化特质和心理归属。构成"社会生活共同体"的村居委社区，必须具备"两大支柱"：一是"特定的地域性"；二是"成员共同性"。前者是指社区成员聚居在特定的地域内，有着共同的活动空间以及特有的生态环境；后者是指社区成员具有共同的社会关系、发展目标、文化特质、心理归属。这是"社会共同体"的精神内核。据此，作为地缘社区型的学习型组织，应为形成社区共同的文化特质和心理归属服务。

（4）强调形成和谐的地缘人际关系。由于共同的文化特质和心理归属是地缘社区型学习型组织的价值目标，因而通过其学习与教育活动，必然促进社区成员的凝聚力，进而促进社区和谐人际关系的形成。

（二）职缘组织型的学习型组织

即以工作场所的职缘范围为单位的成人学习与教育组织形式，如学习型企业、学习型事业单位、学习型机关等，被视为职缘组织型的学习型组织。其主要特点如下：

（1）学习和教育活动以单位组织为载体，学习型组织建立在工作场所的职缘系统之中，即建立在正式的组织体制之中。

（2）强调学习、教育与职场工作（生产）的整体性发展。基于工作场所的性质、宗旨和职能，从根本上规定着职场的学习、教育必须与其工作（生产）有机结合起来，在工作中学习、教育，在学习、教育中工作；学习、教育与工作（生产）整体性发展。这既是职缘组织型学习型组织的使命，也是职缘组织型学习型组织成长的一大特点。

（3）强调学习、教育为组织及成员创新创造服务。当今世界，全球化趋势全方位深入发展，特别是其中的经济发展全球化趋势越加强化。作为一个单位组织，特别是企业，要在这样的背景下求得生存和发展，关键在于提升单位组织的综合竞争力，其中核心是创新创造力，而基础在于单位学习力。由此，职缘组织型的学习型组织就要为其组织及成员提升学习力，进而转化为创新创造服务。

（4）强调学习、教育与组织文化营造融为一体。一方面，组织文化，是组织学习与教育形成、发展、积淀到一定阶段的产物；另一方面，组织文化一旦形成，便具有"建立"共同愿景、形成共同价值观、强调团队风格、推动互动式学习、达到智能共享、形成组织智能和组织精神等特色。它所聚合形成的"组织文化能"，对组织学习与教育的发展具有"全程性"、"穿透性"的影响力；对组织及成员成长，既具有启动、导向作用，又有激励、凝聚作用。据此，组织学习、教育与组织文化，两者互相促进，相辅相成，相伴而生，融为一体。

（三）亲缘家庭型的学习型组织

即以家庭的亲缘范围为单位的成人学习与教育组织形式，如学习型家庭。被视为亲缘家庭型的学习型组织的主要特点如下：

（1）学习与教育活动以家庭为载体，学习型组织建立在家庭的亲缘系统之中。

（2）强调家庭成员的共学互动。尽管学习型家庭要以家庭成员的终生学习为基础，然而构成学习型家庭的充分必要条件之一，即学习型家庭形成的标志之一，是要看该家庭成员有无共学、沟通、互动的学习特点和长效机制。

（3）强调家庭的共同目标。"共同愿景"是构成学习型家庭又一充分必要条件和形成标志。不仅如此，该共同愿景应是家庭全体成员共商而定的，并全力为达到该愿景而努力。

（4）强调学习教育为幸福家庭营造服务。衡量是否是学习型家庭，要看学习与教育活动的实效。其包括形成家庭学习文化、提高家庭成员的素质和生活质量、营造和谐而幸福的家庭、适应和促进学习型社区建设等。可见，学习型家庭建设直接的价值取向，在于和谐而幸福家庭的营造。

第二节　组织形态成人教育的共同特征和类型差异

一、组织形态成人教育的共同特征

组织形态的成人教育——学习型组织，不是一个抽象的概念，也不是一般意义上的提倡学习，根本目的就是通过明确一个共同理念和目标，建立完善的一系列工作机制，推动整个组织成为一个互动学习、激发创新的"团队"。其有下列共同特征。

（一）归宿性

学习型组织结构或疏散，或凝聚，但是，归宿性是一个重要的特征。地缘社区型的学习型组织是通过地缘性结合在一起的，拥有共同的生活环境、共同的家园，相互守望，尽管来自不同的阶层、不同的单位、不同的群体，但是都追求归属感和安全感、追求人类精神的高贵和享受。职缘组织型的学习型组织和亲缘家庭型的学习型组织则更具有这样的特点，它们有共同的利益、共同的目标、共同的奋斗方向。为了实现这种归宿性，学习型组织一般都有各种机制保障：第一，要有一整套完善的互动学习机制，促进整个组织互动学习经常化、制度化、普遍化，形成人人学习、自觉学习的群体效应，充分调动蕴藏在成员中的自觉性和主观能动性。第二，要有相应的激励和制约机制。努力通过有效的正激励和负激励，促使没有学习愿望的人激发起学习愿望，没有学习习惯的人养成学习习惯，没有学习条件的人具备学习条件，缺乏学习能力的人培养学习能力。

（二）共享性

学习型组织内部要创造和谐、活泼的气氛，使成员产生归属感，开放自我，愿意分享自己的知识、经验与心得。参加学习的成员随时准备讲出自己学习到的知识，与他人分享。知识和技能的分享若能作用在实际工作中，效果将会更好。在成功地完成一项任务后，大家集体对过程展开讨论并形成共识，非常有利于知识的积累和提高，有利于信息系统开放化。在学习型组织中，成员之间彼此咨询，彼此学习，相互之间的关系和谐融洽，从而使信息能够在组织中畅通无阻。不仅如此，学习型组织植基于该组织的共同愿景。组织的共同愿景来源于个人愿景，而又高于个人愿景。它要求组织的全体成员拥有共有的目标、价值观与使命感，把不同个性的人聚在一起，朝着组织共同的目标前进。通过"共同愿景"来营造一种学习的氛围，创造一种学习的环境，以达到价值观共享、资源共享、文化生态环境共享等。

（三）成效性

追求效果，学习型组织的关键点不在"学"上，而在学后反思、思后实践和行动上，学习后要有新的行为。学习型组织的务虚会可以部分地解决思想问题，但不能停留在喊口号、背理念上。一定要与工作紧密结合，讲求干中学，"学以致用，学用相长"。工作改进是学习型组织的检验标准。增进实用性，必然通过反思。反思是《第五项修炼》的核心思想之一，使用学习到的新知识、新感悟去对照团队和个人的工作，发现、分析、解决新旧问题。彼得·圣吉非常用心地研究了中国"学"与"习"两个字，他认为从字形上看，"学"是把孩子送进一个蕴藏着很多文化知识的大门去学知识；而"习"字是鸟的两个翅膀。一只小鸟要学会飞翔，仅仅靠妈妈传授知识是不够的，而要做出新行为来，张开翅膀不断练习才能够学会。可见"学"是强调学知识，"习"就是要拿出新行为。

（四）乐活性

要体现以人为本的思想，工作观必须由"工具性"转为"目的性"。学习型组织的真谛在于使组织成员在组织中"逐渐在心理上潜移默化，而活出了生命的意义"。在学习型组织中，员工能够快乐地工作。快乐工作文化就是要为员工创造一种快乐工作的氛围，用组织的共同愿景激励员工的积极性、创造性，使员工能够充分发挥个人的潜能，在为组织创造出更大价值的同时，实现个人的生命意义。学习型组织能够激发成员对生命价值的热情关注，提高成员的幸福指数（GNH），促进人自由和谐发展，实现人文精神的回归。

第五代管理的核心理念是感恩、善念、包容、快乐。感恩，强调组织与个人、组织与社会、组织内人与人之间都懂得饮水不忘掘井人，培育一种高尚的感恩之情。只有懂得感恩的人与组织，才有可能获得成功。善念，就是要有真、善、美的理念，始终以积极的心态去思考问题，一个成功者必然是一个始终拥有积极心态的人，总是悲观绝望的人很难获得成功。包容，具体指的是追求完美，但允许失误，只有允许失误，才能激励创新，才能不断地接近完美。快乐，就是快乐工作。什么是真正的快乐？就是要活出生命的意义。

二、组织形态成人教育的类型差异

尽管组织形态成人教育有着共同的特征，然而由于其存在形式非常复杂，种类繁多，不同类型的组织形态成人教育存在明显的差异。

（一）性质定位的差异

家庭型的学习型组织，系亲缘关系性质的学习型组织，定位于单位家庭范畴之内；组织型的学习型组织，系职缘关系性质的学习型组织，定位于单位组织范围之内；社区型的学习型组织，系地缘关系性质的学习型组织，定位于社区范畴之内。不仅如此，即使同一类型的学习型组织，也存在着性质的差异。学习型企业、学习型机关同属于职缘组织型的学习型组织，然而前者属经济实体性质的学习型组织，后者则属行政实体性质的学习型组织。由于各类学习型组织的性质定位不同，于是带来目标指向、实践重点、运作方式等方面的差异。

（二）目标指向的差异

组织形态的成人教育虽然都具有愿景性——同心向未来，但是，在目标的指向上，地缘社区型的学习型组织的目标指向显示出本土性，在于提高社区凝聚力，增强社区成员的归宿感和安全感，使社区成员"安居乐业，守望相助"，促进社区成员终身发展和社区科学发展。职缘组织型的学习型组织的目标指向在于建立共同愿景，激发组织成员的创造性，创造足以凝聚人心的文化氛围，保障和促进员工发展以及组织可持续发展，最终目的是让成员从为生存而工作的怪圈中解放出来，实现人的价值和尊严的回归。亲缘家庭型的学习型组织的目标在于建立共学互动的学习机制和"民主、温馨、相互尊重"的家庭学习氛围，互相鼓励，使家庭成员在各个方面都能够成长，整体提高家庭的生活质量，形成新型的和谐幸福家庭。目标指向差异，不仅上述三大类学习型组织有明显不同，而且同一大类学习型组织内也有明显的差别。如学习型企业与学习型机关同属职缘类学习型组织。后者的目标指向在于促进机关及成员行政素质和效率的提升，形成社会民众满意的服务机关。前者的目标指向除了促进企业及其员工可持续发展，还要把经济效益放在突出地位。

（三）实践重点的差异

地缘社区型的学习型组织，为了达到其目标指向上的要求，它的工作重点：一是要整合地域内不同单位组织的利益和资源，动员各单位组织参与学习型社区的创建；二是要建立实体性社区教育机构，作为社区学习与教育基地；三是要建立和完善社区教育内容体系；四是要推动社区内各类学习型组织和学习型团队的创建；五是要形成社区终生学习文化；六是要相对稳定地创建管理队伍和教师队伍；七是要建立居民学习成果认证制度；如此等等。

职缘组织型的学习型组织，为了达到其目标指向上的要求，它的工作重点思路为：牢牢抓住创建学习型组织的主线："学习—变革—创新—发展"；着力推进工作（生产）与学习教育的整体性发展；把建设组织先进文化贯穿于创建学习型组织的始终。它的工作重点的举措：形成创建学习型组织的思想共识；建立创建学习型组织的共同愿景；形成互动共享的组织学习系统；切实组织好组织中的团队学习；把学习型组织领导群体的创建放在首位。

亲缘家庭型的学习型组织，为了达到其目标指向上的要求，它的实践重点：激发和树立家庭成员，特别是家庭主持者的终生学习愿望和理念；商定家庭的共同愿景和学习规划；建立家庭共学互动的制度；提供家庭学习必要的物质条件等。

（四）运行方式的差异

地缘社区型的学习型组织的运行方式为公共治理的运行方式。政府制定政策法律并发挥统筹协调作用，各个部门积极配合，实现社区内部的社会互动。这是因为构成地缘社区的一个核心要素是社会互动。如果一个社区空间内仅有社区居民个体的自我学习，缺乏社区居民在彼此交往和互动中的共同学习、团队学习，学习型社区也是无法真正形成的。因此，构成学习型社区的一个更为核心的学习形态是社区学习。社区学习是指社区居民在相互的交往与互动过程中共同学习，是以社区教育体系和学习型组织为载体的社区居民有组织的共同学习和团队学习。社区居民正是在参与社区学习活动过程中不断密切彼此的关系，增进社区的认同感、归属感和凝聚力。因此，对于构建学习型社区而言，社区居民的社区学习是比社区居民自我学习更为重要的一种学习形态，社区居民广泛参与社区学习活动是学习型社区形成的重要标志。

职缘组织型的学习型组织的运行方式是充分发挥组织晶核特别是一把手的带头人作用，最大程度地实现扁平管理，健全制度，减少中间环节，降低运行成本，实现效益最大化。比如，建设学习型企业，就必须以组织发展战略为目标，并以学习型组织理论为指导，在推动个人学习基础上，着力推进团队、组织的学习，发展适应型、预见型、行为型的各种学习类型，充分运用系统思考、自我超越、转换心智模式等学习策略，依托学习服务体系形成组织的学习体系。紧紧围绕各阶段的中心任务，紧紧围绕新技术运用、高技能人才队伍建设，大力推进员工培训保障体系建设，严格落实"实、严、细、高"培训标准，认真抓好关键岗位技术培训和职业技能竞赛等工作，为不断提升员工队伍整体素质，保证安全生产，促进企业可持续发展而努力。

亲缘家庭型的学习型组织运行方式要坚持下列的原则：一是坚持长辈为先原则。长辈必须带头学习，不断充实、提高自己，带动家庭成员之间建立良好的沟通，使整个家庭在有效的策略及无形的人格陶冶中，达到目标指向的要求。二是坚持全员参与原则。把学习作为家庭生存和发展的内在动力。三是坚持互动学习原则。家庭成员之间互相学习，互相启发，互相激励，所谓大手与小手之间手牵手，形成共学、沟通、互动的家庭学习特点，建立"民主、温馨、相互尊重"的学习型家庭，使家庭成员的全面发展与学习创新型社会建设同步进行。

第三节　组织形态成人教育的发展趋势

未来 10 年内，首届学习型城市国际大会在世界的影响日益扩大，所通过的《北京宣言》日益深入世界各个国家和地区；我国《教育改革和发展纲要》所提出的"基本形成学习型社会"的基本战略目标的达成显得日益紧迫。在这样的国内外背景下，我国组织形态成人教育有如下的发展趋势。

一、规模扩展化

组织形态的成人教育，随着我国《国家中长期教育改革和发展规划纲要（2010—2020 年）》的深入贯彻落实、学习型社会建设的深入发展，作为学习型社会的"基石"——各类学习型组织将进一步迅速发展，总量规模将进一步扩展，达到新高峰。不仅如此，学习型组织提倡新的学习观，在变化发展中学、随机学、终身学；提倡新的知识观，重视知识的发展和更新，重视信息的时效性、动态性、综合性；重视人的学习能力和创新能力。这些新型的理念又都给组织形态成人教育的发展带来了生机和活力。

二、层次高移化

在我国，今后一定的历史时期内，全党和全国人民为实现中华民族的伟大复兴而努力奋斗。未来学习型组织的发展，将以实现"中国梦"为总背景、总动力、总条件，两者紧密结合，这显然提高了学习型组织建设的精神境界。在此同时，随着知识经济迅速发展，知识社会逐渐临近，社会日益知识化，反映在学习型组织建设上，必然与知识经济连接得更紧密，必然加大了学习型组织学习与教育活动的知识含量，大大提高了学习型组织建设和活动的层次和水准。

三、自主特色化

无论哪种形态的学习型组织，其特色发展都是永恒的目标。实践证明，创建学习型组织"活的生命体"，光靠范性规定是不够的，还应该进行充满活力的弹性引导。随着生产力的发展和人类文明的进步，人的需要逐渐由"生存"向"发展"转变，人们更加注重自身价值的追求和实现，更加渴望得到全面发展。在这种情况下，人们对工作的要求不再停留于过去"找个饭碗，挣钱吃饭"的水平，而是向增长知识、开发技能、融入社会、体会乐趣、实现人生价值的要求转换；对教育的需求也不再停留于传统的学历教育上，而是日趋全面化、多样化和个性化，趋向于文化积淀、知识丰富、技能强化、阅历增长、价值重构的全方位教育。工作、学习、生活一体化的生存模式越来越为人们所向往和追求。在这样的客观要求下，各级各类学习型组织的特色发展将是一个必然趋势。

四、细分整合化

现代学习型组织建设已经以基层组织为基点，向下扩散到个人，向上扩展到整个企业、整个区域。彼得·圣吉团队到中国企业考察时，曾提出了将企业愿景分解到个人的建议，这是实现细分整合的有效措施，是学习型组织"落地"的一个重要举措。企业可以制定当年愿景和3～5年愿景，然后层层分解：为了达到这个共同的目标，每个部门要做什么，为了这个部门的目标每个班组要做什么……依次类推，让每个人都有一个愿景，最终落实到个人。愿景成为服务企业、成就自我的原动力。当愿景分解到个人的时候，重要的一步是进行评估——这个愿景是否跟个人情况、本职工作相结合，随后跟踪考核。学习型组织理论只有被基层管理人员所认识和了解，在基层得到广泛的认同，才能落地生根。车间、班组是企业的细胞，也是企业创建学习型组织的基础。为此，要大力开展学习型车间、班组创建。通过创建，不断提高车间、班组的学习力、创造力和自我超越能力，使企业的组织细胞更具有活力、更富有创造性，为创建学习型企业持续推进提供坚实的基础和强大的动力。同理，建立学习型社区和学习型家庭也一样，其中每个单位和成员都要树立系统思维的意识，在一个大的框架和系统中思考自己的发展和贡献，将细分整合进行到底，这种措施将有助于各级各类学习型组织的内涵建设。

五、关系网络化

学习型社会是一个高度信息化的社会。在这样一个社会中，必须首先学会数字化生存。就学习型组织而言，必须逐渐实行网络化，通过网络来缩短空间距离，获取一切可用的信息，沟通人与人之间的思想，增强学习力与创造力。

这种网络化表现在组织与组织之间。如青岛市建委在实施"一站式"政务办理的基础上，通过行政流程的再造，以网站建设为起点，建立了建筑管理的电子政务系统——"网上建管"。"网上建管"由建管互联网、建管业务网和中央数据库三部分组成，用于网上办公、网上公开、网上市场、网上互动、网上联动、网上监控、网上建管构架等。网络化的建立，实现了信息的共用、共享、共维护，实现了信息自动传递、信息智能检索以及信息的丰富完备，使协同工作在计算机支撑下得以充分发挥，构筑了一个系统的学习网，使人们能在协同中学习，在学习中协同工作。由此可见，网络化的学习型组织已通过网络走出了组织，又通过网络走进了社会，连接社会各类各层次组织。

这种网络化还表现在组织内部。随着企业对管理软件、信息数据和网络技术的运用进一步深化和加强，传统的职能管理部门的大部分重复性管理工作由企业管理软件完成，职能部门的任务只是制定和修改控制程序、处理例外事件等，且他们的工作方式不再是传统的等级命令型，而是相互帮助、共同协商型。在企业内部网络平台的帮助下，员工之间的纵向分工不断减少，而横向分工和协作不断加强。企业组织过去以控制命令为核心的组织关系逐渐变成了一个相对平等和自主、富于创新的网络关系。组织关系网络化的最大益处就是减少了企业决策与行动之间的延迟，加快了对市场和竞争动态变化的反应，从而使组织的能力变得柔性化，反应更加灵敏。

六、边界柔性化

柔性（flexibility）一词，有柔韧、灵活、能适应新环境、可通融之意。柔性化管理不是依靠外力，而是依靠人的活力解放、权力平等、民主管理，通过激励、感召、诱导等方法，从内心深处来激发每个员工的内在潜力以及主动性和创造性，使他们能真正做到心情舒畅，不遗余力地不断开拓新的优良业绩，成为组织在激烈竞争中取得优势的力量源泉。柔性化管理是"人本"管理的一种实践形式，充分体现了人性化的管理，体现了"以人为本"的管理思想。

各级各类学习型组织在信息化社会的影响下，出现了网络组织、虚拟企业、战略联盟，组织边界柔性化，使信息、资源能够快捷便利地穿越传统组织的边界，促进各项工作在组织中顺利展开和完成，使组织作为一个整体的功能已远远超过各个组成部分的功能。

各级各类学习型组织的边界柔性化将使学习型组织之间的联系和渗透增多，依存性增大，影响力扩大，这有助于组织单位学习力的提升，有助于在一个更大的系统中提升学习力和创造力。

从以上可以看出，组织形态的成人教育在保持自己特色的基础上的联合和柔性将是一个趋势。一方面从组织内部要细分整合，加强特色建设，打造核心价值；另一方面从组织外部要加强联系，加强与外部组织的联动，加强自己的柔性和弹力。这种柔性和弹力也是张力和生存力。当然，建立学习型组织是一个持续的、渐进的过程，需要不断学习、不断改进、不断提高。在学习型组织建设中，要摆脱浮躁、追求一蹴而就的心理；要遵循系统组织分阶段、分层次进行的原则，针对不同情况、不同对象、不同层次，提出相应的学习内容和方式，使创建工作具有可操作性。

第十三章

社会形态的成人教育

导言　　研究成人教育的教育形态，不仅要研究学校形态、组织形态的成人教育，而且需研究面广量大的社会形态的成人教育。本章就社会形态成人教育的内涵和分类、共同特征和类型差异、发展趋势等基本问题作了探索。

第一节　社会形态成人教育的内涵和分类

在社会形态的视域下把握成人教育的内涵和分类具有重要的价值，有利于把握其本质和特征，也有利于把握成人教育的规律性。

一、社会形态成人教育的内涵

社会形态，是一定社会生产力基础上的经济基础和上层建筑具体的、历史的统一体。教育与社会具有紧密的联系，在教育体系中，成人教育更以深广的社会性见长，它将教育的触角伸展到社会的各个角落，触及社会的每一个成员，延伸到每个人人生的各个阶段。在教育的发展历史中，成人教育是辉煌的一页，它代表着教育理念的自觉，代表着教育本体的成熟，代表着教育功能的完善，代表着教育开始真正地回归以人为主体的生活。在成人教育博大宏伟的体系中，社会形态的成人教育更集中体现了这一特征。

社会形态成人教育的内涵是指：以政府（包括政府委托学校）、社会团体、企业雇主、群众组织和其他社会教育机构为主体承办的成人教育形式，如社会教育、社区教育，以及各式各样的培训活动等，社会形态成人教育在推进政治、经济、文化社会发展中发挥显著作用和直接影响，体现着鲜明的社会发展整体性特征。从广义上来讲，包括学校教育以外的一切文化教育设施对儿童、青少年和成人进行的各种教育活动，即通过学校以外的社会文化教育机构，如图书馆、博物馆、文化馆、文化宫、少年宫、展览会、电影院、剧院、公园、体育场馆等具有社会教育功能和进行社会教育的实施机构，对青少年和民众进行的全面发展教育。

在推进社会进步中，社会形态成人教育与人们的生存和生活越来越发生着密切的联系。它和民生联系在一起，反映着人们的文化生活质量；它和民主联系在一起，反映着教育公平的水平；它和社会的保障体系联系在一起，反映着社会公共服务的质量；它和社会的文化繁荣联系在一起，反映着人们的精神风貌……无处不在的社会形态成人教育，是时代发展的一面镜子，当然也成为各个历史阶段发展的鲜明符号。

二、社会形态成人教育的分类

社会形态的成人教育，是一个内涵丰富的体系，涉及的范围之广，涉及的种类之多，涉及的内容之复杂，是其他任何教育形式都无法比拟的。角度不同，分类的标准不同，分类的结果自然也不同。

社会形态的成人教育，按照社会成员年龄来分，有中年成人教育、老年教育；按照教育内容来分，有女性教育、家政教育、休闲教育、时政教育、生活教育、职业培训（教师培训、干部培训、劳动力转移培训、企业培训）等；按照办学主体（综合考虑出资、方案制定、参与实施的程度）来分，有以下五种：政府主导型、政府民众协同型、社区民众主导型、社会培训机构主导型、雇主主导型。

（一）政府主导型

"政府主导型"系以政府为主，民众为辅。一般来说，政府系目标制定者，主导计划实施，民众则处于从属与被领导的地位，在成人教育发展早期显示出这样的特点。早期，民众还没有成人教育的自觉行动，成人教育的推动更多靠政府组织。这种类型包括目前我国的学习型城市建设和社区教育开展，也包括中国特色的扫盲教育、干部教育等，都具有政府主导性质。当然，发展成熟后的成人教育也有这种类型，比如日本公民馆和美国的成人教育国家方案等形式。从具体实施的载体可分为以下模式。

1. 模式一："国家统领"模式

成人教育涉及的政府部门有民政、人力资源、社会保障、职业教育等部门，成人教育活动和国家的重要决策联系在一起，往往就会变成一种自上而下的国家行动，在这种情况下成人教育就会变成一种运动或思潮。比如扫盲、识字、青年工人的培训、下岗再就业培训等。这种国家行为会责成某个职能部门重点主导完成。在国际上具有影响力的为美国的成人教育国家方案。

美国联邦政府为了成人教育的实施，制定了国家方案，提供有关成人教育与识能领域的研究与评估的补助。从 1988 年开始，即有相当广泛的评估计划在成人教育国家方案的补助下进行，范围从小型的委托报告到大型的全国性调查及包含成人教育的福利改革方案委派的实验等。目前实施的计划包括：教师训练的评估、国家成人识能调查（National Adult Literacy Survey，NALS）技术支持合约、专业发展协助、州之绩效与评鉴的技术支持计划、美—墨西哥边界计划，以及志工行动的工作坊。

该模式的特点是：（1）统领性。该类型成人教育的统领性是通过国家来实现的，只有通过国家才能对成人教育实行统领。而具体实施靠政府以及政府所设立的所有工作部门和机关，因而政府及其部门和机关是社会形态的成人教育的主体，对整个社会教育质量的作用和影响是无可替代的。（2）职能性。政府在开展这种模式的成人教育中，主要体现以下 4 种职能：投资职能、筹措职能、协调职能、规范职能。投资职能是指政府要对其项目以及计划拨款投资。筹措职能是指政府根据出台的计划颁布行政命令，指定相关实体进行联合，并且拨出专项资金保证计划的正常实施，从而统筹社会教育资源、平衡各地区的发展。协调职能是指政府应协调成人教育相关方之间的利益关系，创造和提供各种条件，保障其顺利运行。规范职能是指政府通过制定相关的法律法规明确成人教育相关方的权利与义务，以立法的方式要求行业在一定程度上支持成人教育的发展，同时也通过相关的法律法规引导其他社会机构参与成人教育。

2. 模式二："地方政府主导"模式

基于成人教育的复杂性和多样性的特点，成人教育不同程度地体现了灵活性和动态性原则。目前我国社区教育的主要形式是"街道中心"模式。街道作为辖区社区教育的组织者、实施者、协调者，以社区服务及社区文化为着眼点进行养生、保健、休闲、文体等诸方面社区教育。其运作方式为：（1）街道按职能计划、实施、检查社区教育工作。（2）成立社区教育委员会，由当地党政领导挂帅，有关职能部门及驻地单位参加社区教育工作，即"街道牵头、社会参与、双向服务"模式，带有较强的行政管理色彩。

该模式的特点是：（1）政府主导。街道作为地方政府派出机构，在社区教育中占据主导地位。社区教育作为街道的一项重要工作，纳入工作目标体系并借助行政手段推进。（2）社会参与。广泛动员辖区各界参与社区教育，发挥社会各界（尤其是学校、青少年宫、图书馆、读书会、市民学校等）资源优势，形成共建、共管、共享格局。

这种模式发挥了城市街道这一城市管理的最基层派出机构的主导作用，可在一定限度内调动社区各种教育资源，适用于城市管理基础较好的大城市，如果街道派出机构自身管理能力较弱，易流于形式，而且由于街道干部自身素质的局限性，较难提升办学层次。

在国外，这种模式以日本社会教育为代表。日本把社会教育定义为"《学校教育法》所规定的学校教育活动之外，以社会全体成员为对象的有组织的教育活动"。日本以公民馆为主要载体。日本的成人教育和终身学习立法是以中央政府为主体的。但即便如此，立法也在很大程度上体现了地方自治的原则。日本在《终身学习振兴法案》（1990 年颁布）中明确规定了都道府县在推进终身学习活动中的计划、调研、服务、协调等职责。日本《社会教育法》则规定以市町村作为规划和开展各类社会教育活动的主体，并明确规定"公民馆是各地对公民实施社会教育的主要设施"。为此，《社会教育法》对各地公民馆的设置和日常运作提供专门拨款，确保市民能够利用公民馆这一基本社会教育设施接受形式多样的社会教育。

3. 模式三："政府委托学校"模式

此模式体现在中国特色的高等教育自学考试方面。该考试是国家性质考试，国家在其中起主导作用，并在中央、省市自治区两级设立了高等教育自学考试指导委员会及其办公室，加强对自学考试统一协调。然而由于高等教育自学考试的开考专业和课程门类很多，政府依托高等学校进行质量把关，于是规定了有关专业的主考学校。该高校的主要任务：负责提出专业考试计划和课程考试大纲，编写教材和自学指导书，选派命题教师，办理和主持考试，组织评卷，管理成绩等，充分发挥了主考高校的质量把关作用。

（二）政府民众协同型

"政府民众协同型"系以政府和民众互为主体，在特定方面各自都有自己的主体位置，权利和义务均衡的一种协作方式。一般来说，国家制定相应的法律，规定各级政府的责任，包括资金投入、学分对接、学历认证等权力，同时也给予民众团体足够的自由，比如项目制定、项目组织和实施等权力，在成人教育发展成熟期显示出这样的特点。

在长期的历史发展中，美国、北欧在发展社区教育和社会教育中逐渐形成了政府和民众相结合的方式，不仅体现在资金投入上，也体现在管理和方案的制定上，更重要的是承担一部分学历教育的任务，并获得国家承认，政府和具体组织者相互都有义务和责任。例如，通过制定学分互认和积累转移制度促进跨教育类型的校际联盟的正常运作。此外，政府可以利用拨款来明确各成员应该承担的责任、应该履行的义务以及由此能够获得的权利。也可以在集团内部或集团之上成立协调和仲裁各成员之间利益关系的专门委员会。当然，在我国的发达地区也有这样的模式。

1. 模式一：美国社区学院模式

社区教育一般被认为是为整个社区各种年龄、各种职业、各种类型居民所提供的非正规的教育服务。美国实施社区教育的主要基地是社区学院，社区学院的形式是美国社区教育的主要形式。同属这一类型的国家还有英国等。社区学院首创于20世纪初的美国，是一种以地方办学为中心的两年制综合性、多种功能的短期高等教育机构。在百余年的发展历程中，逐步形成了转学教育、职业培训教育、社区教育、继续教育和补偿教育等多种教育功能，为美国经济建设、社会发展和高等教育大众化、民主化作出了重大贡献。其性质为在联邦政府、州政府和当地社区资助下创立的高等教育机构——公立社区学院。其运行方式为：（1）在领导体制上，基本由地方分权，联邦间接管理。（2）在项目上间接干预性管理。第一，重点资助对国家发展影响大的或公民福利性促进教育机会平等的项目，如成人初等和中等教育、合作推广教育、职业教育、处境不利者的培训、退伍军人培训等。第二，专业提高、个人娱乐等方面的项目由社会力量办理，但政府对其人事、设施、行政开销方面，也时常给予一定支持。第三，临时办理与一些重大而紧急问题解决有关的培训，如难民培训、受灾者培训等，这些项目有的面对广大公众，有的事关社会的安定，难以由社会各界或私人独立举办，因此需要政府出面干预。（3）成人教育项目的实施主要由各机构自主行事，由各种协会进行专业性规范与协调。

该模式的特点为：（1）本土性：社区学院根据本地区的经济发展和社会需要开设各种专业，招收人数根据劳动力的客观需要量确定，着重培养学生的应用技术能力和操作技能，培养经济管理和社会服务方面的初级和中级专业人才。（2）多样性：社区学院的多功能性表现在多种职能并驾齐驱。它包括就业培训、升学补习、成人继续教育、更换职业教育等。既具有开展普通教育的特点，又具有职业教育和社会教育的特点，真正体现了社区学院开展教育的多样性和灵活性的和谐统一。

2. 模式二：北欧民众学校模式

实行这一类型社区教育的国家主要是北欧各国，如丹麦、瑞典、挪威、芬兰等，所以这一模式又往往被人称为社区成人教育的"斯堪的纳维亚模式"。这一类型社区教育的主要特点是以各级各类民众学校为教育载体，紧密联系地方和社区，强调面向社区内的所有成年人，以体现福利国家的特征。这种模式的运行方式：（1）政府制定法规和经费投入。（2）民众学校为办学主体，可以在法规规定的范围内决定自己的教学大纲，为学生提供各种课程，学习时间从 2 天到超过 30 个星期，学生在学习某些课程后，有资格进入大学。（3）自愿教育协会、民众运动和工会与学校合作组织课程和教学。

3. 模式三：中国社区大学（学院）模式

近年来，此模式在北京、上海、浙江、山东等经济快速发展、教育基础较好的地区出现，正日益引起人们的关注。其内涵主要有：社区大学（学院）作为本地区社区教育的龙头单位，通过理事会或校务委员会等机制开展文化性、职业性、专业性社区教育。其具体运作方式为：由当地党政领导牵头，教育部门主管，各部门各行业协同的地方成人教育框架，依托当地成人高校作为办学实体，依靠现代教育技术，形成多层次、多门类、适销对路的社区教育格局。

此模式实为教育系统内部成人高等教育体制改革和借鉴西方发达国家社区大学（学院）、开放大学成功经验两者相互作用的产物，是一种区域性、多层次、开放式、综合性、大众化的集区域高教、成教、职教为一体的新的大教育模式。其融学历教育与非学历教育、职业资格证书教育与休闲文化教育、各界委托项目教育与居民自治教育于一体，成为一种与我国现行高等教育体制不同的社区教育办学实体，它既是对"以学校为主体"、"以街道为中心"模式的办学层次的提升和项目拓展，又与"以地域为边界"的模式有着本质区别。

（三）社区民众主导型

这种类型系民众自力发起的，所有方案的制定与执行都由民众自行主导，官方并未参与或只是辅导的立场。其中，以美国为代表。美国人喜欢组织民间团体从事各种活动，其民间团体之多、范围之广、所从事的社会活动之繁杂，世界上没有一个国家可与之相比，形成美国文化与社会中最独特的一面。在美国，不同身份、地位、职业、性别、年龄的人，基于某种共同的理念，不断地形成组织。而这些民间组织均热衷于从事成人教育活动，为之提供经费，投入人力、时间。民间组织开展成人教育活动，尽管要向学员收取一定的费用，但多为非营利组织。这些非营利的社会团体大致分为六类：（1）教会；（2）教会以外的宗教组织，包括教会总部组织、教会委员会、教堂联盟以及与教会有密切相关的其他组织等；（3）基督教青年会系统和红十字会，包括基督教青年会、犹太青年协会、犹太女青年协会；（4）市民组织，包括睦邻中心、高级市民团体、纳税者协会等；（5）社会服务组织，包括社会福利组织和健康导向的团体；（6）文化组织。这些民间组织是成人教育领域一支不可忽视的力量，早期的民众学校都具有这样的性质。

近几年来，随着我国社区教育深入发展，强调激发社会活力，社会组织在其中发挥的作用日益明显，各种类型学习共同体和学习团体雨后春笋般迅速发展，充分体现了社会民众的主体性。该模式的特点是：自发性强、本土特色鲜明、渗透力强、草根性、生活性。

（四）社会培训机构主导型

改革开放以来，我国出现了大量以盈利为目的民办教育机构，以教育培训为主要形式，面向市场，为社会成员提供各种教育服务。包括职业资格证、岗位资格证、学校的补偿教育等。该类培训受市场机制所制约，因而也称为市场主导型。

这种模式的主要特点是：（1）接纳力强。在市场经济体制下，该类成人教育显示出市场属性、产业属性和职业教育属性，从而要求成人教育要素随之发生相应变化，这种变化又要求社会形态的成人教育本身具有较高的容纳能力。（2）分辨率高。市场主导型的成人教育的更新和社会需求及社会条件变化的速度是同步的，或者说市场主导型的成人教育能在"第一时间"内对社会需求进行分辨，社会需要将成为促使成人教育目标、内容、教学方法等诸要素转向的决定因素。这种快速的"反应能力"就是其开放性的表现。（3）以盈利为目的。民办教育融资和投资体制的变化，把我国民办公助教育与资本市场联系起来，使该类成人教育以盈利为目的，优胜劣汰，适者生存。

（五）雇主主导型

企业办成人教育多属于这样一种形式，企业职工大学、企业人力资源部对于职工的培训教育都纳入其中。企业、事业单位有义务对职工进行教育培训，应当建立、健全职工教育制度，制定并实施职工教育规划和年度计划。

这种模式的主要特点是：（1）企业买单。这种形式以企业为主导，根据企业发展的需要开展成人教育活动，国家要求职工培训经费不得少于其工资的2%，也有许多国家要求从企业的税收中支付培训费用并形成制度。（2）技能性。企业根据生产的需要对职工开展职业技术教育。新产品、新工艺、产品更新换代都需要职工掌握新技术，开展职工职业技术培训是企业竞争发展的需要，也是企业立于不败之地的需要。（3）务实性。不同的企业，客观条件不同，其培训不能拘泥于一种固定的模式，不能生搬硬套。应立足于满足实践的需要，通过学习、讨论和实践等方法，找到自己培训工作的规律。企业要与企业的实际工作相结合，深深植根于具体的实务之中，要避免从理念到理念，搞成活动或运动。

分类的意义在于盘点清楚社会形态成人教育的存在状态，有助于了解在社会的坐标系中社会形态成人教育所产生的影响，了解其在推动社会文明发展中所具有的使命，当然也有助于推动成人教育事业不断向前发展。

 ## 第二节　社会形态成人教育的共同特征和类型差异

一、社会形态成人教育的共同特征

成人教育从产生到发展，从起点到终点，其整个过程和社会的政治、经济、文化密切相关。它是社会发展的结果，同时也是社会发展的手段和目的。它的发轫直接源于社会进步，所以它的使命和社会有天然的联系。社会形态的成人教育具有大教育和泛教育的特征，突出的特征有以下几个方面。

（一）社会性

社会形态的成人教育的产生同社会变革有密切的联系，在外部，它与社会有广泛的兼容性，即和其他社会结构如行政机关、社会团体、企业事业单位有密切的联系，甚至成为其发展的重要组成部分；在内部，它与其他的教育形式、教育的其他元素有密切的联系。它是终身教育的重要组成部分。

从办学方面看，政府、企业和各种社会力量都是办学的主力。社会形态的成人教育首先绝大部分由政府来实施，也有的由地方教育行政部门来实施；其次是由校外机构、工人教育协会、各工会组织等实施；最后则通过私人渠道实施，如私营企业、职业联合会、行会、工会、社会服务机构、雇主联合会、教会、私立学校及其基金会等组织或机构。

成人教育的社会性还表现在它在教学内容、教学方式、教学场所上所具有的社会性。教学内容上，引入了生活教育、社会教育的理念；教学方式上，社会进步的技术手段直接服务于成人教育，如远程传输、网络平台等；教学场所上，它将课堂延伸到了工厂、农村等空间领域。

成人教育不但被认为与教育制度大有关系，而且与社会秩序息息有关，它成立的主要原因是社会文化运动，正因此，它具有强烈的社会实践性。成人教育涉及社会生活的方方面面、各个角落；凡是有人的地方，成人教育就到什么地方，这是任何教育所不具备也不可能实行的，是对专门教育最具冲击力的。

（二）服务性

社会形态成人教育的宗旨，首先是为社会服务的，这种服务是更直接的一种服务，既能满足各类在职人员更新知识、提高水平的需要，也能满足失业人员学习新技术以寻找新的就业机会的需求；既满足人们不同年龄发展的需求，也满足人们休闲娱乐的要求。它通过多种教育形式，开展有关国家政策、社区规划、娱乐文化等宣传教育，满足居民的精神需求，消除或解决各种社会问题，为建设和谐社会和提高人们的生活质量服务。正如成人教育专家 R. H. 托尼（R. H. Tawney）所说："成人教育的最近发展，具有特殊意义。这种意义早为工人阶级运动的大部分人物所承认；倘若工人社会要解决它自己所有问题，要发动它自己所有力量，又要创造一种恰好符合于它的理想中所有新社会秩序，它务须注意于它的会员所需要的成人教育。工人社会，在过去数十年间，常用尽心思与运用毅力以改善它的经济地位；如今它应该用同样苦心和毅力以努力于成人教育而准备明日的社会。"

（三）多变性

社会形态成人教育的多变性是由频繁的社会动荡和社会激变决定的。在时空上处于一种发展的不稳定状态，"物之不齐，物之性也"，社会在发展，社会经济成分、组织形式、就业方式、利益关系和分配方式与之相适应，都会发生各种各样的变化。正是在这种快速多变的过程中，人们思想活动的独立性、选择性、多变性、差异性明显增强，社会思想文化呈现出多样、多元、多变的特点。成人教育为了适应这样的一种变化，多变性成为重要的特征。这种转变既是社会环境多变影响的结果，也是成人教育伴随社会的发展变化而变化的表现，这种变化随着自身发展与社会关系调节（含学校的教育导向作用）而展开。当二者调节有效时，成人教育呈现活力，新型的成人教育形态得以逐步确立，并完成对旧的成人教育的否定；而当二者的调节无效时，呈现出一种与社会背道而驰的离心力，这种离心力及其变化又向着与之相反的方向变化发展。这种二者调节关系的有效与无效反映了成人教育具有急剧变化的自然性、日益扩展的实践性和日趋成熟的社会性的本质特征。这是成人教育与社会交互作用的结果，是成人教育社会化的结果。

成人教育应是没有围墙的教育，面对纷繁复杂、变化多样的需求，任何封闭式、围墙式、填鸭式、应试式、"正规式"学校教育都已不能适应蓬勃发展的成人教育需要，代之为内容丰富、按需教学、自主学习、形式开放、受众广泛、广大居民喜闻乐见的多种办学形式。多样化、各具特色的非固定模式，成为各国发展成人教育不约而同采取的模式，我们称此模式为发展成人教育的动态模式。这一动态模式的最终结果是特色成人教育的形成。

（四）复杂性

由于各地区的地理位置、各类资源、经济发展水平、生态环境以及人员结构均不尽相同，所要解决的问题也不相同，因而对社会形态的成人教育也有不同要求，这就会形成在发展目标、重点、方式等方面的复杂性。从本质上说，是教育对象这一根本原因所决定的。即人的复杂性决定了社会形态成人教育的复杂性，在任何时候都不能回避成人教育的这一特点，否则，成人教育必然是失败的。从人的年龄段来划分，社会形态成人教育有成年早期教育、成年中期（中年人）教育、成年晚期（老年人）教育等。从人的地位和级别来划分，有中央级、省部级、地市级、县处级成人教育等。行业的不同，地位的差异，党政军社团之别等所带来的工作、职责、任务的不同，而形成其多样性。社会形态的成人教育担负着终身教育和大众教育的使命，它在办学上的多样性也是显而易见的。在时间跨度上，由青年延伸到老年期，使教育成为人的多次性和连续性的行为，从而达到与生存的整合，使教育形成纵向一体化；在空间跨度上，教育从学校走向社会、走向基层，外延大大拓宽，从而达到与生活的整合，使教育形成横向一体化。这些都决定了其存在形态的复杂性。

（五）普及性

社会形态成人教育是惠及大众的事业，是民生的重要组成部分，这已被许多国家的政府所认识。当然，要大力发展社会形态成人教育，建立相应机构，成为其普及的重要保证。美国社区教育主要依托社区学院完成，社区学院的收费较低，且学生可以就近入学，综合起来接受社区教育的成本相对于其他类型教育的成本低，这是社区教育得以普及的重要条件。同时，社区教育对象覆盖了人口结构中的成年人和老年人。社区教育担负的此项任务正是传统学校教育无法替代的。在发展传统学校教育基础上，大力发展成人教育，将成为世界各国普及教育，甚至是实现高等教育大众化的有效途径。

二、社会形态成人教育的类型差异

社会形态的成人教育都有自己的载体——社会教育机构，这些机构背后隐含着不同的办学主体和办学目标，从而有着不同的内容方式和效力影响。

（一）办学主体不同

办学主体决定主导主体，政府、社会民众、民营教育机构、雇主等不同的办学主体，带来了不同的投入机制、成人教育发展模式和影响力。

政府主导型的投入多来自政府财政。

政府民众协同型投入多来自政府，少部分由社会团体完成，其中政府投入一般有法律保障。

社会民众主导型的大多具有民众自发性质，没有盈利目的，从投入到开展活动的项目和内容都由民众自发组织完成。政府有补贴，但是很少。比如，民非组织承担的一些公益项目、法律救助、老年人心理咨询等，政府买单，以维护其运行。其休闲性、娱乐性明显，普遍同提高生活质量和公民素质有重要联系。

社会培训机构主导型则以盈利为主要目的，在国外有这样的模式，在我国大量兴起的民办学校也具有这样的性质。这样的模式市场嗅觉灵敏，利益最大化，根据社会需要开设各种培训，进行各种职业资格的考试，职业化特点鲜明，学科方向不稳定。

（二）内容方式不同

社会形态的成人教育是"本土化"教育，是大众化、普及化教育，也是休闲文化或者职业技能教育。不同的社会形态成人教育各有其产生的不同原因，适用手段和范围、对象各有所长所短，教育内容也不同。政府主导型涉及的人数多，项目大，项目牵涉国家利益，如为普遍提高国民素质，实现教育公平和民主，保持社会和谐稳定而实施的成人教育国家方案等，带有强制执行的性质。政府民众协同型的则具有国家公共服务的性质，实行柔性管理，但是，国家通过考试、通过学历认证、通过打通各种学历教育和非学历教育的通道，实行学分互认，来间接参与到成人教育的管理中，规范其发展方向。同时这种类型中又有许多非学历教育的内容，提高生活品质和生活质量内容。社会培训机构主导型的则多以职业技能为主要内容，形式多采用培训的方式，强化职业能力。社会民众主导型的偏向休闲娱乐，多从兴趣出发，内容丰富多彩，形式灵活。

（三）效力影响不同

不同的社会形态成人教育，效力和影响也各有差别。政府主导型和政府民众协同型的，因为受到政府强有力的推进，无论从资金还是从方案都有严格的要求和具体的规定，其效力和影响面要大；而社会培训机构主导型和雇主主导型的成人教育，在局部范围发生效力，没有强力执行的性质，其对个人的发展和企业的经济效益产生影响；社会民众主导型的成人教育则能够影响参与者的生活态度和行为方式，像一个基座一样，具有深厚而宽广的特点，它像社会的润滑剂平衡着社会的利益关系，也像社会的缓冲剂释放着和谐的能量，为社会的和谐和稳定做着贡献。

第三节　社会形态成人教育的发展趋势

社会形态成人教育是关乎国民素质的提高，关乎社会的稳定和谐，关乎民主、公平实施的大事，代表了社会发展的方向。成人教育的历史表明，社会文明和发展程度与成人教育发展水平呈现正相关。我们在整合世界社会形态成人教育发展历史的基础上，把握成人教育的发展趋势。

一、与知识经济联结更为紧密

随着知识经济崛起，知识社会逐渐临近，社会日益知识化，整个社会智能化程度日益提高，社会生活知识含量日益加重。在这样的社会背景下，社会形态成人教育与知识经济的联结更为紧密。一方面，知识经济强有力推进社会形态成人教育，成为社会形态成人教育发展的关键动力；另一方面，知识经济从根本上规定着该形态成人教育发展的方向和目标、内容、模式、进程等，社会形态成人教育深深打上知识经济时代的烙印。当然，知识经济和知识社会的形成，又离不开通过社会形态成人教育大幅度提升社会成员的整体素质，高素质的社会成员有力支撑着知识社会的形成。据此，该形态成人教育又是知识经济和社会形成的基础。

二、更多地运用信息和通信科技

当今世界，全球信息网络化趋势进程加快，社会日趋信息化和网络化。一个超越时空的网络空间正在或已形成。人们将生活在两个空间：物理空间和网络空间。身居信息化时代的社会形态成人教育必然打上信息化的印记，未来社会形态成人教育将更多地运用信息和通信科技，以实现教育教学模式的变革和创新。

三、立法向多序列、多系统方向发展

社会形态成人教育应着眼于社会效益，是一项公益性事业，应是无偿或低偿的教育服务，因而需要政府建立相应的财政性资金拨配制度，并要加强这方面的立法，切实保障其经费的正常来源。在我国，社会形态成人教育在发展过程中出现了不少问题，遇到了不少困难，光靠政策的指导、口头的宣传、舆论的批评监督是远远不行的，立法才是最终的办法。而相应的立法因为牵涉的范围广和系统多，所以显示出多序列、多系统特点。比如社会形态成人教育涉及终身学习振兴法、社会教育法等，有关法律需要系统推进，并不是一部法律就能一蹴而就的。

四、政府主导向协同发展过渡

社会形态成人教育要实现跨越式发展，就要探索多种主体办成人教育的良好形式，使社会不同力量在成人教育发展中起到不同作用，发挥自身优势。在发展成人教育过程中，大量事实证明需要内部各因素之间的整合—分化—再整合—再分化，这个过程是一个长期的过程，也是动态、多元的过程。这种动态多元性是我国建设特色成人教育的基本立足点和发展方向。

从发展趋向来看，其动态、多元也决定了社会形态成人教育由政府主导向协同发展过渡是一种必然趋势。它有利于调动各方积极性，而且政府民众协同发展模式易于同区域内政府及其职能部门和辖区单位进行业务沟通，易于系统内资源重组，提高社会教育的质量。

多渠道办学也决定了成人教育必然由政府主导向协同发展过渡。目前的成人教育适应了信息社会不同年龄、性别、职业和文化程度人们的需要，在形式、层次、规格和内容上力求多样化：既有攻读学历的教育，更有大量非学历教育；既有提高文化技术业务水平的教育，也有大量提高社会教养、发展居民兴趣爱好的教育。所以我们在发展社会形态成人教育时要注意发展多学科、多层次、多规格、多种形式的教育，多渠道办学是必然趋势。这也决定了成人教育必然由政府主导向协同发展过渡。

第十四章

成人教育学的发展展望

研究成人教育学，需动态地研究成人教育的过程。不仅要研究历史、现实，还需研究未来。这就要求对未来成人教育发展趋势加以分析。本章对国际和国内成人教育学的发展趋势分别作了阐明。

第一节　国外成人教育学发展的挑战和展望

一、国外成人教育学发展面临的问题和挑战

成人教育学是在西方产生并发展起来的学科，时至今日，成人教育学理论体系的构建和学科建设都有了较好的进展。但从国外成人教育学的发展历程和现状可以看出，成人教育学的发展也依然存在很多有待解决的问题和难题。

（一）成人教育学的学科质疑问题

通过梳理成人教育学元研究（meta-research in adult education），我们不难发现，在国外存在着成人教育学的合法性问题。从肖克（Sork）和汤姆斯（Thomas）合著的《1981 年以前的成人教育学元研究：一种历史分析和批判性评价》（*Meta-Research in Adult Education through* 1981：*An Historical Analysis and Critical Appraisal*）一文可以看出，成人教育学从研究方法到研究框架再到研究范式，都存在着合法性危机[1]。主要表现为：

一是成人教育学科理论体系的构建脱离了丰富的成人教育实践。成人教育研究

---

① Sork，Thomas J. "Meta-Research in Adult Education through 1981：An Historical Analysis and Critical Appraisal." *ERIC Document Reproduction Service*. *No*. ED307421. 1982.

的学者们在努力构建客观精确的成人教育知识大厦的同时，却忽视和遗忘了成人丰富的"生活世界"。他们把所构建的成人教育学框架，当作了成人教育现实的实在。德国哲学家胡塞尔（E. Edmund Husserl）说过，"生活世界"是一切成人教育学理论的土壤，是一切成人教育实践活动，包括成人教育学研究活动的地平线。科学之根只有在"生活世界"中去寻找，而离开了这个"生活世界"的基础与前提，科学、技术、理论等都将处于漂泊无根的状态。

二是成人教育学的专业术语和概念还比较混乱，存在歧义。成人教育研究活动在国外很多国家初成系统。然而，即便在当下，世界各国的成人教育专家们对于"成人教育学"内涵的理解仍各执己见，对于成人教育学合法性的质疑仍在继续。成人教育学大师马尔科姆·诺尔斯将成人教育学定义为"协助成人学习的艺术和科学"。其后，诺尔斯又对成人教育学做出了进一步的诠释：将成人教育学视为一种方法，比视为一种理论更恰当。罗森斯托克提出，要让成人教育理论成为成人教育实践的向导。还有诸如此类的许多界定，真可谓见仁见智。至今，世界范围内仍然没有一套标准的成人教育专业术语。各国成人教育专业术语和概念的不一致已经使得成人教育研究人员的交流变得困难；国际范围的比较研究和积累性研究受到阻碍，成人教育学的合法性也因此受到质疑。

三是成人教育学学科理论体系还不够完整。由于研究术语和概念较混乱，研究人员缺乏和资料不足，研究中还存在非理论化等倾向，成人教育学至今还没有形成成熟、完整的学科理论体系、知识系统和自己的研究方法。德温波特（Davenport）指出，成人教育学已经被分类为"成人教育的一种理论、成人学习的一种理论、成人学习技术的一种理论、成人教育的一种方法、成人教育的一种技术以及一套假设"。成人教育学不能作为一个学科来看待，因为它不是一个完整的知识体系，而是各种不同知识的结合体。不同的学者从哲学、心理学和社会学等不同的学科出发来探讨成人教育问题。[①]

（二）成人教育学的研究条件问题

成人教育学的研究条件包括研究资料、专业人才以及研究技术和方法。研究资料和专业人员的数量和质量，以及研究技术和研究方法的多元化，是衡量一个学科成熟和独立的重要标志。国外成人教育学在研究条件上主要存在研究资料的匮乏、专业人才的稀缺以及研究技术和方法的单一化等问题。

科学研究离不开对研究资料的搜集和分析工作。如果把成人教育学研究工作比作建造"大厦"，搜集和分析资料就是为建造"大厦"打基础。成人教育实践中包含大量的非正规教育和非正式教育，虽然非正规教育也是有目的、有计划、有组织的教育和培训活动，但其管理和制度不健全，对资料的积累注意不够。再加上从事成人教育实践工作的人员大多数科研素质较低，对资料的管理意识淡薄，对资料的搜集能力欠缺，造成大量资料的丢失。研究资料的匮乏影响着成人教育学科发展的进程。

① 参见［美］雪伦·B·梅里安：《成人学习理论的新进展》，8页，北京，中国人民大学出版社，2006。

足够的人才队伍是成人教育学发展的保障。研究人员的稀缺是制约成人教育学发展的重要因素之一。成人教育学的发展需要成人教育研究者具有坚实的成人教育基础知识、系统的教育研究方法、高水平的成人教育研究能力和创新能力。成人教育学研究领域的人员队伍虽然在过去几十年不断发展壮大，但高素质的研究队伍还很少。在北美，20世纪60年代后期，大多数研究生课程只有1~2名专职教师，20世纪70年代中期，大多数研究生课程的专职教师为2~3名，与其他学科专业人才数量相比，少得可怜。成人教育学研究人员的严重稀缺直接造成人教育研究成果的不丰富。文献显示，目前有关成人教育学的研究成果有将近一半是社会科学工作者、心理学、普通教育学专家、学者来完成的。另外，仅有的成人教育专业人员的素质也有待提高。与心理学、社会学以及普通教育部门所进行的成人教育研究相比，成人教育研究人员在设计和研究方法运用等方面的水平还有待于进一步提高。而多元化的研究技术是成人教育学发展的动力。

研究资料的匮乏、专业人员的稀缺、研究技术的单一导致成人教育学术刊物发展受阻。成人教育学术刊物虽然从20世纪60年代起就有了数量上的很大增长，但还远远满足不了成人教育研究领域发展的需要。比如，在国际成人教育研究领域，至今还没有一本在世界范围内得到广泛认同的成人教育研究杂志能够把北美侧重心理方面的研究与欧洲及世界其他地方侧重社会方面的研究结合起来，并能真正全面反映世界成人教育的研究成果。与其他学科相比，成人教育学术刊物的数量严重不足，影响了成人教育学的发展。因此，要保持成人教育学的深入持久的发展，有赖于成人教育学研究条件的改善和提高。

（三）成人教育学研究的系统性问题

虽然自20世纪60年代以来，各国政府和非政府组织，大学和专门研究机构加大了对成人教育学研究的重视和投入，国际成人教育组织也积极参与成人教育学科建设。但总的来说，各国成人教育学的研究进行得不那么系统，有些零碎。即使是有几项系统性和积累性的研究，如成人学习动机、成人自我导向学习等，也大都是北美人所承担的。美国学者郎（H. Long）通过对美国《成人教育》杂志40年（1950—1990年）中发表的文章分析发现，成人教育学研究的问题通常缺乏连贯性，如对成人学习的重点从对成人学习能力的研究转向对成人学习风格、自我导向学习的研究。又如1985年前有关成人学习课程设计的研究文章侧重于需要分析和招收学生的问题，而自1985年后，研究的重点又转向成人参与学习障碍问题的研究。[1]

成人教育学如果要想深入发展，有待克服成人教育研究中的随意性，成人教育研究者要以系统的、积累的方法来开展工作。学者郎认为，成人教育学的发展，关键取决于研究人员对已取得的研究成果进行深入研究的能力。同时，要建立独特的成人教育学科理论体系，更需要大量的、系统的积累性研究，并需要对现有的各个研究领域进行实质性的综合分析和评价，这就要求各国制定通盘的成人教育学研究规划。

---

[1] 参见沈金荣：《外国成人教育概论》，188页，上海，上海科技教育出版社，1997。

（四）成人教育学发展的平衡性问题

平衡性问题包括学科发展的地区差异问题和各学科之间发展的不平衡问题。由于世界各国成人教育学科建设和发展水平不同，因而政府教育部门、大学、学院实施的政策和措施不同，学术界对成人教育学科的看法也不同。在一些大学里，成人教育是一个明确的专业学科领域；在其他一些大学里，成人教育只是其他相关学科的专业方向，如教育管理、教育评价；在另一些大学里，成人教育则只是其他学科的相关课程。而且由于各国经济、文化发展、历史传统以及人们的思想观念的不同，都影响着成人教育学的发展。欧美等国在 20 世纪 60 年代就已建立起从成人教育本科到硕士、博士的人才培养体系，其成人教育学科理论研究较为成熟和完备。但在亚洲、大洋洲和非洲等国，成人教育学科发展却相当迟缓，学科建设才刚刚起步，与欧美国家相比存在较大差距。

除了地区差异以外，成人教育各学科之间也存在严重的不平衡。

根据郎等人对发表在主要研究刊物上的文章和递交成人教育研究会议论文的分析，北美成人教育研究所涉及的主要领域有以下几类：[1]

（1）成人学习与发展，主要包括成人发展的特征、成人学习者的特点、成人学习理论等；

（2）成人教育项目，主要涉及如何为特定的教育对象设置课程内容，以及有关为具体教育对象提供服务的问题，诸如成人基础教育、老年教育等；

（3）课程设计，包括成人教学活动的规划、实施和评价；

（4）成人教育原理，涉及成人教育的目的、作用等；

（5）成人教育组织和管理；

（6）教材和教学方法，涉及根据学习者特点编写教材，现代教育技术的应用等；

（7）成人教育学科，包括专业人员培养的广泛问题，如成人教育专业人员的特征、培养目标和方法，成人教育研究方法等；

（8）成人教育历史和发展趋势；

（9）国际成人教育、其他问题和领域。

从中可以看出，成人教育各学科的研究存在严重的不平衡。有的学科起步较早，研究已很深入并形成完整、系统的理论体系，如成人教育心理学、成人学习问题研究、成人课程设计等；有的学科研究较为薄弱，如成人教育社会学、成人教育管理学、成人教育法学和成人教育经济学等。

二、国外成人教育学的发展展望[2]

（一）成人教育学从"借鉴"、"移植"开始走向自主原创的体系发展

成人教育学在早期的发展过程中主要以借鉴吸收教育学、社会学、心理学、经

---

① Long，H. B. *Adult Learning*：*Research and Practice*，New York：Cambridge Books，1983.

② 参见乐传永、沈金荣：《国外成人教育学科发展的历史与现状》，摘自杜以德、韩钟文、何爱霞等著：《中国成人教育学科体系结构及其分类研究》，北京，高等教育出版社，2006。

济学、政治学、历史学、管理学等相关学科的理论为基础，然后以这些学科内容为依据，结合成人教育的事实编织成具有一定连贯性的成人教育专业课程。这样所构建出来的成人教育学科内容既不丰富、科学，也不能完全满足成人教育发展的需要。之所以造成这样的事实，原因在于：早期从事成人教育的教师们分别来自不同的学科，他们具有不同的学科背景，分别从各自的相关学科中寻找学科内容和灵感，缺乏对成人教育实践的事实把握，不可能构建出科学、系统的成人教育学科体系和内容结构。

20 世纪 70 年代，特别是 20 世纪 90 年代以后，随着成人教育专业学位教育的发展，学科研究的队伍也在不断壮大，这就使得成人教育学逐渐摆脱了相关学科的束缚，变得更加独立。同时，成人教育研究方法的多样化和成人教育自身研究成果的总量在不断增加，学科的知识基础在不断扩大，研究领域的不断拓展和成人教育实践的丰富发展，成人教育学科内容也逐渐丰富、体系逐渐完善。因此，我们可以相信，随着来自其他相关学科的理论知识与来自成人教育实践的理论知识不断趋于融合，成人教育作为大学的一门学科必定会与其他学科一样获得同等的地位，并且从"借鉴"、"移植"朝着自主原创的体系方向发展。

（二）成人教育学的学科特性进一步凸显

从科学哲学的观点来看，任何一门学科都应该有自己的个性特征，有自己的研究范畴和理论体系，更要有自己研究的基本问题。成人教育学科的发展也不例外。成人教育学科的发展必须寻求并确立起专业自主意识，保持成人教育学科特有的存在价值和意识，这样才不会成为其他学科特别是教育学科的移植品或被其他学科所侵占，更不会成为其他任何势力的附庸。因此，国外成人教育学在未来的发展中，除了继续借鉴、吸收其他学科的研究成果外，将更加注重对成人教育自身发展规律的研究，通过研究，进一步明确并确立起本学科的研究对象、研究性质、研究任务、研究范畴、研究内容、研究方法等，形成独特的概念系统和研究逻辑，构建起严谨的成人教育学的理论体系，提高成人教育学科的专业化水平，确保成人教育学科独有的风姿和应有的品格。

随着成人教育学科特性的彰显，成人教育的学科独立性将不断加强。所谓学科独立性，就是该学科应由一个范式（paradigm）或者学科基质（disciplinary matrix）来支配和规定。范式即以一个具体的科学理论为范例，表示一个学科发展阶段的模式。美国学者托马斯·库恩认为，"范式"是科学共同体的共有信念。在成人教育研究范式的规定和支配下，国外成人教育学将逐渐具备独特的研究对象、适用的研究方法、专门的研究梯队，以及较为完善的成人教育理论体系。因此，国外成人教育学的学科独立性也将不断加强。

（三）成人教育学学科间发展的差异性和地区发展的不平衡性问题将会有所改观

在国外，虽然成人教育专业证书、文凭和研究生课程大多设置在大学的教育学院或系部，但成人教育的课程目标、课程内容、教学形式、评估标准、学科发展水平以及人们对它的态度将深深打上不同社会思想和文化的烙印。布鲁克菲尔德

（Brookfield）认为，成人教育的研究生课程，只能将其视为社会—文化产物。作为社会—文化产物的成人教育专业教育，其差异性也就不言而喻了。

此外，成人教育学的发展，在某种程度上还受到其母体机构——大学的学术研究传统、文化和学位要求的影响。不仅如此，教授们的研究兴趣、相关学科的发展、外来基金所提供的赞助等都有可能影响到它的发展。如在北美，人们曾希望研究生培养侧重于研究，但事实上，大部分成人教育学位课程偏重于培养实用技能。只要研究一下北美成人教育学核心课程，就不难看到这种倾向。但在英国，需要分析、项目开发、评价等往往不是最主要的学科内容。一般认为，有能力的、经过专业训练的人员应该能在某种更广泛的历史和社会环境中充分认识成人教育的组织和功能，他们具有某种哲学思想，并以此来指导自己的实践活动。因而，相对北美来说，英国大学成人教育专业人员的培养更强调了解成人教育的历史、哲学、社会环境，而不是掌握一些具体、实用的技能。

由于诸多方面的原因，成人教育学科发展的不平衡性和差异性不仅存在于国与国、地区与地区之间，各大学、院校之间也广泛存在。

但是，上述各种差异随着各国经济、科技文化教育和社会的进步发展，成人教育的地位与作用、价值与功能越来越凸显，各国政府对成人教育实践及学科建设的重视程度越来越高，各国成人教育实践和理论研究将会进入一个新的发展时期，成人教育发展的学科差异和地区差异将会有所改观。

（四）成人教育学将在分化与综合的循环过程中不断完善

分化与综合是学科发展的基本规律，成人教育学的发展同样遵循着这一规律。从独立形态成人教育学的形成为始，到对成人教育学科学化的追求，再到单数、复数形式的成人教育科学的出现，最终又以成人教育学的整合为终。成人教育的深入发展和成人教育的实践领域的日趋复杂化，为成人教育学的进一步分化提供了可能性和必要性：一是成人教育某个专门领域的研究，如继续专业教育、扫盲教育、社区教育、人力资源开发等；二是侧重于研究成人教育过程的某一方面，如社会环境中的学习、工作场所的学习等；三是从构成成人教育学科基础的某个方面，如从历史学、心理学、社会学、管理学、经济学、哲学等来研究。这些倾向也恰恰反映出成人教育实践和研究领域不断分化的重要趋势。

此外，在已建立成人教育学科的国家中，成人教育实践领域的多样化和分散性也导致其他若干学科分支的发展。比如，成人教育教学法主要研究成人教育的方法、手段以及成人学习的方法；比较成人教育学则研究一个国家不同地区之间、国家与国家之间的差别，以及各地区之间和各国家之间的异同。其他成人教育学科分支有：工业成人教育、继续专业教育、远程教育、老年教育等。总而言之，成人教育学科领域不断分化与综合是一种学科发展规律，从积极的方面来看，这种规律将为成人教育研究人员开辟新的研究领域，同时也将促进成人教育学科理论知识基础的进一步拓展。

（五）成人教育学研究国际和地区间的合作将进一步增强

国际成人教育协会和专业组织对成人教育研究工作和研究成果的传播起着重要

作用，代表国际政府组织的联合国教科文组织对增强成人教育研究的国际合作和交流发挥着积极的作用。尤其是以国际组织为依托的成人教育国际会议的连续召开，在推动国际成人教育实践的基础上，直接促进了成人教育学理论的发展，同时也拓展了成人教育学发展的新视域，如成人教育与和谐世界研究、成人教育促进道德伦理建设研究等。正如第六届国际成人教育大会（The Sixth International Conference on Adult Education）上联合国教科文组织总干事伊琳娜·博科娃（Irina Bokova）强调的那样：提供延续终身的优质学习机会是减少不平等，推动更和谐、更公平社会的最明智战略之一。要为青年和成人创造优化学习的环境，就需要对学习者的需要、语言和文化更加敏感，需要接受过较好培训的教育家，以及全方位的质量文化。只有通过所有伙伴之间更好协作并进行大量投资，才可能实现这一点。投资成人学习和教育就是投资希望和机遇，这是摆脱危机的途径之一。

第二节　我国成人教育学研究的评价和展望[①]

一、我国现代成人教育研究取得了前所未有的历史性成就

翻开我国成人教育研究的历史，不难发现很早就以"成人教育"冠名，而真正意义上的现代成人教育研究，则从党的十一届三中全会提出改革开放后才开始。回顾1978—2007年成人教育研究的历程，可以毫不夸张地说，我国现代成人教育研究取得了前所未有的巨大成绩。

（一）成人教育研究发展迅速

其研究进展呈现出5个规律性发展走向：从"移植"、"翻版"走向自主原创研究，从零散、混沌研究走向系统有序研究，从学科本体研究走向学科体系研究，从单学科单维研究走向多学科多维研究，从单兵作战走向群体联合攻关。成人教育项目纳入国家、省市两级教育科研规划的项目大幅度增加。就纳入全国教育科研规划的成教研究项目而言，"六五"期间只有2项→"七五"11项→"八五"12项→"九五"34项→"十五"63项。其研究成果，数量惊人，据不完全统计，改革开放30多年来，我国出版的成教研究专著、论文集达千余种；每年发表的相关学术论文和文章数以千计。

（二）成人教育学专业化水准已达国家基本标准

在上述研究成果支撑下，成人教育学已初步形成基本构架和体系；成人教育专业人才培养已起步20年之久，全国高校中已有该专业研究生学位点30家，能招成人教育学专业研究生的有40家之多；成人教育理论界已涌现一批学术代表人物；成

---

①　参见叶忠海：《中国成人教育研究30年：历程、评价和展望》，载《湖南师范大学教育科学学报》，2008（6）。有修改和补充。

人教育学研究方法正在不断优化，专业化研究技能和方法正在形成；成人教育学独立性已取得社会认同……正因为成人教育学专业化水准迅速提升，1992 年成人教育学已得到国家认可，作为二级学科被纳入到国家标准《学术分类与代码》之中；1997 年国家颁布的《国务院学位委员会授予博士、硕士学位和培养研究生的学科专业目录》中也有"成人教育学"，编码为 040107。

（三）以成人教育学为主干的成人教育学科群初步形成

种种成人教育的"潜学科"、"前学科"发育成为程度不同的各种分支学科。改革开放 30 多年来，经成人教育界同仁们的共同努力，在成人教育基本理论研究过程中，已初步形成"成人教育概论"、"成人教育学习论"、"成人教育教学论"、"成人教育课程论"、"成人教育德育论"等发育程度不同的分支学科；在成人教育与其他学科交叉研究中，又初步形成"成人教育心理学"、"成人教育哲学"、"成人教育经济学"、"成人教育社会学"、"成人教育管理学"等成熟度不同的分支学科；在成人教育类别研究中，初步形成"职工教育学"、"成人高等教育学"、"大学后继续教育学"、"自学考试学"、"社区教育学"、"妇女教育学"、"老年教育学"等程度不同的分支学科；在成人教育史研究中，又初步形成"中国成人教育史"；在外国成人教育研究中，还初步形成"比较成人教育"等。上述成人教育学科群形成之势，在叶忠海主编的《中国成人教育研究进展报告》（2000—2005 年）中得到翔实反映。该报告集这 6 年成人教育研究成果之大成，总字数达 87.8 万，涉及成人教育近 40 个分支领域，可以说是我国以成人教育学为主干的成人教育学科群初步形成的"缩影"。这充分反映了中国特色的成人教育学已从"学科孕育期"经"学科形成期"正在进入到"学科成熟期"。

二、开创了中国特色的成人教育学研究之路

相对于教育学经历了 200 多年的发展历程而言，成人教育学历史是相当短的，特别是中国现代成人教育学研究历史更为短暂。改革开放 30 多年来，能取得这样惊人可喜的历史性成就，与我们走中国特色的成人教育学研究之路是分不开的。

（一）我国现代成人教育学研究，以改革开放为总背景、总动力和总原则

30 多年来，我国经历了从未有过的大改革、大开放。这场新的伟大革命，极大地激发了我国成人教育者的热情、智慧和才干，推进我国现代成人教育学研究的发展，也必然使该研究深深打上改革开放的烙印。

1. 围绕我国一系列社会变革为中心开展研究

唯物史观表明，社会基本矛盾决定着成人教育的社会属性，成人教育的变革与发展必然受现代生产力的制约和影响，成人教育又总是从属于社会的政治、经济并受其制约。据此，以成人教育为研究对象的科研活动，也必然与社会变革和发展有着内在的联系。改革开放 30 多年来的成人教育研究史也充分证明，我国某个时期成人教育研究的重点、热点，总是围绕着我国社会变革和发展的主题而确定和展开，并随着社会变革和发展的主题变化而变化。改革开放初期，成人教育研究围绕着改革开放主题而展开；党的十四大提出建立社会主义市场经济体制后，成人教育理论

163

第十四章 成人教育学的发展展望

界掀起了"社会主义市场经济体制下的成人教育"研究热潮；我国加入 WTO 前后，研究"全球化背景下我国成人教育发展"，一时成为成人教育研究的重点。进入 21 世纪后，党和国家提出了一系列战略决策和奋斗目标：全面建设小康社会、建设学习型社会、构建和谐社会、创建创新型国家等，正如前述，这些一次又一次成为我国成人教育研究的主旋律。这些主题研究，其人数之广、研究程度之深、产出成果之多，均在该时期成人教育研究中占有突出位置。这种带有规律性的研究现象充分表明，一个时期成人教育研究的主旋律，是该时期社会和人的发展对成人教育研究客观要求的集中反映，也是成人教育研究与时俱进的体现。

2. 在批判旧的传统的教育观念过程中开展研究

历史表明，社会大变革促进思想大解放。30 多年来，我国这场社会大变革，带来了整个社会思想大解放。解放思想、实事求是、与时俱进成为全党、全国人民的思想路线，"实践是检验真理的唯一标准"成为人们的行动指南。在这样的背景下，我国成人教育理论界思想空前解放和活跃，在这条思想路线指引下，在批判传统教育学旧的学术观点过程中，在与所谓的"替代论"、"合并论"、"终结论"、"淡化论"等一系列"质疑论"的论争中，取得了常规时期无法想象的惊人的研究成果。

3. 以开放姿态，"洋为中用"地开展研究

改革开放的 30 多年来，我国成功实现了从封闭半封闭到全方位的伟大历史转折。在这样的开放大背景下，我国成人教育界冲破了思想禁锢，增强了"开放意识"。思想是行动的先导。在此期间，我国成人教育理论界，以积极开放姿态，不断关注国外成人教育研究的动态和前沿，不断吸收国外成人教育研究的精华加以批判性创新，为我国研究所用。这样，使我国在若干主题或领域的成人教育研究，与世界相关研究"同时性组合和互补"，在较短时期就站在世界成人教育研究前列。近 10 余年来，我国对终身教育体系和学习社会的研究就是典型反映。

（二）我国现代成人教育学研究以我国基本国情为基点

总结 30 多年来我国现代成人教育研究的历史，一切从中国实际出发，把成人教育研究建立在中国国情基点之上，这是中国特色的成人教育学研究之路。我国不少成人教育研究者以调查研究为先导，努力以我国国情为基点和客观基础，开展实证性研究，以使研究成果具有针对性和说服力，具有实际应用价值。例如，"21 世纪初中国社区教育发展研究"，就以我国区域差异性为基点，开展不同地区、不同类型社区教育实证研究。其研究成果，开拓并深化了我国社区教育发展的空间研究，不仅对东、中、西部地区社区教育发展作了差异研究，而且对 7 种不同类型地区社区教育发展的背景、重点和特色作了差异比较，这有利于指导我国社区教育的发展，使社区教育研究更有影响力和生命力。

（三）我国现代成人教育学研究以促进转型期社会民众学习需求得以满足为导向和落足点

成人教育的最终价值取向在于促进成人的全面发展，因而成人教育研究应"以成人为本"。不仅要考虑国情，还要考虑转型期民情、民生、民意。通过研究，推进成人教育发展，从而满足社会民众的学习需求；在满足民众学习需求之中，成人教育学研究又得到发展。据此，30 多年来，不少成人教育研究者走进成人的生活世界，开展转型期民情、民生、民意的调查，特别是对民众学习需求的调查分析，在此基础上开展相应的成人教育研究，有力地促进成人教育研究的迅速发展。例如，近几年来，成人教育界特别关注"社会转型期社区处境不利的弱势人群教育培训研究"、"城市化进程中农村劳动力转移培训和新市民教育培训研究"等。

（四）我国现代成人教育学研究植根于丰富的成人教育实践和优秀的中华文化土壤之中

认识来源于实践，实践活动是理论产生的源泉。理论研究丝毫不能离开实践活动；离开实践活动，理论研究就是"无源之水"、"无本之木"。30 多年来，我国成人教育理论界十分重视把研究扎根于成人教育实践活动之中，对成人教育实践中所提出的新问题、新矛盾开展研究，将成人教育实践所提供的经验加以总结升华，其研究成果能运用于实践、指导实践、经得起实践的检验，大大推动研究的可持续发展。例如，近 10 余年，我国社区成人教育研究就是深植于我国社区教育实践之中迅速发展起来的，出产了一批具有中国特色的研究成果。

教育流是文化流的重要组成部分。对现代的中国成人教育研究，不能割断历史，必须批判性地继承历史悠久的中华文化，吸纳中华文化中的精华。中华文化是中华民族生生不息、团结奋进的不竭动力。据此，现代成人教育学的"中国特色"研究，还必须植根于优秀的中华文化土壤之中。30 多年来，我国成人教育理论界不同程度上注意到这点，特别是在中国成人教育史研究中反映得尤为明显。

三、我国成人教育学科建设还需进一步专业化、成熟化、特色化

尽管 30 多年来我国现代成人教育学研究取得了历史性成就，成人教育学独立性已取得共识，学科群已初步形成，然而成人教育学科仍尚未成熟，是正在走向成熟的独立学科，学科成熟度有待提升。具体说来，成人教育学专业化水平仍不高，学科范式需进一步构建；成人教育学分支学科发展不平衡；成人教育学科体系还处于初级阶段，即基本构架阶段；成人教育学的"中国特色"研究仍需强化；成人教育研究人员数量不足，专业化水准有待提高，"科研共同体"还没有形成。据此，可以预见，未来中国成人教育学科建设任务仍相当繁重和艰巨。

（一）成人教育学将进一步理论创新和专业化

在科学发展观指导下，成人教育学内在的结构框架和基本内容需敢于创新。如成人教育学研究的逻辑起点和落足点如何体现"成人"、"成人学习"和"成人发展"，研究重心如何转移到"以成人为本"这个主题上来，成人学习主体性如何贯穿于成人教育实践活动的全过程等，以此来进一步建构成人教育学的专业化"话语生产体系"。与此同时，成人教育理论界还需按专业化标准，反思成人教育学专业化过程之中的局限性和不足之处。除上述的成人教育学理论体系需进一步研究外，将注重学科范式的进一步构建，在成人教育学的概念、范畴、规律、原则、方法等基本理论问题上需进一步形成共识。成人教育学的研究技能和方法，需向专业化方向推进，扬弃传统教育学的研究方法，使研究技能和方法朝着"共性"和"个性"、"数

理方法论"与"人文方法论"有效结合的方向发展。总之，将进一步凸显学科的专业化基质。

（二）成人教育科学体系将进一步完善并深化研究

尽管我国成人教育理论界对成人教育科学体系有了较为系统的研究，并取得新突破，然而对一个复杂的科学体系进行研究是不可能一次穷尽的，何况科学体系本身也是在不断发展变化的，特别是在现代科学不断变革加速度发展的时代、现代成人教育实践愈加丰富的今天，更是如此。当前，可以系统论原理为指导，对其划分的视角、标准与分类进一步加以比较、深入研究论证，使成人教育科学体系的构建既体现系统论的基本原理，又符合学科发展自身的内在逻辑，还有利于指导成人教育实践活动。

不仅如此，还应根据成人教育科学体系中各分支学科发展的不平衡状况及其在构建体系中的重要性差异，深化成人教育学分支学科研究，特别要进一步深化对成人教育科学体系中基础性的主干学科的研究，以利于树枝状的成人教育科学体系的主干（学科）坚实而枝权（学科）繁茂，使中国特色的现代成人教育科学趋于成熟化。

（三）成人教育学的"中国特色"研究将进一步强化

当今世界，全球化趋势正在全方位深入发展，其中全球信息网络化趋势进程加快，科研活动全球化趋势日趋明显，教育活动全球化趋势日益增强，全球意识和全球价值观在世界逐步被认同和接受，终身教育、终生学习、学习社会和全民教育已成为国际社会教育改革和发展的方向和目标。在这样的时代背景下，作为带有开放性质的中国成人教育科学体系建设，当然要跟踪研究和认真吸纳国际社会对现代成人教育研究的前沿性、先进性成果，以利于"洋为中用"。然而，要建设中国特色、民族风格的成人教育学，还必须强化"中国特色"研究。具体而言，包括成人教育学研究如何与实现中华民族伟大复兴的"中国梦"紧密相联，以促进社会民众的全面发展和国家的可持续发展为价值取向；如何以科学发展观为统领；如何以区域分异性为基本原则；如何以弘扬优秀的中华民族文化为重要内容；如何以我国丰富多样而成效显著的成人实践活动为基础；等等。为此，在研究中需注意进一步克服"西方中心化"倾向，要正确处理"国际化"与"中国特色化"关系，在充分吸收国外成人教育理论精华的同时，注重保持自己的理论特色。

（四）成人教育学研究队伍建设将进一步加强

目前，我国成人教育学研究队伍中成人教育学专业出身的研究者并不多，大部分来源于其他相关学科的研究人员。这一方面为拓展成人教育学的研究视域提供了可能，另一方面对挖掘成人教育学理论水平的深度，提高成人教育学理论研究的整体水平提出了挑战。我国要加强成人教育学研究队伍建设，形成老中青结合，并以中青年为主的研究梯队，提高理论研究整体水平。为此，首先要从管理组织入手。各级政府、各级教育主管部门要从具体实施"科教兴国"、"人才强国"战略的角度入手，重视成人教育及其理论研究，要增大投入、设置机构、组织队伍、明确任务。

从促进经济社会发展的长远目标着眼，确定成人教育科研课题，统筹规划，科学组织，建立必要的科研制度和机制，变自发的研究为自觉的研究，变无序的研究为有序的研究，变分散的研究为集中的研究，让成人教育科研多出成果，出好成果。办学主体也要在编制、经费、时间方面给以倾斜，组织教职工专职、兼职从事成人教育理论研究，并以正确的理论指导办学实践，增强办学的科学性；要重视对专、兼职研究人员科研素质的不断提高，督促其优化知识结构，把定向积累和全面开拓结合，以专带博，逐步建立起包括主体学科知识、相关学科知识、方法论知识和信息知识等在内的合理的知识结构，提高研究的水平和质量；同时尽力提供脱岗进修和参加国内国际学术交流的机会，促使科研人员重组，从而提高研究水平和质量。各级成人教育科研机构、办学主体甚至成人教育科研人员个人，应充分发挥能动性，进行纵向、横向"强强联合"，或跨地区、跨行业的"互补协作"，就成人教育基本理论、应用理论研究的重大课题，进行联合攻关，发挥群体优势，在科研攻关中提升研究能力。另外，要不断培养高层次硕士、博士等年轻科研人才，重点扶持学术带头人和中青年学术骨干，建立评估体系和奖励制度，更有力地推动增设成人教育硕士点，用高素质专业人才充实研究队伍，实现学科专业梯队结构的优化，增强成人教育理论研究队伍的总体实力。

总之，我们相信，在党和国家的正确领导下，在实现"中国梦"的强有力推进下，经我国成人教育工作者共同努力，未来中国成人教育界在构建终身教育体系、建设学习型社会过程中，定能建立和完善成人教育科学体系，定能创建和发展中国成人教育学学派，定能为充实和丰富世界教育理论宝库贡献我们的一份力量。

主要参考文献

1. 马克思恩格斯选集.1版.第1~4卷.北京:人民出版社,1972.

2. 马克思恩格斯全集.中文1版.第46卷(上).北京:人民出版社,1979.

3. 联合国教科文组织国际教育发展委员会.学会生存——教育世界的今天和明天.华东师范大学比较教育研究所,译.北京:教育科学出版社,1996.

4. 联合国教科文组织.第40届国际教育会议文件:最后报告.国际教育局,1986.

5. 联合国教科文组织.全球教育发展的研究热点——90年代来自联合国教科文组织的报告.赵中建,译.北京:教育科学出版社,2003.

6. 联合国教科文组织.教育——财富蕴藏其中.联合国教科文组织总部中文科,译.北京:教育科学出版社,1996.

7. 叶忠海.现代成人教育学研究.上海:同济大学出版社,2011.

8. 叶忠海.中国成人教育研究30年:历程、评价和展望.湖南师范大学教育科学学报,2008(6).

9. 杜以德等.中国成人教育学科体系结构及其分类研究.北京:高等教育出版社,2006.

10. 黄尧.面向21世纪中国成人教育发展研究.北京:高等教育出版社,2002.

11. 沈金荣.国外成人教育概论.上海:上海科技教育出版社,1997.

12. 张维.世界成人教育概论.北京:北京出版社,1990.

13. 王坤庆.现代教育哲学.武汉:华中师范大学出版社,1996.

14. 聂琴、韦晓等.成人教育的哲学视域.昆明:云南大学出版社,2005.

15. 袁贵仁.马克思的人学思想.北京:北京师范大学出版社,1999.

16. 周浩波.教育哲学.北京:人民教育出版社,2000.

17. 桑新民等.教育哲学对话.石家庄:河北教育出版社,1996.

18. 何爱霞.成人教育哲学研究的回顾与展望.中国成人教育,2012(4).

19. 刘薇琳等.社会学视野下的成人高等教育.昆明:云南大学出版社,2005.

20. 郑杭生.社会学概论新修.北京:中国人民大学出版社,1998.

21. 中国大百科全书·社会学卷.北京:中国大百科全书出版社,1991.

22. 吴康宁.教育社会学.北京:人民教育出版社,1998.

23. 高志敏等.成人教育社会学.石家庄:河北教育出版社,2006.

24. 柳海明．当代教育理论专题．长春：东北师范大学出版社，2002．

25. 金一鸣．教育原理（第二版）．北京：高等教育出版社，2002．

26. 郑金洲．教育通论．上海：华东师范大学出版社，2000．

27. 叶忠海．职工教育心理学概论．北京：工人出版社，1987．

28. 董守文等．成人学习学．东营：石油大学出版社，1994．

29. 高志敏等．成人教育心理学．上海：上海科技教育出版社，1997．

30. 黄富顺．成人心理与学习．台北：师大书苑出版社，1990．

31. 叶忠海．人才学基本原理研究．叶忠海人才文选之一．北京：高等教育出版社，2009．

32. 叶忠海．新编人才学通论．北京：党建读物出版社，2013．

33. 叶忠海等．成人教育学通论．上海：上海科技教育出版社，1997．

34. 叶忠海．社区教育学基础．上海：上海大学出版社，2000．

35. 叶忠海．女性人才学概论．长春：北方妇女儿童出版社，1987．

36. 叶忠海，朱涛．社区教育学．北京：高等教育出版社，2009．

37. 张燕农，张琪．社区教育发展模式的理论与实践研究．北京：首都师范大学出版社，2011．

38. 苏民．面向 21 世纪社区教育模式探索．北京成人教育，2001（7）．

39. 叶忠海．论学习化社会的基础——学习化社区．教育发展研究，2000（5）．

40. 张人杰．国外教育社会学基本文选．上海：华东师范大学出版社，1991．

41. ［美］约翰·杜威．民主主义与教育．王承绪，译．北京：人民教育出版社，1990．

42. ［美］伊利亚斯、梅里安．成人教育的哲学基础．高志敏，译．北京：职工教育出版社，1990．

43. ［德］黑格尔．法哲学原理．范扬，等，译．北京：商务印书馆，1961．

44. ［美］K. W. 夏埃，S. C. 威里斯．成人发展与老龄化（第五版）．乐国安，等，译．上海：华东师范大学出版社，2003．

45. ［美］卡拉·亚格曼，伊丽莎白·瑞德尔．生命全程发展心理学．陈英和，审译．北京：北京师范大学出版社，2009．

46. ［苏］B. 奥努什金．连续教育的理论基础．杨希铖，叶忠海，王恩发，译．北京：中国劳动出版社，1992．

47. ［美］珍妮特·V·登哈特，罗伯特·B·登哈特．新公共服务：服务，而非掌舵．方兴，丁煌，译．北京：中国人民大学出版社，2010．

48. ［美］彼得·M·布劳．社会生活中交换与权力．李国武，译．北京：商务印书馆，2012．

49. ［美］彼得·圣吉．第五项修炼．北京：中信出版社，2009．

50. E. C. Lindeman. The Meaning of Adult Education. New York，New Republic，1926.

51. Malcolm S. Knowles. The Making of an Adult Educator. San Francisco,

主要参考文献

Jossey-Bass，1989.

52. Malcolm S. Knowles. Informal Adult Education. New York，Association Press，1950.

53. John Dewey. Democracy and Education. New York，Macmillan，1916.

54. Malcolm S. Knowles. Andragogy：Adult Learning Theory in Perspective. Community College Review，1978.

图书在版编目（CIP）数据

现代成人教育学原理/叶忠海主编 . —北京：中国人民大学出版社，2014.10
（现代成人教育研究丛书）
ISBN 978-7-300-19547-6

Ⅰ.①现… Ⅱ.①叶… Ⅲ.①成人教育-研究 Ⅳ.①G72

中国版本图书馆 CIP 数据核字（2014）第 232320 号

现代成人教育研究丛书
中国成人教育协会成人高等教育理论研究会组编
现代成人教育学原理
叶忠海　主编
Xiandai Chengren Jiaoyuxue Yuanli

出版发行	中国人民大学出版社				
社　　址	北京中关村大街 31 号		**邮政编码**	100080	
电　　话	010 - 62511242（总编室）		010 - 62511770（质管部）		
	010 - 82501766（邮购部）		010 - 62514148（门市部）		
	010 - 62515195（发行公司）		010 - 62515275（盗版举报）		
网　　址	http://www.crup.com.cn				
经　　销	新华书店				
印　　刷	天津中印联印务有限公司				
规　　格	185 mm×260 mm　16 开本		**版　　次**	2015 年 4 月第 1 版	
印　　张	11.5		**印　　次**	2022 年 2 月第 2 次印刷	
字　　数	246 000		**定　　价**	35.00 元